太原统计年鉴 2022

TAIYUAN STATISTICAL YEARBOOK

国家统计局太原调查队
太原市统计局

中国统计出版社
China Statistics Press

图书在版编目（CIP）数据

太原统计年鉴 . 2022 = Taiyuan Statistical Yearbook 2022 / 太原市统计局 , 国家统计局太原调查队编 . -- 北京 : 中国统计出版社 , 2022.11
ISBN 978-7-5230-0018-2

Ⅰ . ①太… Ⅱ . ①太… ②国… Ⅲ . ①统计资料 – 太原 – 2022 – 年鉴 Ⅳ . ① C832.251-54

中国版本图书馆 CIP 数据核字 (2022) 第 206073 号

太原统计年鉴 2022

作　　者 / 太原市统计局 国家统计局太原调查队
责任编辑 / 钟钰
装帧设计 / 任志鹏
出版发行 / 中国统计出版社有限公司
地　　址 / 北京市丰台区西三环南路甲 6 号
邮政编码 / 100073
电　　话 / 邮购（010）63376909 书店（010）68783171
网　　址 / http://www.zgtjcbs.com
印　　刷 / 山西力新印刷科技开发有限公司
经　　销 / 新华书店
开　　本 / 890mm × 1240mm 1/16
字　　数 / 441 千字
印　　张 / 22.25
版　　别 / 2022 年 11 月第 1 版
版　　次 / 2022 年 11 月第 1 次印刷
定　　价 / 400.00 元

如有印装差错，由本社发行部调换。

太原统计年鉴 2022

编委会和编辑出版人员

编 者 说 明

一、《太原统计年鉴》收录了全市和各县（市、区）经济、社会各方面的统计数据，是一部统计信息密集、综合性强、全面反映太原市国民经济和社会发展情况的资料性年刊。

二、全书内容共分 13 个篇章，即：1. 综合；2. 人口、计划生育和社会治安；3. 从业人员和劳动报酬；4. 固定资产投资、建筑业；5. 能源消费与库存；6. 住户调查；7. 农业；8. 工业；9. 交通运输和邮电；10. 国内外贸易和旅游；11. 财政、金融、税务和物价；12. 科教、文卫、体育和民政；13. 县（市、区）经济概况。

三、本年鉴总量指标计算所采用的价格，除注明外均为当年价格。

四、本年鉴资料主要来自年度统计报表、抽样调查和业务部门统计年报。

五、本年鉴表中符号使用说明：

"空格"表示该项统计数据不详、不足计量单位或无。

"#"表示其中主要项。

六、读者在使用历史资料时，凡与本年鉴有出入的，均以本年鉴为准。

七、本年鉴中部分数据合计数由于单位取舍不同而产生的计算误差，均未作机械调整。

八、本年鉴出版发行，受到社会各界的关心和支持，对此深表谢意，并欢迎提出宝贵意见。

目 录

三、从业人员和劳动报酬

四、固定资产投资、建筑业

五、能源消费与库存

六、住户调查

七、农业

八、工业

九、交通运输和邮电

十、国内外贸易和旅游

十一、财政、金融、税务和物价

十二、科教、文卫、体育和民政

十三、县（市、区）经济概况

太原市情介绍

太原概况：太原是山西省省会，是山西省的政治、经济、文化、教育、科技、交通和信息中心，在全国对外开放和经济发展布局中，具有承东启西、连接南北的双向支撑作用。太原有2500多年的建城史，是省级历史文化名城。

地形地貌：太原位于山西省境中央，太原盆地的北端，位于华北地区黄河流域中部，黄河的第二大支流——汾河，自北向南横贯太原市全境，流经境内约100公里。西、北、东三面环山，中、南部为汾河河谷平原，全市整个地形北高南低呈簸箕形。境内地貌形态复杂多样，山地、丘陵、平原、盆地、谷地均有分布。境内地势起伏较大，高低悬殊，位于境西北娄烦县的赫赫岩山，海拔2708米，为全市最高峰；最低处位于境内南部清徐县西青堆的汾河漫滩，海拔760米，高差1948米。

面积人口：太原国土面积6909平方公里，占全省的4.5%。据2021年人口抽样调查，年末全市常住人口539.10万人。现辖小店、迎泽、杏花岭、尖草坪、万柏林、晋源六城区，清徐县、阳曲县、娄烦县、古交市3县1市和山西转型综改示范区、中北高新技术产业开发区、清徐经济技术开发区、阳曲现代农业产业示范区、西山生态文化旅游开发区5个开发区。

自然气候：太原由于其地形复杂多样，海拔高度差异较大，形成了四季分明的北温带大陆性季风气候。冬季，受西伯利亚冷空气的控制，夏季受东南海洋湿热气团影响。随着季节的推移，两大气团在太原上空交互进退，此消彼长，发生着规律性的周期更替，形成了冬季干冷漫长，夏季湿热多雨，春季升温急剧，秋季降温迅速，春秋两季短暂多风，干湿季节分明的特点。2021年平均气温为11.2℃，一月平均–4.2℃，七月平均24.6℃。

自然资源：太原矿产资源、物产丰富，已探明具有工业开采价值的矿石有20多种。金属矿产主要有铁矿、铝土矿、锰铁矿、铜矿、铅锌矿等；非金属矿产有煤、石膏、硫磺、硝石、耐火粘土、明矾、白云石、石灰石、云母、石英、大理石等。特别是煤炭、铁矿、石膏，被称为太原三大矿产。

市境中部、南部的平原和丘陵区为主要农耕区，以种植玉米、谷子、高粱、蔬菜为主；果类品种繁多，品质优良，主要有葡萄、苹果、梨、桃、杏、枣、核桃等。西部和北部山区，以产莜麦、荞麦、豆类、马铃薯及油料植物胡麻、向日葵为主。其中，清徐葡萄栽培历史悠久，为中国四大产地之一；晋祠大米，质量上乘，久负盛名；老陈醋独成系列，历史悠久，闻名于世。

境内野生植物资源种类繁多，适宜白皮松、落叶松、油松、侧柏的生长；党参、黄芪、麻黄、黄连、地黄等较贵重中药材遍布；沙棘、山梨、山桃等野生水果资源也非常丰富。野生动物资源数量、种类可观。

历史人物：太原简称“并”，古称晋阳。太原是国家历史文化名城，自古就有“锦绣太原城”之美誉，始建于公元前 497 年的春秋时期，具有 2500 多年建城史，素有“龙城”之美誉。悠久的历史孕育出太原深邃璀璨的晋阳文化，产生过李世民、武则天、狄仁杰等杰出的政治家和王之涣、元好问、罗贯中等伟大的文学艺术家。

旅游资源：太原旅游资源丰富，悠久的历史给太原留下了众多的名胜古迹，较为著名的有晋祠、天龙山石窟、永祚寺、纯阳宫、崇善寺、窦大夫祠等国家级重点文物保护单位 38 处和省级重点文物保护单位 28 处，被称为中国的“地上文物宝库”。其中晋祠圣母殿内宋塑侍女像栩栩如生，姿态各异，在海内外享有盛名。天龙山的北朝石窟及隋唐造像、崇善寺明代藏经、纯阳宫关羽立马铜像，在中国文学艺术史上均占有辉煌的一页。此外，唐太宗李世民撰写的“贞观宝翰”《晋祠铭并序》碑文，是现存最早的唯一完好的唐太宗行书碑。

2021 年主要经济指标完成情况：地区生产总值 5121.61 亿元，增长 9.2%；服务业增加值 2963.72 亿元，增长 8.6%；规模以上工业增加值增长 15.1%；固定资产投资增长 7.9%；社会消费品零售总额 1873.90 亿元，增长 13.2%；外贸进出口总额 1852.35 亿元，增长 52.9%；一般公共预算收入 423.44 亿元，增长 11.9%；居民消费价格总指数（CPI）平均上涨 1.0%。

政府工作报告

——2022年2月22日在太原市第十五届人民代表大会第一次会议上

市长　张新伟

各位代表：

现在，我代表市人民政府向大会报告工作，请予审议，并请政协委员和其他列席人员提出意见。

一、2021年和过去五年工作回顾

过去的一年，在市委坚强领导下，全市上下坚持以习近平新时代中国特色社会主义思想为指导，全面贯彻党的十九大和十九届历次全会精神，深入贯彻习近平总书记视察山西重要讲话重要指示精神，牢记习近平总书记再现“锦绣太原城”盛景的殷殷嘱托，认真落实省、市第十二次党代会精神，立足新发展阶段，完整准确全面贯彻新发展理念，积极融入新发展格局，按照全方位推动高质量发展目标要求和工作矩阵，强化使命担当、狠抓任务落实，全市经济社会发展取得新成效，“十四五”实现良好开局。

坚持稳中求进，高质量发展迈出新步伐。面对复杂多变的外部环境和各种困难风险挑战，我们统筹疫情防控和经济社会发展，攻坚克难、真抓实干，经济高质量发展呈现良好势头。**抢抓机遇开新局。**举全市之力推动太忻一体化经济区（太原区）强势起步，大盂产业新城正在成为投资热土。**狠抓工业促转型。**规上工业增加值增速连续6个月保持在15%以上，规上工业总产值达到4576亿元、净增1193亿元，创历史新高。万元工业增加值能耗下降10.9%。战略性新兴产业、高技术制造业对工业增长的贡献率均达到30%左右。太钢、富士康成长为千亿级旗舰企业。**优化环境育主体。**营商环境得到进一步提升，获得信贷、劳动力市场监管两项指标成为全国标杆，全市市场主体新增13.56万户、达到64.56万户。**扩大开放强外贸。**成功举办中博会，入选B2B出口监管试点城市，二手车出口业务试点工作实现破零，全市外贸进出口总额增速达52.9%，居中部六省省会城市首位。

一年来，我们直面房地产市场持续下行、土地出让收益减少的压力，在煤炭行业增加值全年增速下降4.5%的情况下，全市地区生产总值实现5121.61亿元，历史性突破五千亿元大关，实际增速9.2%、居全国省会城市第三位，名义增速23.3%、排名全国省会城市第一，太原发展实现里程碑式的跨越！

坚持自立自强，科技创新实现新突破。持续加大政策供给和资金投入，把科技专项资金从10亿元提高到20亿元，支持各类主体创新创业。**创新成果不断涌现。**“基于超冷费米气体的量子调控”“煤矸石煤泥清洁高效利用关键技术及应用”等9个项目荣获国家科学技术奖。市场化矿山修复治理“太原西山模式”亮相国家“十三五”科技创新成就展，在2021年可持续发展论坛上向全球发布。**人才环境持续优化。**建设市级人才公寓1000余套，发放各项人才补助（贴）5.4亿元，吸引100余所高校3.4万人来并就业创业。**创新平台增多做强。**国家第三代半导体技术创新中心（山西）揭牌成立，太原第一机床厂更新改造为第一实验室。获批建设3个国家重点实验室，打破了我市连续6年国家重点实验室零增长局面。创新氛围日益浓厚，创新高地正在隆起！

坚持品牌强市，现代服务业增添新活力。充分发挥省城服务业集聚优势，挖掘市场潜力、扩大服务供给，全市新增限额以上批零住餐单位1217个，社会消费品零售总额实现1873.9亿元、增长13.2%。**“品牌强市”行动深入实施。**在太原日报、太原电视台等媒体开设专版专栏，对183个特色品牌进行专题宣传报道，累计刊发549个专版、播出时长366个小时。六味斋、双合成、宁化府等本土品牌成为新的消费热点，传统品牌焕发出新生机。**生产性服务业加快发展。**毕马威、安永等国际顶尖会计师事务所落户太原，太原加工贸易产业园进入首批国家认定名单，我市入选全国物流枢纽建设和智慧物流配送示范城市，获批国家级服务业标准化试点城市，荣获“中国最具竞争力会展城市”称号。**消费市场持续提振。**开展“晋情消费·嗨购龙城”城市购物节等活动，持续掀起消费热潮。大力发展直播带货、生鲜电商等新业态新模式，互联网零售保持高速增长态势。支持连锁零售企业增点扩能，便利店发展指数位列全国第三。文旅产业深度融合。方特、晋阳里正式开业，太原古县城、双塔公园建成开放，天龙山石窟佛首回归故里，千年古街钟楼街繁华归来，柳巷商圈荣列全国国庆消费热门商圈第二名！

坚持生态优先，“四治”一体取得新进展。东、西山环城森林公园提质扩容，完成营造林46万亩，绿化覆盖率、绿地率分别达到44.77%、39.64%，绿色遍染并州大地。完成雨污分流改造149.3公里，汾河四期工程建成投用，6个国考断面水质全部达标，碧水荡漾重回视野。推动美锦等焦化企业完成超低排放改造，农村地区清洁取暖覆盖率达到91%。全年市区空气质量综合指数同比下降11.3%，蓝天白云成为常态。迎泽大街东延、千峰路南延等道路建成通车，五一广场、工人文化宫完成改造。太原国家级互联网骨干直联点建成投运，5G建设进入全国第一方阵。棚户区住房改造新开工1874套、基本建成5097套，老旧小区改造开工717个，新增公共停车位1.3万余个，更换纯电动公交车529辆，获批“国家公交都市建设示范城市”，城市更加宜居宜业！

坚持生命至上，防汛救灾彰显新担当。城面对有气象记录以来最强秋汛，我们坚决扛起防汛救灾政治责任，把保障人民群众生命财产安全放在首位，科学决策、果断处置，出动救援人员5万余人次，调集救援设备5000余台，紧急转移安置受灾群众1.6万余名，未发生人员伤亡。加快灾后重建，带领群众用勤劳双手重建美好家园，1113户因灾受损房屋完成修缮重建，107.35万亩秋粮全部抢收，所有受灾群众全部迁入新居、安全过节、温暖过冬。在这场汛情大考中，我们向人民群众交出了合格答卷！。

坚持改善民生，群众福祉得到新提升。我们始终坚持在发展中保障和改善民生，全市财政民生支出占一般公共预算支出的比重稳定在80%左右，城镇和农村居民人均可支配收入分别增长8%、9.6%。一次性增配救护车45辆、重症床位128张，救护车配置标准居中部六省省会城市前列。采取托管方式建设10所康乐幼儿园分园，新改扩建公办幼儿园28所，新增学位5000余个。累计建成3岁以下婴幼儿托育机构169家、托位7550个。市疾控中心、市人民医院新院区一期先后投用，我市成功入选公立医院综合改革第二批国家级示范城市。新建改造社区食堂140个，建成全国老年友好型示范社区7个，城乡低保标准每人每月提高30元。政府承诺的12件民生实事全部兑现，用民生温度彰显了高质量发展成色！

坚持安全发展，平安太原建设取得新成效。严格落实金融风险防控责任，规范政府性债务管理，坚决守住不发生系统性区域性金融风险底线。深入开展信访积案专项攻坚，全市信访形势平稳可控。深化安全生产专项整治三年行动，扎实开展安全生产领域风险隐患大排查大整治集中行动暨严厉打击盗采矿产资源专项行动，31个消防站加快建设，应急避难场所布局优化完善，本质安全水平进一步提升。全市各类生产安全亡人事故起数、死亡人数分别下降13.63%、26.22%，安全生产形势持续稳定向好，在全省安全生产和消防工作目标责任考核中排名第一！

过去一年，我们深入学习宣传贯彻党的十九届六中全会精神，**扎实开展党史学习教育，**准确把握"学史明理、学史增信、学史崇德、学史力行"目标要求，从党的百年奋斗历程中汲取智慧力量，广大党员、干部受到了一次全面深刻的政治教育、思想淬炼、精神洗礼。**持续深化"放管服"改革，**开发区"承诺制+标准地+全代办"改革全面铺开，市级政务服务事项全部实现"一网通办"，90%以上实现"全程网办"。12345政务服务便民热线工作水平不断提升。机关事务集中统一管理有序开展。**全面推进法治政府建设，**在全省率先完成市县两级政府行政复议体制改革示范任务，被列为全省法治政府建设示范市。依法接受人大及其常委会监督，自觉接受政协民主监督，办理人大代表建议222件、政协委员提案472件。我们以狠抓落实的鲜明导向，对市委市政府部署的重点工作、重大工程，实施从立项到督办到问效的闭环管理，政府执行力、落实力、战斗力进一步提升！

各位代表！回顾过去五年，我们始终高举习近平新时代中国特色社会主义思想伟大旗帜，坚决贯彻习近平总书记视察山西重要讲话重要指示精神，认真落实党中央国务院、省委省政府决策部署，在市委的坚强领导下，扛起历史责任、强化政治担当，主动作为、开拓创新，圆满完成各项目标任务，为我市全方位推动高质量发展奠定坚实基础。这五年，**综合实力快速提升**。地区生产总值年均增长7%，一般公共预算收入年均增长8.4%。被列入中部地区高质量发展、黄河流域生态保护和高质量发展重点城市。**转型发展成果丰硕**。非传统产业增加值年均增速比传统产业高8个百分点，战略性新兴产业年均增长10.9%。获批设立国家跨境电子商务综合试验区。入选首批国家文化和旅游消费试点城市。**发展活力竞相迸发**。获批建设国家可持续发展议程创新示范区，中科院山西先进计算中心等一批国字号创新载体落地运行，手撕钢、笔尖钢等核心技术攻关实现重大突破，县乡医疗机构一体化改革、农村集体产权制度改革经验在全国推广。**城市魅力充分彰显**。地铁2号线开通运营，通达桥、晋阳桥、迎宾桥等连接汾河两岸，“九河”快速路四通八达。成功举办二青会等重大活动，太原知名度、影响力进一步提升。**民生事业持续改善**。城乡居民人均可支配收入年均增长7.2%。55992名贫困人口全部脱贫，阳曲县、娄烦县高质量摘帽，我市与全国全省同步全面建成小康社会。社区养老服务“太原模式”向全国推广，就业、医疗、教育、社保等民生服务水平大幅提升。

各位代表，五年来，我们无惧风雨、不懈努力，取得了优异成绩。这是习近平新时代中国特色社会主义思想科学指引、生动实践的结果，是省委、省政府及市委正确领导、科学决策的结果，是市人大、市政协有力监督、大力支持的结果，也是全市人民勠力同心、奋力拼搏的结果。在此，我代表市人民政府，向全市人民，向各民主党派、工商联和无党派人士，向各位人大代表、政协委员，向驻并部队、公安干警和中央、省驻并单位，向所有关心支持太原改革发展的各界朋友，**表示崇高的敬意和衷心的感谢**！

在肯定成绩的同时，我们也清醒地认识到，太原发展仍然面临着一些困难和挑战，主要表现为：全方位推动高质量发展步伐还不够快，产业转型依然任重道远，生态环境质量改善的幅度还不够大，营商环境还需进一步优化，全面再现“锦绣太原城”盛景还有大量工作要做，省会城市引领辐射作用还不够强、首位度还需进一步提升，等等。对此，我们将采取有力措施，切实加以解决。

二、今后五年工作目标任务

今后五年，是我市建设国家区域中心城市、全面再现“锦绣太原城”盛景的关键时期，是全方位推动高质量发展的战略机遇期。我们要胸怀“两个大局”、心怀“国之大者”，按照省、市第十二次党代会决策部署，在接续推进“七个太原”建设的基础上，全力打造“四个高地”，奋力当好全省全方位推动高质量发展排头兵。

全力打造更有活力的创新高地。深入实施创新驱动发展战略，培育一流创新主体，建设一流创新平台，转化一流科技成果，汇聚一流创新人才，创设一流创新制度，营造一流创新环境，不断提升城市创新核心竞争力。未来五年，研发经费投入年均增长10%以上，全社会研究与试验发展经费投入强度高于全国平均水平。在高端装备制造、信息技术、新材料、绿色能源等产业领域攻克一批关键核心技术。培育新型研发机构350家、高新技术企业4500家以上。全市技术合同成交总额翻一番、突破300亿元。

全力打造更有实力的产业高地。经济总量向万亿元迈进，人均地区生产总值达到2万美元以上，在全省的首位度显著提升，在全国省会城市中的排位稳步前移。未来五年，太忻一体化经济区（太原区）发展成势，“南北引擎”将引领中部城市群高质量发展。工业对经济的支撑更加有力，打造6个千亿级工业支柱产业集群，规模以上工业企业数量向3000家奋进，新兴产业竞争力进入全国第一方阵，工业总产值将冲击万亿大关。服务业增加值总量突破6000亿元，占全省比重进一步提高。现代都市型农业功能充分发挥，优势特色农产品产业链供应链更加健全。三次产业协同跨越发展，多元支撑、特色鲜明的现代产业体系基本形成。

全力打造更具吸引力的人才高地。深入实施人才兴市战略，逐步构建顶尖人才、领军人才、基础人才层次分明的人才金字塔结构。未来五年，新建5个院士工作站，引进培养10名科技领军人才及团队，靶向引进100名“高精尖”人才，培育1000名优秀工匠和卓越工程师。人口再增加100万。多点布局开发5000套人才公寓，建立全市高端人才数据库，分层次做好人才及其家属保障服务工作，让各类人才扎根太原、建功立业。

全力打造更高水平的开放高地。精准对接“一带一路”，积极融入京津冀协同发展，主动对接长三角、粤港澳大湾区，开放型经济发展质量水平全面提升。未来五年，货物贸易总额实现翻番，对外投资规模进一步扩大。营商环境主要指标进入全国前列。对外开放大平台、大通道建设更加完善，内陆地区对外开放新高地建设取得明显成效。

全力打造更具影响力的国家区域中心城市。围绕建设“一群两区三圈”城乡区域发展新布局，树立大都市理念，构建大交通格局，在国家大力实施中部地区高质量发展、黄河流域生态保护和高质量发展战略中奋勇争先。未来五年，区域枢纽能级进一步提升，打造连接京津冀、中原城市群和关中平原城市群3小时高铁交通圈、连接雄安新区2小时城际交通圈、太原都市区1小时交通圈。建成区内外成网、级配合理的路网体系基本形成，“力”字形轨道交通基本骨架初步形成。改造完成老旧小区3000个，新增公共停车位5万个。

全力打造更加美好的生态环境。扎实推进碳达峰碳中和工作，加快调整能源结构，构建绿色生产生活方式，推动经济社会全面绿色转型。未来五年，城市空气质量优良天数比例继续提高，重度及以上污染天气基本消除。汾河流域治理取得重大进展，劣V类水体稳定消除，三县一市建成区黑臭水体消除比例达到100%，再生水回用率达到25%以上。森林覆盖率、建成区绿化率稳步提升，生态安全屏障更加牢固，天蓝地净山绿水清成为新常态。

全力打造更加宜居的幸福家园。强化公共资源投入，扎实推动共同富裕，提升基本公共服务保障能力和水平，不断增强人民群众获得感、幸福感、安全感。未来五年，城镇新增就业40万人。城镇居民人均可支配收入达到6万元，农村居民人均可支配收入突破3万元。新建优质公办幼儿园100所，新建中小学校30所。实施健康细胞建设“十百千万”工程，打造10个健康乡镇、100个健康社区（村）、1000个健康单位、10000名健康达人。提升城乡养老服务能力，市级老年福利院和10个县（市、区）老年福利院全部建成投用，每个社区建设一处养老服务站点，全市养老机构护理型床位占比不低于55%。

三、2022年工作安排

新年伊始，习近平总书记亲临山西考察调研、看望慰问基层干部群众，作出一系列重要指示，情真意切、语重心长，对山西如何突围突破进行战略指导，对全方位推动高质量发展进行精准把脉，为我们续写践行新时代中国特色社会主义太原篇章指明了前进方向、提供了根本遵循。今年将召开党的二十大，是全方位推动高质量发展的关键一年，也是新一届政府的开局之年。面向新的征程，面对新的挑战，我们必须全面准确贯彻落实党中央各项决策部署，积极融入中部地区高质量发展、黄河流域生态保护和高质量发展等重大国家战略，摸透实情，拿出符合实际的具体措施办法，不断推动高质量发展取得新突破，全力以赴把太原的事情办好，绝不辜负习近平总书记的期望和重托！

今年工作的总体要求是：**以习近平新时代中国特色社会主义思想为指导，全面贯彻党的十九大和十九届历次全会精神，弘扬伟大建党精神，深入贯彻习近平总书记视察山西重要讲话重要指示和考察调研山西重要指示精神，贯彻落实省委全会及省“两会”精神，认真落实市委十二届二次全会暨市委经济工作会议精神，在市委的坚强领导下，坚持稳中求进工作总基调，立足新发展阶段，完整准确全面贯彻新发展理念，抢抓构建新发展格局战略机遇，按照全方位推动高质量发展的目标要求和工作矩阵，着眼“四个走在前列”，聚焦“四个高地”建设，以供给侧结构性改革为主线，统筹疫情防控和经济社会发展，统筹发展和安全，继续做好“六稳”“六保”工作，保持经济运行在合理区间，保持社会大局稳定，加快再现“锦绣太原城”盛景步伐，以优异成绩迎接党的二十大胜利召开。**

统筹考虑各方面因素，今年经济社会发展主要预期指标是：地区生产总值增长7%、力争实现7.5%，固定资产投资增长9%，社会消费品零售总额增长7.5%，一般公共预算收入增长6%，城镇和农村居民人均可支配收入分别增长7.5%、8%，居民消费价格指数涨幅控制在3%左右，城镇新增就业人数8万人。约束性指标不折不扣完成省下达的目标任务。

落实总体要求，做好今年工作，**必须**始终坚持党的领导，坚定捍卫“两个确立”，坚决做到“两个维护”。**必须**始终保持战略定力，坚定信心、爬坡过坎，一鼓作气、转型到底。**必须**始终坚持稳字当头、稳中求进，沉着应变、稳扎稳打，以稳促进、以进固稳。**必须**始终坚持系统思维，统筹各方面力量，调动各方面积极性，把所有精力集中到全方位推动高质量发展上来。重点抓好十方面工作。

（一）真抓实干，全力推动太忻一体化经济区建设，在引领山西中部城市群高质量发展上发挥龙头作用

山西中部城市群发展，承载着以习近平同志为核心的党中央对山西发展的关心关怀和殷切期望，是我省进入国家“十四五”规划纲要的重大任务，是省第十二次党代会作出的重要战略部署。要按照省委十二届三次全会要求，聚焦构建“中心龙头、南北引擎、东西两翼”一体化发展格局，加快建立与晋中、忻州、吕梁、阳泉周边四市常态化对接合作机制，围绕规划编制、产业布局、基础设施、生态治理、公共服务、要素配置等重点领域，强化政策协同，谋求率先突破，不断提升太原作为城市群龙头的集聚扩散效应，以中心隆起支撑全省全方位高质量发展。

建设太忻一体化经济区是引领山西中部城市群高质量发展的关键之举。我们要坚定扛起省会责任，抢抓机遇、倒逼提速、聚集资源，举全市之力建设山西中部城市群发展的北引擎，与山西综改示范区南引擎遥相呼应，打造辐射牵引山西中部城市群高质量发展的重要增长极。

高标准推进规划布局。对标国际一流水准，结合城镇空间、产业基础、交通廊道等资源要素，高起点编制太忻一体化经济区（太原区）空间发展战略规划。学习借鉴雄安新区规划经验，按照产城融合、宜居宜业、生态优先、传承历史的规划理念，编制完成大盂产业新城空间发展战略规划及配套的13个专项规划，绘好太忻一体化经济区（太原区）发展蓝图。

高质量加快项目建设。聚焦新材料、高端装备制造等七大产业集群，谋划建设台商产业园，推进通泽重工、中来高纯硅、中北信息产业园等项目建设。推动大数据产业集聚发展，打造流量型数字经济新引擎。加快太原铁路枢纽客运西环线、西北二环、太忻大道、泥向线北延、大盂启动区市政路网等交通基础设施建设。推进滹沱河供水工程、能源岛等市政配套项目建设。做实项目清单，统筹项目实施，确保3月份一批重大基础设施项目集中开工、6月份一批重点产业项目集中开工、三季度全省“三个一批”活动在大盂启动区举行。

高水平做好服务保障。设立太忻一体化经济区（太原区）20亿元成果转化基金和100亿元产业基金，推动科技成果转化，助力产业发展。充分发挥各级融资平台作用，引导金融机构、国有企业和社会资本参与建设运营。加强教育、医疗等公共配套设施建设，为企业及人才入驻创造条件。

各位代表，我们要聚焦“一年见效、三年成形、五年成势、十年成城”发展目标，以坚如磐石的信心、只争朝夕的劲头、坚韧不拔的毅力，全力推动太忻一体化经济区（太原区）建设，**引领带动山西中部城市群强势崛起！**

（二）坚定转型，三次产业协同发力，在构建现代产业体系上蹚出发展新路

按照稳一产、强二产、优三产的思路，推动三次产业协同创新和跨越发展，打造多元支撑的现代产业高地。

以强梁壮柱为方向，推动工业全面振兴。加快传统优势产业内涵集约发展。要推动产业基础再造工程，重点支持太钢、太重、西山煤电等老牌工业企业发展壮大，推进太原工具厂生产线智能化改造、山西电机厂技改、太原酒厂转型，以及太锅集团数字化升级改造等项目建设，推动清徐精细化工循环产业园持续延伸产业链条，重新焕发老工业基地风采。**加快战略性新兴产业延链建群发展。**新材料产业要重点推进沪硅半导体硅片材料生产基地、源瀚科技战略性材料产业园、山西合成生物产业生态园、太钢高端碳纤维三期等项目建设，打造全国知名的新材料产业基地。**高端装备制造业**要加快培育一批“专精特新”企业和制造业“单项冠军”，重点推进太重智能高端装备产业园、哈工大机器人华北总部、山西直升机研发生产基地、睿驰智能等项目建设，提升制造业核心竞争力。**信息技术产业**要推动互联网、大数据、人工智能同产业深度融合，重点推进华为煤矿军团全球总部、中国长城电源总部、山西信创产业园、百度云计算中心、大地紫晶大数据共享平台等项目建设。支持富士康进一步做大做强。**绿色能源产业**要积极发展风电、光伏、氢能、生物质能等新能源，加快推进抽水蓄能电站、盛弘智慧能源等项目建设，构建多层次、多领域协调发展的绿色能源产业格局。

以消费升级为契机，推动服务业提质增效。推动生产性服务业专业化发展。支持中泰广场、太原人力资源产业园等创建省级现代服务业集聚区。依托中海国际、信达国际等商业楼宇，集聚发展研发设计、科技服务、金融服务等高端服务业，打造一批楼宇总部经济示范区。聚焦建设国家物流枢纽，支持快成物流、华远陆港、聚鑫物云等企业加速成长，培育壮大网络货运平台，打造内陆型国际物流中心。推动实现农村寄递物流服务全覆盖。做好国家加工贸易产业园和跨境电子商务综合试验区建设工作。积极开展二手车出口业务。加快推进迎泽火炬园二期项目建设。**推动生活性服务业多样化发展。**加快推进天美杉杉奥特莱斯、新城吾悦广场等城市综合体建设。持续开展“品牌强市”行动，以“老字号”“诚信店”等为主体，培育100家叫得响、价值高、信誉好的品牌企业和产品，进一步扩大太原品牌影响力。大力发展首店经济、流量经济、货郎经济，推广南海街特色餐饮街区试点经验，实施“一区一特色街区”工程，打造一批地标性夜经济生活集聚区，让人气聚起来、“烟火气”浓起来、消费火起来。**推动文旅康养产业提档升级。**做好国家文化和旅游消费试点城市工作，支持钟楼街创建国家级高品质步行街、太原古县城创建国家级旅游休闲街区。积极推进国有景区体制机制改革，有效整合优质旅游资源，全力打造西山、汾河、晋阳古城、太原府城四大旅游板块，推出“民俗文化游”“太忻休闲游”“冰雪欢乐游”等系列精品旅游线路，有机串联全市景区景点，形成全域旅游“一张网”，加快建设国家旅游枢纽城市。实施西山文旅产业配套设施提质改造工程，加快旅游路网、门户及驿站建设。巩固拓展全国智慧健康养老示范基地建设成果，引进和培育一批优质康养企业，稳步推进康养小镇、康养社区建设，着力打造“夏养太原”康养品牌。高标准创建晋祠—天龙山国家5A级景区，推动太山、太原植物园、晋商博物院、青龙古镇等景区“创A”“升A”，推动蒙山景区提档升级，完善龙山景区服务配套功能，打造汾河出山口老龙头景区，加快建设国际知名文化旅游目的地。

以特优发展为路径，推动农业稳产增产。坚决守牢粮食安全底线。新建高标准农田7.45万亩，创建有机旱作示范片1万亩，确保全年粮食播种面积稳定在95.7万亩以上、粮食产量稳定在5亿斤以上。**大力发展都市现代农业。**加快“万亩千片百园”工程建设，新发展设施蔬菜5000亩，实施畜牧业提升项目20个，创建标准化养殖场20个，多措并举保障“菜篮子”供给。**做强做精特色优势品牌。**支持清徐县创建国家级农业现代化示范区。壮大水塔、紫林等龙头企业，打响中国醋都品牌。持续提升“阳曲小米”“晋祠大米”“娄烦山药蛋”“古交榛子”等特色品牌知名度，让更多的优质农产品打入中高端消费市场。

（三）精准施策，多措并举提振信心，在推动市场主体倍增上争当全省标杆

深入开展“市场主体建设年”活动，外引内育并举、大中小微齐抓，全力以赴推动市场主体上规模、增活力、提质效，全年新增各类市场主体10万户以上。

进一步提振市场信心。落实好促进工业经济平稳增长和推动服务业恢复发展等一系列国家新的组合式惠企政策，及时出台有针对性的配套支持措施，进一步提升市场预期，持续激发各类市场主体的发展活力和内生动力。全面推行市场准入负面清单，支持民营企业进入公共服务和公用事业领域，释放民营经济发展潜能，真正让民间资本成为投资主力军。开展“小升规”专项行动，分类推动中小微工业企业上规升级，力争全年净增规上工业企业260家。开展常态化入企帮扶，送政策、解难题、鼓干劲，让市场主体吃下定心丸、安心谋发展。

进一步强化招商引资。全面推行“链长制”，聚焦产品—产业—产业链—产业集群，招引一批头部企业、链主企业，鼓励链主以商招商、产业招商、集群招商，对引进上下游企业数量多、规模大、质量高的企业给予奖励。实施“项目经理制”和“项目专班制”，对项目洽谈、签约、开工、投产全过程跟踪、全生命周期服务。力争全市各项招商引资指标均实现10%以上增长。

进一步优化营商环境。持续深化“放管服”改革，打造“三无”“三可”营商环境。推行企业开办极简审批，实现市场主体登记注册“一网通、一窗办、半日结、零成本”。深化“证照分离”改革，实现市场准入领域高频事项告知承诺“全覆盖”。提升涉企经营审批效能，供电、供暖等小型市政设施接入实行零上门、零审批、零投资“三零”服务。继续扩大政务服务“不打烊”覆盖面，实现更多便民利企事项自助办理。

（四）集聚要素，打造一流创新生态，在强化国家战略科技力量上作出太原贡献

坚持创新驱动发展战略，崇尚创新、依靠创新、大胆创新，在新一轮科技革命和产业变革中赢取战略竞争主动权。

突出抓好创新主体培育。实施科技领军企业培育行动，建立科技领军企业培育库，支持企业加大研发投入、开展关键核心技术攻关，力争两年内全市纳入培育库的企业达到100家以上、科技领军企业达到30家以上。打造一批瞪羚企业、独角兽企业、“小巨人”企业，年内培育科技型中小企业1万家、高新技术企业1000家以上。

突出抓好创新平台搭建。强化战略科技力量，依托第一实验室，引进一流项目研发团队，开展前瞻性、基础性、集成性科技创新。强化核心载体支撑，推进怀柔实验室山西基地建设，年内培育建设省级重点实验室和技术创新中心10个，建设市级新型研发机构30个，新增国家、省、市三级企业技术中心50个。提升知识产权保护能力和服务水平，年内建成知识产权运营服务平台和5个产业知识产权运营中心。

突出抓好体制机制创新。全面实施“揭榜挂帅”“赛马制”，推行技术总师负责制、经费包干制、信用承诺制，赋予科研人员更大技术路线决定权、经费支配权、资源调度权。落实好制造业企业研发费用加计扣除比例由75%提升至100%等政策，激励企业创新升级。积极开展科技成果所有权和长期使用权改革试点，建立市场化专业化科技成果转化平台，促进更多科技成果转化为现实生产力。

突出抓好人才引育创新。用好“六共联建”人才引育模式，加快推进人才培育“六大行动”，吸引更多人才来并创业就业。启动实施青年科技人才培养计划，选拔和培养100名左右青年科技人才。加快人才公寓建设，实实在在帮助解决子女上学、家属就业等问题，真金白银打造人才集聚“强磁场”，**让太原成为人才逐梦的首选之地、人才生态的涵养之地、人才活力的奔涌之地！**

（五）补齐短板，大力提升功能品质，在加快城市有机更新上展现省会魅力

城市是人民的城市，人民城市为人民。要深入推进以人为核心的新型城镇化，敬畏历史、敬畏文化、敬畏生态，在科学化、精细化、智能化上下功夫，打造宜居宜业美丽城市。

基础先行增强承载能力。全力支持武宿机场三期改扩建，推进轨道交通1号线建设，创造条件推动3号线一期、2号线二期工程尽快开工，加快秋郭路、龙盛街等与晋中市榆次区连接道路建设，年内打通滨河东路南延二期等与潇河产业园区“五大中心”连接线，推动汽车客运东南站早日投运，着力构建互联互通的综合交通体系。加快推动火工区搬迁。启动建设西山地表水厂。推进城南2×100万千瓦煤电热一体化、阳曲热源厂等项目建设。完成30年以上老旧燃气管线更新改造。优化电动汽车配套充电桩布局。新增公共停车位1万个以上。新建5G基站3000座以上。

提档升级优化宜居环境。年内新开工改造老旧小区604个，高标准打造一批示范片区。实施海子边、皇华馆、南华门、国师街等片区更新改造项目，加快天龙山石窟数字博物馆、仰韶文化镇城遗址公园、北齐文化遗址公园、府城文道等项目建设，留住城市文脉和历史年轮。启动晋阳湖公园二期、柏杨树公园、汾西公园等项目建设。加快国家森林城市创建步伐，巩固拓展东、西山生态修复治理成果，完成营造林 30 万亩以上、森林质量提升 10 万亩以上。积极推进农村人居环境整治提升，打造乡村建设示范县 2 个、优化提质美丽宜居示范村 20 个、示范标杆美丽宜居示范村 20 个。

精益求精提升管理水平。把城市作为一个有机生命体，开展好城市体检，及时发现和治理各类风险隐患，促进城市健康发展。结合全国文明城市创建，持续引深“九乱”整治，全面提升市容市貌。强化科技赋能、数字赋能，推进智慧停车、智慧城管、智慧生活等建设，打造新型智慧城市，努力做到城市管理像绣花一样精细。

（六）蹄疾步稳，全面深化改革开放，在增强发展动能上开创工作新局

坚持把改革开放作为全方位推动高质量发展的关键一招，以更深层次的改革引领转型，以更高水平的开放促进发展。

持续深化国资国企改革。坚决打赢国企改革三年行动收官战，全面完成国家、省安排的 43 项重点改革任务。按照“主业相同、产业相近、行业相关”原则，分类组建集团，形成规模效益和竞争优势。加快非主业、非优势业务“两非”剥离，抓好无效资产、低效资产“两资”处置，用 2 至 3 年时间推动竞争性市属企业基本消灭亏损。强化对利润、劳动生产率、单位成本等指标的考核，竞争性市属企业力争实现营业收入增长 10% 以上，利润总额增长 20% 以上，推动国有企业迈过“生存线”、达到“发展线”。加快国资监管大数据平台建设，实现国有资产实时在线监管。

持续深化开发区改革。纵深推进“三化三制”改革，建立精简高效的管理运行机制，打造开发区建设升级版。深化“承诺制 + 标准地 + 全代办”改革，实施重点项目“全代建”，推动实现“区内事、区内办”，进一步提高项目建设效率。坚持“亩均论英雄”，强化考核结果运用，推动资源要素向优质高效项目集中，全年开发区规上工业增加值增长 18%。

持续深化农业农村改革。加快培育新型农业经营主体，健全农业社会化服务体系，助力乡村振兴战略全面实施。扎实做好农村集体产权制度改革后半篇文章，有序推进农村集体资产股份继承、有偿退出和抵押担保试点工作，培育壮大村集体经济。稳妥推进清徐县农村宅基地制度改革试点工作，重点围绕以房换宅、以宅兴业、宅基地金融等方面进行先行先试，形成一批可复制、能推广、惠民生的改革成果。

持续深化对外开放。精准对接国家战略，差异化承接东部、沿海地区及北京非首都功能产业转移，利用和放大雄安新区产业溢出效应，借势借力赋能发展。支持山西综改示范区建设武宿综保区 RCEP 产业园，积极申建阳曲综保区，推进太原无水港建设。加快创建全面深化服务贸易创新发展试点城市。加强国际友城合作，办好太原能源低碳发展论坛、中国（太原）国际能源产业博览会、太原国际通用航空博览会、晋阳湖集成电路和软件业峰会、中国(太原)人工智能大会，全力打造开放高地。

(七)系统治理，深入践行“两山”理论，在改善省城环境质量上奋力攻坚突破

坚持以减污降碳协同增效为总抓手，一体推进治山治水治气治城，多措并举加强生态环境治理，让绿色成为发展主旋律中最美色彩。

强力推进空气质量提升。紧盯重点领域、重点行业、重点时段，加大源头治理力度，力争市区优良天数比例达到63%以上。**强化工业污染治理。**开展焦化、水泥、化工等重点行业超低排放改造，加快风神轮胎、迪爱生油墨厂搬迁进度，对6家水泥熟料生产企业实施错峰生产，年底前关停西山煤气化焦化一厂。**强化臭氧治理。**进一步深化臭氧成因分析研究，加快制定涉VOCs企业分级管控方案，深入开展工业挥发性有机物综合治理，强化餐饮油烟控制、露天烧烤整治，加快破解臭氧污染防治难题。**强化散煤治理。**完成剩余未实施“煤改电、煤改气”的1万余农户清洁取暖改造任务，实现全市清洁取暖改造“清零”。**强化扬尘和交通污染治理。**严格落实工地扬尘管控“六个百分之百”要求，加强非道路移动机械管理，加快推动晋煤物流铁路专用线建设。

扎实推进水生态治理。加强汾河流域河道水源涵养、生态恢复，推进玉门河、虎峪河、九院沙河等城市边山支河复流工程，完成乌马河、象峪河治理任务，完成汾河百公里中游示范区太原段生态治理。深化城市生活污水综合治理，启动雨污混接点改造，加快晋阳污水处理厂二期、北郊污水处理厂改扩建等项目建设。

持续推进土壤污染治理。严格建设用地准入管理，深入开展工业污染地块治理修复，建成城市污染土壤消纳场所。推动无废城市试点建设，深入开展大宗固废处置，提高固废综合利用率。

积极稳妥推动碳达峰碳中和。深入开展能源革命综合改革试点，推动能耗“双控”向碳排放总量和强度“双控”转变，坚决遏制“两高”项目盲目发展。加快推进国家可持续发展议程创新示范区建设，加大节能减排、减污降碳技术研发和推广应用，不断提升绿色低碳发展能力。增强全民节约意识，加快形成绿色生产生活方式。

(八)践行宗旨，始终坚持为民初心，在持续办好民生实事上用心用情用力

牢固树立以人民为中心的发展思想，加快补齐民生短板，让人民群众获得感成色更足、幸福感更可持续、安全感更有保障。

以更多渠道促进就业增收。全力做好高校毕业生、退役军人、城镇就业困难人员等重点群体就业工作。提升职业技能培训力度，全年完成职业技能培训3.5万人以上，技能人才占从业人员比例达到31%。落实各项收入分配政策，规范收入分配秩序，扩大中等收入群体比重，让老百姓腰包鼓起来。

以更优资源推动教育发展。加快康乐幼儿园敦化坊新园和五一北路分园建设，年内新建公办幼儿园20所。推动“双减”政策落地见效，促进学生全面健康发展。加大集团化办学力度，扩大优质义务教育资源供给。推进新课程新教材实施国家级示范区建设，做好新高考准备工作。推进市交通学校等4所中职学校资源整合，加快卫校新校建设，推动高职教育提档升级。加快国科大太原能源材料学院建设，确保秋季如期招生。

以更高标准建设健康太原。积极争创国家卫生城市，同步推动三县一市创建国家卫生县城。持续深化医药卫生体制改革，抓好国家级公立医院综合改革示范市建设。实施“百院兴医”工程，推进市第三人民医院迁建、市第四人民医院改扩建、市中医医院扩容提质等项目建设，促进优质医疗资源均衡布局。实施“中医药强市”工程，统筹推进中医服务能力提升、中西医协同发展等10个专项行动，促进中医药传承创新发展。实施“人才强卫”工程，年内培养临床骨干100名以上。

以更大力度繁荣文体事业。加快推进市民艺术中心、丁果仙大剧院等项目建设，规划建设太原广播电视中心、市艺校新校区，增设20座自助图书借阅机、10座城市书房，进一步满足群众文化需求。加大“百馆兴体”工程建设力度，加快推进国家篮球（太原）训练基地、国家水上（太原）训练基地等项目建设，5年内打造以太原国际马拉松赛、环太原国际公路自行车赛为代表的10项特色体育品牌赛事。大力发展冰雪运动，助力建设体育强市。

以更强保障兜牢兜实底线。完善养老服务设施，年内完成市老年福利院、儿童福利院等项目建设，新增家庭养老照护床位3000张以上。持续推进房屋产权颁证“清零行动”。严格落实“四个不摘”要求，持续完善防止返贫动态监测和帮扶机制，强化易地搬迁后续扶持，筑牢防止返贫致贫坚实防线。用好中央财政奖补资金，多渠道筹措保障性租赁住房3万套(间)。继续做好退役军人服务工作，年内完成市光荣院建设，争创全国双拥模范城“十连冠”。

各位代表，保障和改善民生没有终点，只有连续不断的新起点。我们将继续开展“我为群众办实事”实践活动，以“切口小、可落地、让群众有感”为原则，送出更多民生“大礼包”：继续实施“放心午餐”食品安全保障工程，解决学生就餐需求；大力实施社区养老幸福工程；新建改造社区食堂160个；开展“关爱老人、温暖助浴”试点工程，解决高龄、失能、半失能老人洗澡难问题；继续向特殊困难群体发放“爱心奶”；完成退役军人及其他优抚对象建档立卡和优待证发放工作；年内新建7座消防安全管理中心，组建一支100人抗洪抢险救援突击队；继续免费送戏下乡850场；完成既有建筑节能改造500万平方米；新建人行天桥10座；完成农村公路建设100公里；新建二类以上公厕100个，等等。

各位代表，世界上最大的幸福莫过于为人民幸福而奋斗。我们将对推出的每件民生实事都一抓到底，切实把实事办好、把好事办实，**让老百姓深切感受到生活在太原就是幸福！**

（九）常抓不懈，维护良好社会环境，在服务全国全省大局上守好一域平安

今年大事要事交织，要坚持底线思维，防范化解重大风险，全力保障社会大局和谐稳定。

坚决打好疫情遭遇战阻击战歼灭战。坚持“外防输入、内防反弹”总策略和“动态清零”总方针，以最坚决的态度、最严格的措施、最快的行动，全力做好疫情防控工作。**织密疫情防控网。**扎紧扎牢境外入并人员、中高风险区返（抵）并人员、冷链非冷链物流、进口水果、国际邮件“五个关口”，坚决守住疫情入并第一道防线。**全面提升防控水平。**稳妥有序推进疫苗接种，扎实做好医疗防疫物资储备，进一步加强监测预警、流调溯源、核酸检测能力建设。持续强化常态化赋码管理，加强社会面管控，严格落实聚集性场所验码、测温、戴口罩“三要素”，积极引导公众做好个人防护。**强化应急处置管理。**优化完善防控预案，始终保持指挥体系激活状态，做到重要情况第一时间上报、重大问题第一时间处置，确保用最短时间、最小代价扑灭疫情，全力维护人民群众生命安全和身体健康。

坚决打好安全生产持久战。严格落实安全生产责任制，持续深化安全生产专项整治三年行动，继续开展安全生产领域风险隐患大排查大整治行动，突出抓好煤矿、非煤矿山、危险化学品、燃气、食品药品等领域隐患排查治理，提升防灾减灾救灾能力。完善应急救援体系，推动应急管理综合应用平台、军地联合应急救援实训基地建设，全面提升本质安全水平，为人民群众筑起安全屏障。

坚决打好平安太原保卫战。强化涉众型金融风险问题化解稳控，严厉打击非法集资等违法行为，牢牢守住不发生系统性区域性金融风险底线。坚持和发展新时代“枫桥经验”，健全社会矛盾纠纷多元调处化解机制。以创建全国社会治安防控体系建设示范城市为抓手，加快实施智慧安防小区建设工程，常态化开展扫黑除恶斗争，严厉打击新型网络犯罪以及黄赌毒、盗抢骗、食药环等违法犯罪活动，坚决维护公共安全和社会安宁。

（十）勤政务实，持续加强自身建设，在打造服务型政府上交出满意答卷

始终保持高的站位、严的标准、实的作风、廉的底色，加快转变政府职能，持续提升治理体系和治理能力现代化水平。

打造忠诚政府。坚持把党的政治建设贯穿政府工作各领域、全过程，深刻领会党的十九届六中全会精神，深入贯彻习近平总书记考察调研山西重要指示精神，持续巩固深化拓展党史学习教育成果，坚定捍卫“两个确立”、坚决做到“两个维护”，不断提高政治判断力、政治领悟力、政治执行力，以实际行动诠释对党和人民的绝对忠诚。

打造法治政府。深入贯彻习近平法治思想，严格依法高效履职。开展“八五”普法，强化公共法律服务体系建设，深化行政复议体制改革。认真执行人大及其常委会决议决定，高质量办理人大代表建议和政协委员提案，依法接受人大及其常委会监督，自觉接受政协民主监督，主动接受社会和舆论监督，强化审计和统计监督。全面主动落实政务公开，加快推进政务诚信建设，让权力在阳光下运行。

打造廉洁政府。坚决落实全面从严治党主体责任，扎实推进政府系统党风廉政建设，严格落实中央八项规定精神和省市实施细则，持之以恒纠治“四风”，加强对重点领域关键部位的监督管理。坚持勤俭节约，政府带头过紧日子，将更多财力投入到民生领域，用“三公”

经费的“减法”助力民生福祉的“加法”。

各位代表，习近平总书记深刻指出，真抓才能攻坚克难，实干才能梦想成真。我们深刻认识到，抓落实是政府工作的生命线和主旋律。必须以时不我待、只争朝夕的紧迫感，以起步就是冲刺、开局就是决战的精气神，向落实对标、向落实问效，抓早抓紧各项工作，一鼓作气、一抓到底，努力把再现“锦绣太原城”盛景的宏伟蓝图变成美好现实。

一分部署，九分落实。**我们将以全局视野狠抓工作落实。**自觉把太原放在全国全省大局中审视谋划，用足用好政策，集聚整合资源，不断提高工作的预见性、针对性和实效性，顺势而为、乘势而上，做到既为一域争光、更为全局添彩。**我们将以系统思维狠抓工作落实。**坚持整体、系统、协调的观点，总揽全局、整体谋划，构建全面贯通、深度协同的工作矩阵，一体推进各项工作，善于弹钢琴、下好一盘棋。**我们将以创新理念狠抓工作落实。**主动学习先进地区的新思路新举措，坚决破除一切影响和束缚高质量发展的思维定式和路径依赖，大胆探索、先行先试，用新思路解决新问题，用新方法推动新发展。**我们将以担当作为狠抓工作落实。**在矛盾面前敢于迎难而上，在困局面前敢于挺身而出，加快破解制约太原发展的结构性、体制性、素质性矛盾，一个问题一个问题解决、一个难关一个难关攻克，积小胜为大胜，切实把改革发展稳定各项工作做实做好。**我们将以务实作风狠抓工作落实。**大兴调查研究之风，扑下身子干、挺起脊梁扛，事不避难、义不逃责，不断提升抓落实的能力水平，在全方位推动高质量发展中奋勇争先、建功立业。**我们将以严格督导狠抓工作落实。**充分发挥“13710”督办系统作用，细化全年各项目标任务，清单式管理、项目化推进，定期督查检查，严格考核评估，强化执行、提高效率，确保政令畅通。**我们将以为民情怀狠抓工作落实。**聚焦人民群众对美好生活的新期待，推动改革发展成果更多更公平惠及全体人民，不断刷新惠民高度，坚决兑现向人民群众作出的郑重承诺。

各位代表，征程万里阔，奋斗正当时！让我们更加紧密地团结在以习近平同志为核心的党中央周围，高举习近平新时代中国特色社会主义思想伟大旗帜，按照省委、省政府决策部署，在市委的坚强领导下，踔厉奋发新征程、笃行不怠向未来，奋力谱写全面建设社会主义现代化国家太原篇章，**以优异成绩迎接党的二十大胜利召开！**

注：本文为2022年2月22日太原市第十五届人民代表大会第六次会议上的政府工作报告原文。

太原市2021年 国民经济和社会发展统计公报

太 原 市 统 计 局

国家统计局太原调查队

2022年3月18日

2021年，市委、市政府坚持以习近平新时代中国特色社会主义思想为指导，高举伟大旗帜，牢记领袖嘱托，全面贯彻党的十九大和十九届历次全会精神，深入贯彻习近平总书记视察山西重要讲话重要指示和考察调研山西重要指示精神，坚持稳中求进工作总基调，锐意进取、奋勇争先，统筹疫情防控和经济社会发展有力有效，构建新发展格局迈出新步伐，高质量发展取得新成效，顺利实现“十四五”良好开局。

一、综　合

人口：据2021年人口抽样调查，年末全市常住人口539.10万人，比上年末增加7.25万人。其中：城镇人口481.01万人，增加7.37万人；乡村人口58.09万人，减少0.12万人。城镇化率89.23%，比上年提高0.17个百分点。男性人口275.79万人，女性人口263.31万人，性别比为104.74（以女性为100）。全年出生人口4.16万人，人口出生率7.83‰；死亡人口3.10万人，死亡率5.82‰；自然增长率2.01‰。

经济增长：初步核算，全市实现地区生产总值（GDP）5121.61亿元，比上年增长9.2%。其中：第一产业增加值44.80亿元，增长7.7%；第二产业增加值2113.09亿元，增长10.2%；第三产业增加值2963.72亿元，增长8.6%。三次产业增加值占地区生产总值的比重为0.9%、41.2%、57.9%，分别拉动经济增长0.07、3.69和5.43个百分点。人均地区生产总值95646元，按2021年平均汇率计算为14825美元。

图1　2017—2021年地区生产总值

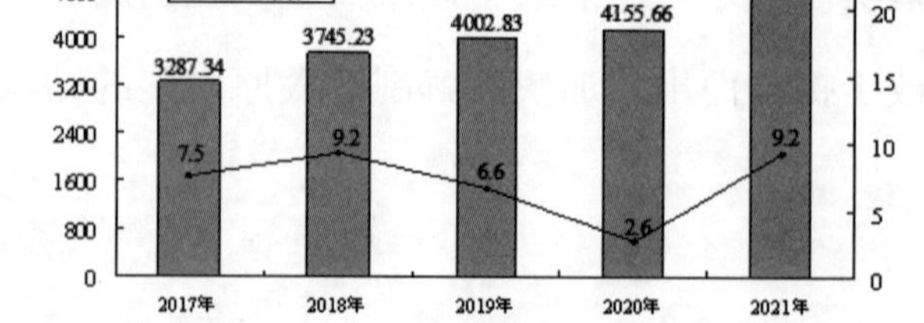

物价：居民消费价格比上年上涨1.0%。其中：交通和通信价格上涨4.6%，教育文化和娱乐价格上涨3.5%，食品烟酒价格上涨0.7%，生活用品及服务价格上涨0.4%，衣

着价格上涨 0.2%；其他用品和服务价格下降 2.7%，居住价格下降 0.6%，医疗保健价格下降 0.6%。

图 2　2017—2021 年价格比上年涨跌幅度

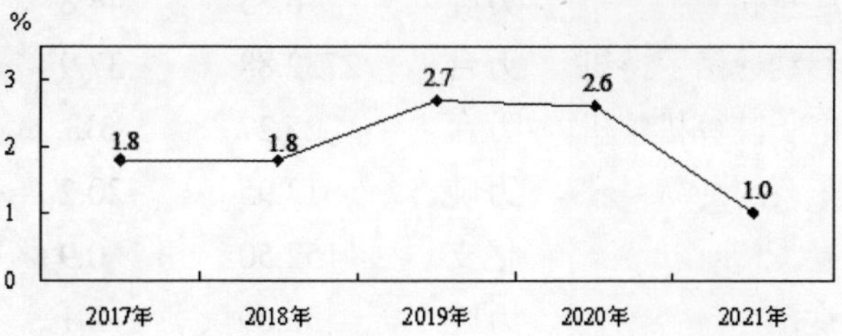

就业：城镇新增就业 8.53 万人。4.43 万名城镇失业人员实现再就业，其中就业困难人员再就业 0.69 万人。年末城镇登记失业率 2.97%。

经济新动能：规模以上工业中，战略性新兴产业增加值增长 16.0%，占全市规模以上工业增加值的比重为 22.7%，其中：新一代信息技术产业增长 24.3%，新能源产业下降 23.4%，生物产业增长 14.5%。高技术制造业增加值增长 36.0%，占比为 16.5%。规模以上服务业中，互联网和相关服务业营业收入增长 50.8%，快递服务业营业收入增长 29.0%。限额以上批发零售业企业通过互联网实现商品零售额 156.50 亿元，增长 54.4%。

市场主体：全年新登记市场主体 135612 户，日均新登记市场主体 542 户。年末市场主体总数达 64.56 万户，其中企业 25.96 万户，个体工商户 33.57 万户，农民专业合作社 3400 户，综改区 4.68 万户。

二、农　业

种植面积：全年农作物种植面积 80.45 千公顷。粮食种植面积 63.80 千公顷。其中：夏粮种植面积 0.12 千公顷，秋粮种植面积 63.68 千公顷。蔬菜种植面积 13.08 千公顷。药材种植面积 1.10 千公顷

表 1　2020 年主要农产品产量

产品名称	产量（吨）	比 2020 年增长（%）
粮食	250600	2.15
其中：夏粮	649	83.49
秋粮	249951	2.03
其中：小麦	649	83.49
玉米	161113	2.58
马铃薯	35562	9.79
油　料	604	-59.92
蔬菜及食用菌	700528	5.27
水　果	94200	22.98
药　材	4121	-35.80

畜禽及水产品产量：年末生猪存栏 16.00 万头，比上年末增长 22.9%；生猪出栏 25.73 万头，比上年增长 42.5%。猪牛羊禽肉产量 3.26 万吨，增长 31.3%；禽蛋产量 3.08 万吨，下降 0.6%；牛奶产量 6.85 万吨，增长 6.1%。水产品养殖面积 3.55 千公顷，水产品产量 3224.30 吨，增长 15.0%。

农机及化肥施用：年末全市农业机械总动力 52.92 万千瓦。全年农用化肥施用量（折纯）21820.35 吨。

三、工业和建筑业

工业：规模以上工业增加值比上年增长 15.1%。其中：采矿业增加值下降 4.0%，占全市规模以上工业增加值的比重为 21.6%；制造业增加值增长 22.2%，占比为 71.8%；电力、热力、燃气及水的生产和供应业增加值增长 5.7%，占比为 6.6%。

图 3　2017—2021 年规模以上工业增加值增速

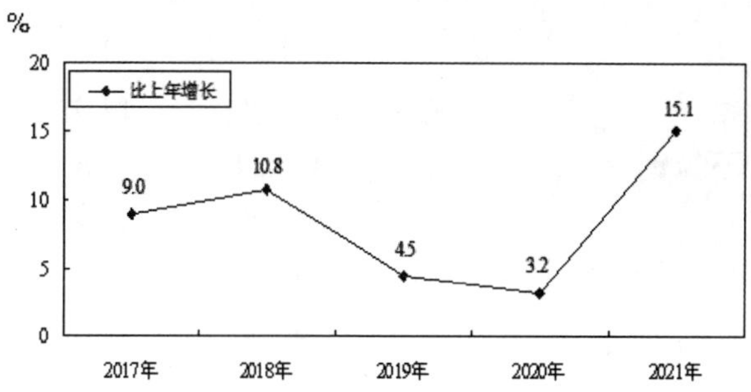

表2　2021年规模以上工业增加值分类

指　标	比2020年增长(%)
规模以上工业	15.1
其中：轻工业	7.5
重工业	15.9
其中：国有控股企业	8.2
其中：国有企业	26.7
民营企业	39.4
股份合作企业	-17.9
股份制企业	16.8
外商及港澳台商投资企业	-8.3

表3　2021年规模以上工业十大行业增加值

行　业	比2020年增长(%)
钢铁行业	9.1
煤炭开采和洗选业	-4.5
通信及计算机设备制造业	40.3
炼焦行业	33.3
电力、热力生产和供应业	0
烟草制品业	2.8
废弃资源综合利用业	575.7
通用设备制造业	61.4
非金属矿物制品业	9.5
燃气生产和供应业	17.8

非传统产业增加值增长25.4%，占全市规模以上工业增加值的比重为45.3%，其中：装备制造业增加值增长29.9%，占比为25.0%。传统产业增加值增长5.9%，占比为54.7%。

表4　2021年规模以上工业企业主要产品产量

产品名称	单位	产量	比2020年增长(%)
生铁	万吨	1107.10	14.9
粗钢	万吨	1466.20	14.0
不锈钢	万吨	447.24	6.8
钢材	万吨	1429.39	15.9
水泥	万吨	748.90	5.1
橡胶轮胎外胎	万条	80.96	4.0
矿山专用设备	万吨	12.71	8.4
金属轧制设备	万吨	2.58	32.0
起重机	万吨	6.35	44.8
移动通信手持机	万台	2732.88	37.9
电子计算机整机	万台	25.27	33.3
车轮	万吨	13.95	-20.2
卷烟	亿支	152.50	0.9
食醋	万吨	36.69	-2.1
白酒(折65度)	千升	18422.34	14.3
碳酸饮料	万吨	23.32	21.4

规模以上工业企业实现营业收入5096.9亿元，增长40.3%。利税总额404.8亿元，增长93.9%。利润总额239.2亿元，增长148.4%。

规模以上工业企业每百元营业收入中的成本为87.75元，营业收入利润率为4.69%，比上年同期提高2.04个百分点；年末资产负债率为72.1%。

建筑业：具有建筑业资质等级的总承包和专业承包建筑业企业总产值3781.18亿元，增长10.8%。建筑业企业房屋建筑施工面积15239.74万平方米，竣工面积3014.77万平方米。

四、能　源

能源生产：全年规模以上工业企业一次能源生产折标准煤3407.74万吨，比上年增长15.0%，其中：原煤产量4750.58万吨，增长7.5%。二次能源生产折标准煤4984.48万吨，增长18.1%，其中：洗煤产量3453.09万吨，增长11.1%；焦炭产量1251.96万吨，增长20.5%；发电量332.72亿千瓦小时，增长2.3%。

用电：全年全社会用电量319.09亿千瓦时，增长8.5%。其中：农林牧渔业用电量2.16

亿千瓦时，增长 5.1%；工业用电量（含电厂自用电）186.46 亿千瓦时，增长 4.8%，其中：占工业用电量 68.4% 的煤炭、炼焦、化工、建材、冶金、电力等高耗能行业用电量 127.53 亿千瓦时，增长 3.3%；建筑业用电量 7.13 亿千瓦时，增长 18.8%；第三产业用电量 67.86 亿千瓦时，增长 18.5%；城乡居民生活用电量 50.29 亿千瓦时，增长 8.4%。

五、服务业

产业结构：全年交通运输、仓储和邮政业增加值 224.52 亿元，占全市服务业增加值的比重为 7.6%，比上年增长 12.0%；非营利性服务业增加值 1000.25 亿元，占比为 33.7%，增长 11.6%；营利性服务业增加值 384.63 亿元，占比为 13.0%，增长 10.5%；批发零售和住宿餐饮业增加值 536.12 亿元，占比为 18.1%，增长 6.2%；房地产业增加值 326.82 亿元，占比为 11.0%，增长 5.3%；金融业增加值 488.76 亿元，占比为 16.5%，增长 4.4%。规模以上服务业企业营业收入 1659.06 亿元，增长 54.1%。

交通运输：年末全市公路线路里程累计达到 6866 公里，其中高速公路 293 公里。公路密度 98.3 公里 / 百平方公里。太原地区铁路客运量 2242.15 万人次，增长 23.0%；铁路货运量 4390.02 万吨，增长 6.4%。航空客运量 999.53 万人次，增长 10.9%；航空货运量 5.56 万吨，增长 9.6%。

年末全市民用汽车保有量 192.92 万辆，比上年末增长 7.5%，其中：私人汽车 169.56 万辆，增长 7.0%。年末轿车保有量 114.92 万辆，增长 6.0%，其中：私人轿车 106.16 万辆，增长 6.0%。本年新注册汽车 16.61 万辆，增长 17.3%，其中：新注册轿车 8.24 万辆，增长 19.5%。

邮政电信：全年邮政行业业务总量 44.23 亿元，比上年增长 33.3%。其中：快递服务企业业务量 32177.63 万件，增长 42.3%。电信业务总量 83.83 亿元，增长 15.0%。年末市话到达 68.87 万户，农话到达 0.78 万户。移动电话用户 774.19 万户，其中：4G 移动电话用户 482.03 万户，5G 移动电话用户 217.98 万户。计算机互联网宽带用户 275.64 万户。

六、国内贸易

消费品零售：全年社会消费品零售总额 1873.90 亿元，比上年增长 13.2%。其中：城镇社会消费品零售总额 1741.18 亿元，增长 10.2%；乡村社会消费品零售总额 132.72 亿元，增长 78.4%。

图 4　2017—2021 年社会消费品零售总额

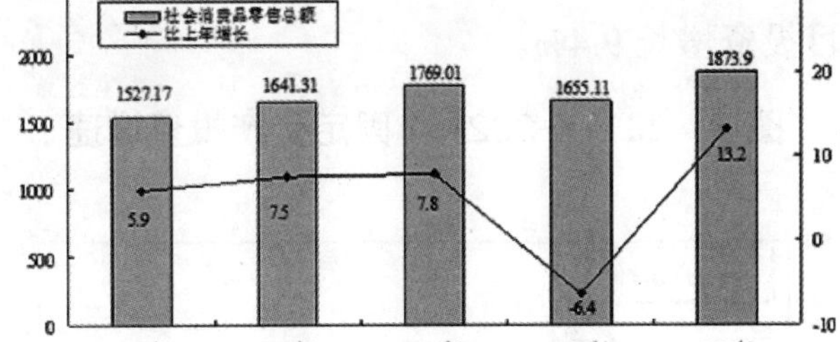

表 5　2021 年社会消费品零售总额

指　　标	零售额（亿元）	比 2020 年增长（%）
社会消费品零售总额	1873.90	13.2
分地域：城　镇	1741.18	10.2
其中：城　区	1330.08	10.8
乡　村	132.72	78.4
限额以上消费品零售额	1059.02	13.3
限额以下消费品零售额	814.88	12.7

限额以上消费品零售额1059.02亿元，比上年增长13.3%，占全市社会消费品零售总额的比重为56.5%；限额以下消费品零售额814.88亿元，增长12.7%，占比为43.5%。

表6　2021年限额以上批发零售业商品零售类值

指　标	零售额（亿元）	比2020年增长（%）
汽车类	336.59	6.4
石油及制品类	80.30	23.8
文化办公用品类	9.62	-5.5
通讯器材类	16.01	16.4
家用电器和音像器材类	122.23	20.8
中西药品类	55.44	4.6
建筑及装潢材料类	4.93	22.1
日用品类	28.64	12.2
家具类	2.36	4.8
粮油、食品、饮料、烟酒类	134.55	14.9
服装类	81.89	15.7
化妆品类	20.22	1.6
金银珠宝类	18.33	40.1

七、固定资产投资

固定资产投资：全年固定资产投资比上年增长7.9%。其中：央属项目投资增长129.5%，地方项目投资下降11.4%，其他项目投资增长9.4%。

图5　2017—2021年固定资产投资增速

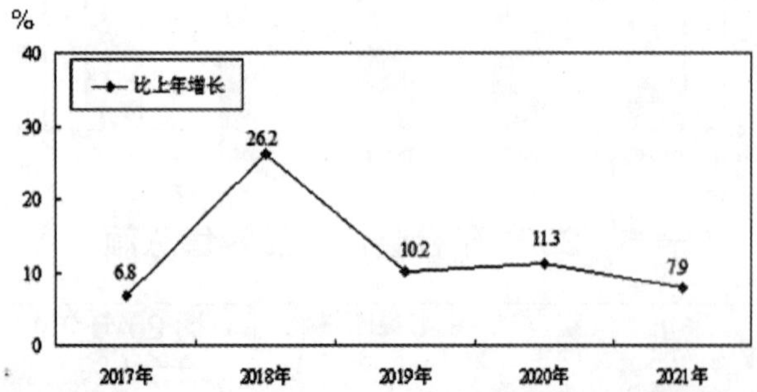

分产业看，第一产业投资增长20.6%，第二产业投资增长9.6%，第三产业投资增长7.2%。工业投资增长9.2%，其中：采矿业投资下降76.4%，制造业投资增长13.5%，电力、热力、燃气及水的生产和供应业投资增长22.0%。城市基础设施建设投资增长28.3%。

分经济类型看，国有投资增长24.0%；非国有投资下降6.8%，其中：民间投资下降5.4%。

表7　2021年分行业固定资产投资

指　标	比2020年增长（%）
总　计	21.5
农、林、牧、渔业	23.8
采矿业	-76.4
制造业	13.5
电力、热力、燃气及水的生产和供应业	22.0
建筑业	75.6
批发和零售业	-40.1
交通运输、仓储和邮政业	50.9
住宿和餐饮业	28.5
信息传输、软件和信息技术服务业	-49.0
房地产业	-22.3
房地产开发	-6.9
租赁和商务服务业	366.6
科学研究和技术服务业	13.3
水利、环境和公共设施管理业	20.5
居民服务和其他服务业	-72.0
教育	68.4
卫生和社会工作	49.2
文化、体育和娱乐业	53.8
公共管理和社会组织	-37.9

全年在建固定资产投资项目1122个。其中：5亿元以上项目217个，完成投资增长34.1%；10亿元以上项目109个，完成投资增长35.1%。

房地产开发：全年房地产开发投资665.71亿元，下降6.9%。其中：住宅投资525.68亿元，下降6.9%；商业营业用房投资40.99亿元，下降9.4%。全年商品房竣工面积608.53万平方米，商品房销售额841.84亿元。

八、对外经济

进出口贸易：全年外贸进出口总额1852.35亿元，比上年增长52.9%。其中：

出口额1153.14亿元，增长59.1%；进口额699.21亿元，增长43.6%。

图6　2017—2021年外贸进出口总额

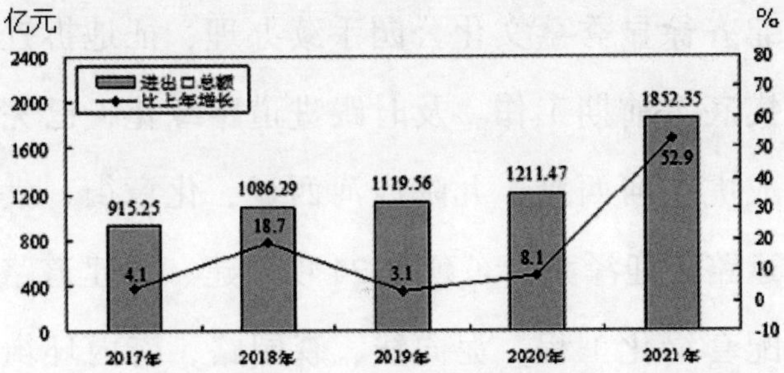

出口商品中，不锈钢材、机电产品分别为48.8亿元、1013.43亿元，占出口额的92.1%。煤炭、焦炭、金属镁分别为5.27亿元、1.97亿元、10.36亿元，占出口额的1.5%。

表8　2021年外贸进出口总额

指　标	绝对数（亿元）	比2020年增长（%）
进出口总额	1852.35	52.9
出口额	1153.14	59.1
其中：一般贸易	192.89	55.8
加工贸易	887.05	59.3
其中：机电产品	1013.43	60.0
高新技术产品	941.83	59.8
其中：国有企业	95.64	28.3
外商投资企业	812.36	46.5
进口额	699.21	43.6
其中：一般贸易	240.43	48.6
加工贸易	379.43	35.0
其中：机电产品	487.34	41.7
高新技术产品	434.26	53.2
其中：国有企业	195.13	42.5
外商投资企业	222.33	–23.1

注：高新技术产品和机电产品分类有交叉。

招商引资：全年新设立外商投资企业64家。实际利用外商直接投资额1.75亿美元，增长69.2%。

九、财政金融

财政：一般公共预算收入423.44亿元，比上年增长11.9%，其中：税收收入336.07亿元，增长17.8%；非税收入87.37亿元，下降6.2%。

图7　2017—2021年一般公共预算收入

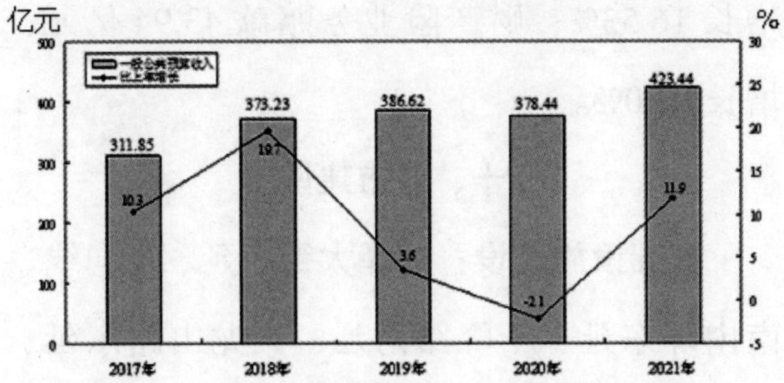

全年一般公共预算支出628.99亿元，比上年下降2.8%。其中教育、卫生健康、社会保障和就业、住房保障、交通运输、节能环保、城乡社区等民生支出484.03亿元，下降4.9%。

金融：年末全市金融机构本外币各项存款余额15924.02亿元，比年初增长9.2%；本外币各项贷款余额16589.00亿元，增长10.0%。人民币各项存款余额15512.13亿元，增长9.1%，其中：住户存款余额6566.4亿元，增长11.4%；人民币各项贷款余额16298.32亿元，增长10.0%。人民币贷款中，中长期贷款余额11763.23亿元，增长9.5%；短期贷款余额3079.70亿元，增长1.0%。

年末上市公司18家，其中：主板16家，创业板1家，北交所1家。“新三板”挂牌企业46家。

保险：全年原保险保费收入290.13亿元，增长10.26%。其中：寿险业务保费收入172.10亿元，增长18.96%；健康险业务保费收入 44.56 亿元，增长 13.83%；意外伤害险业务保费收入 7.79 亿元，增长 1.78%；财产险业务保费收入 65.67 亿元，下降 8.36%。

支付各类赔款及给付 114.94 亿元，增长 33.63%。其中：寿险业务给付 51.30 亿元，增长 54.62%；健康险业务赔款及给付 17.28 亿元，增长 63.66%；意外伤害险业务赔款 2.41 亿元，增长 16.53%；财产险业务赔款 43.94 亿元，增长 9.50%。

十、城市建设

基础设施建设：迎泽大街东延、泥向线、南内环东延、千峰路南延、天龙山路东延、虎峪河西延、九院沙河西延等 18 项续建新建道路工程完工；10 座人行天桥建成投用。老旧小区提质改造开工 717 个小区 895.4 万平方米，既有住宅加装电梯开工 166 部。新增公共停车泊位 1.3 万余个。城中村改造拆除旧村建筑面积 38.72 万平方米，开工安置房 1904 套。全面执行绿色建筑标准，全市新建民用建筑新增绿色建筑 891.33 万平方米，完工 505.18 万平方米；新增可再生能源应用项目 733.48 万平方米，完工项目 507.71 万平方米；完成装配式建筑面积 270.56 万平方米。

年末全市燃气供应量 9.93 亿立方米。集中供热面积扩网 624 万平方米。城市公交运营车辆保有量 3656 辆。公交运营线路长度 4021.23 公里，年客运量 3.02 亿人次。公共自行车服务点 1285 个，累计投放自行车 4.1 万辆。

城市绿化：建设完成双塔公园、五一广场改造工程、85 公里长的汾河自行车赛道及配套绿化、汾河生态治理四期、城西水系水体治理、汾河公园水质提升、祥云公园提质改造、动物园东门区域等公园绿地建设项目；龙城公园正在推进；启动了长风公园（一期）、北齐徐显秀墓文化公园手续办理、征地拆迁摸底等前期工作。及时跟进道路绿化，已完成虎峪河西延、九院沙河西延、化章街、大运路、迎泽大街东延等 24 项新建、续建道路配套绿化工程；泥向线、森园路、南内环街东延等 9 项道路配套绿化工程正在积极推进。全市共有综合性公园 21 个，专类公园 17 个，社区公园 49 个，街头游园 255 个，广场 10 个。建成区绿化覆盖面积达到 16117.2 公顷，园林绿地 14270.4 公顷，公园绿地面积 5487.22 公顷，建成区绿化覆盖率 44.77%，绿地率 39.64%。

十一、教育和科学技术

教育：年末共有普通高等院校 50 所（其中高职院校 19 所），成人高等学校 6 所，中等职业教育学校 46 所，普通高中 92 所，普通初中 130 所，小学 417 所，幼儿园 799 所。

表 9　2021 年各类教育学生数

指标	学校（所）	招生（人）	在校生（人）	毕业生（人）
高等教育	50	200323	619623	143885
研究生		17252	45636	10906
普通高等学校	44	135313	460107	113438
成人高等学校	6	47758	113880	19541
中等职业教育	46	21547	60946	18460
中等技术学校	30	11252	37360	10873
成人中等专业学校	2	4252	9923	4638

续表

指标	学校（所）	招生（人）	在校生（人）	毕业生（人）
职业高中学校	14	6043	13663	2949
普通高中	92	26168	78220	23353
普通初中	130	46511	135755	42185
普通小学	417	56490	346882	50035
幼儿园	799	37304	125993	35334
特殊教育	9	305	1439	222

全市学前三年毛入园率97.75%；小学、初中巩固率均达到国家标准；高中阶段毛入学率98.11%。2021年高考一本、二本达线率和录取率在全省稳居前列。

科学技术：全年技术市场共登记技术合同3138项，成交金额264亿元。拥有国家级技术中心18家，省级技术中心124家。截至年末，累计建成省级及以上重点实验室108个、省级工程技术研究中心100个、省级及以上科技企业孵化器34个、省级及以上众创空间150家，拥有院士工作站74个。年末累计认定高新技术企业2214家。获得2020年度国家科技奖9项（其中，国家自然科学奖1项，国家技术发明奖1项，国家科学技术进步奖7项），比上年增加3项，占全省获奖总数90%。获得省科技奖150项，占全省获奖总数74%（2021年国家科技奖于2022年评出）。全年发明专利授权量2817件，有效发明专利拥有量13448件。

十二、文化旅游、卫生健康和体育

文化：年末全市共有各类专业院团及具备规模的民营艺术表演团体18个。群艺文化馆11个，博物馆21个。公共图书馆12个，馆藏图书679.36万册。广播人口覆盖率100%，电视人口覆盖率100%。推出晋剧《庄周》、红色话剧《新报童》，修改提升晋剧《圪梁梁上》、舞蹈《家书》、歌舞剧《宋时芳华》、舞剧《雁丘词》、舞剧《千手观音》，复排传统戏《三义亭》《野猪林》、歌舞杂技剧《换了人间》，创作话剧《我可是特暴龙》《空王冠》《漆艺人生》，编排太原莲花落《合浪浪许家》，完成晋剧《于成龙》全国巡演和晋剧电影《于成龙》的出版发行工作。支持优秀文艺作品多演出，多渠道展示推广优秀文艺作品，促进舞台艺术业态创新、升级换代。举办太原市第五届艺术新秀比赛，组织全市基层院团戏曲调演，推动文艺人才和基层院团发展更加繁荣有序。积极推进市政府与山西演艺集团开展省市共建活动，以山西省交响乐团为班底，成立太原市交响乐团，进一步满足市民对高雅艺术的需求。年末列入国家级非物质文化遗产保护项目18项、省级保护项目65项、市级保护项目160项。

旅游：全市重点监测景区共接待游客532.87万人次，实现门票总收入1.04亿元，旅游经营收入1.24亿元。

卫生：年末共有卫生机构3221个（不含村卫生室），医疗床位45589张。各类卫生技术人员69868人，其中：执业（包括执业助理）医师26328人，注册护士34251人。我市获批国家级公立医院综合改革示范市，《中医药法》贯彻实施、基层卫生能力建设分获全国人大、全国政协高度评价；新冠病毒疫苗接种受到国务院督导组充分肯定，人民日报、中央电视台先后报道；首创进口冻品集中监管总仓熔断机制，工作经验全省推广；全民健康素养水平、基本公卫服务项目绩效评价连续三年全省第一；人口计生、医疗质量控制、职业卫生分类监管、3岁以下婴幼儿照护服务、无烟环境建设等多项工作领跑全省。特别是经过党史学习教育和抗疫斗争的双重洗礼，36个集体、178名个人荣获国家和省、市“两优一先”“优秀医护”。

体育：省十六运会资格赛共设26个大项37个分项，在已经完赛的28个分项比赛中，我市取得249枚金牌，位列参赛城市第一。我市共有3名运动员代表国家参加东京奥运会，其中武桐桐作为中国女篮队员，随队获得第五名成绩。第十四届全国运动会，山西省代表团获得10金10银21铜，我市运动员获得其中的6金5银10铜，取得历史最好成绩。严格按照疫情防控要求，办好由我市承办的场地自行车、排球、赛艇、中国式摔跤、滑轮、高尔夫等6项省十六运会资格赛。圆满完成太原市男子篮球联赛等3项篮球赛事办赛任务。全年销售中国体育彩票11.46亿元，居全省第一。

十三、居民收入消费和社会保障

居民收入消费：全年居民人均可支配收入38381元，比上年增长8.2%。按常住地分，城镇居民人均可支配收入41377元，增长8.0%，城镇居民人均消费支出23748元，增长15.5%；农村居民人均可支配收入21551元，增长9.6%，农村居民人均消费支出16295元，增长16.7%。城乡居民收入比为1.9 ：1，比上年缩小0.1个百分点。

社会保障：年末全市参加城镇职工基本养老保险人数196.17万人，比上年末增加21.97万人。参加城乡居民基本养老保险人数79.60万人，增加0.71万人。参加基本医疗保险人数386.13万人，增加7.61万人。其中，参加职工基本医疗保险人数182.39万人，增加5.88万人；参加城乡居民基本医疗保险人数203.75万人，增加1.73万人。参加失业保险人数124.32万人，增加14.57万人。参加工伤保险人数135.00万人，增加3.08万人。参加生育保险人数123.36万人，增加6.90万人。

十四、环境保护和安全生产

环境质量：市区全年空气质量二级以上天数224天，全年PM2.5达标158天，空气质量综合指数5.24。集中式饮用水水源地水质达标率保持100%，地表水国家和省考核断面水质优良比例50%。市区区域环境噪声年均值52.0分贝、交通噪声年均值66.2分贝。

气温降水：全年平均气温10.8℃，降水量607.1mm。全社会用水量7.64亿立方米，其中：生活用水3.09亿立方米，农业灌溉用水1.66亿立方米，工业生产用水2.19亿立方米，生态用水0.71亿立方米。

安全生产：全年共发生各类生产安全亡人事故起数比上年下降13.6%。

注：

1. 本公报部分数据为初步统计数据。

2. 本公报部分数据由相关部门提供。

3. 地区生产总值、各产业（行业）增加值绝对数按现价计算，增长速度按不变价格计算。

4. 规模以上工业企业是指年主营业务收入在2000万元及以上的法人工业企业；固定资产投资统计起点为项目计划总投资500万元及以上；限额以上批发零售企业是指年销售额2000万元及以上的批发企业和年销售额500万元及以上的零售企业。

5. 邮政行业业务总量和电信业务总量按2020年价格计算。

6. 部分数据因四舍五入的原因，可能存在分项合计不等的情况。

2021年度太原市
人口变动情况抽样调查主要数据公报

太 原 市 统 计 局

2022年4月6日

按照山西省统计局的统一部署，在太原市各级政府坚强领导和广大群众支持配合下，2021年度全市人口变动情况抽样调查工作已经圆满完成。这次人口抽样调查，按照多阶段，分层、概率比例的抽样方法，在全市10个县（市、区）抽取了101个乡（镇、街道），650个村（居）委会，调查登记常住人口8.9万人。调查的标准时间为2021年11月1日零时。

经对抽样调查结果进行科学推算，现将主要数据公布如下：

一、常住人口

2021年末全市常住人口为5390957人，比上年增加72435人，增长1.36%。

二、人口自然增长

2021年末全市常住人口中，出生人口41645人，出生率为7.83‰。死亡人口30967人，死亡率为5.82‰。人口自然增长率为2.01‰。

2021年度太原市分县（市、区）

人口自然增长变化情况

单位：人、‰

地 区	出生率	出生人口	死亡率	死亡人口	自增率	自然变化
太原市	7.83	41645	5.82	30967	2.01	10678
小店区	8.26	11272	3.87	5284	4.39	5988
迎泽区	7.41	4402	7.22	4288	0.19	114
杏花岭区	7.21	5628	7.19	5616	0.02	12
尖草坪区	7.14	3791	6.95	3690	0.19	101
万柏林区	9.37	8932	6.10	5815	3.27	3117
晋源区	8.78	2798	7.14	2275	1.64	523
清徐县	6.49	2236	4.16	1432	2.33	804
阳曲县	8.09	1041	6.55	843	1.54	198
娄烦县	4.43	403	5.01	456	–0.58	–53
古交市	5.42	1142	6.01	1268	–0.60	–126

三、地区分布

全市各县（市、区）常住人口分布如下：

2021年、2020年
太原市分县（市、区）常住人口

单位：人

地 区	年末常住人口	
	2021年	2020年
太原市	5390957	5318522
小店区	1414155	1364860
迎泽区	591373	594284
杏花岭区	785644	781027
尖草坪区	534268	531288
万柏林区	968271	953276
晋源区	325364	318647
清徐县	345952	344526
阳曲县	126434	128671
娄烦县	88627	91066
古交市	210869	210877

四、性别构成

2021年末全市常住人口中，男性为2757901人，占常住人口的51.16%；女性为2633056人，占常住人口的48.84%，性别比（以女性为100，男性对女性的比例）为104.74。

五、城乡人口

2021年末全市常住人口中，居住在城镇的人口为4810087人，占常住人口的89.23%；居住在乡村的人口为580870人，占常住人口的10.77%。

2021年度太原市分县（市、区）
城乡人口分布情况

单位：人、‰

地 区	城镇人口	乡村人口	城镇化率
太原市	4810087	580870	89.23
小店区	1322734	91421	93.54
迎泽区	580179	11194	98.11
杏花岭区	737148	48496	93.83
尖草坪区	504646	29622	94.46
万柏林区	968271	0	100.00
晋源区	276382	48982	84.95
清徐县	147895	198057	42.75
阳曲县	67818	58616	53.64
娄烦县	44940	43687	50.71
古交市	160074	50795	75.91

主要指标解释：

人口数：指一定时点、一定地区范围内有生命的个人总和。

年度统计的年末人口数指每年12月31日24时的人口数。本公报中的人口数是指本年度12月31日的常住人口。

人口变动抽样调查的常住人口包括：1、在抽中的调查小区居住并且户口在本乡（镇、街道）的人口；2、在抽中调查小区居住半年以上，户口在外乡（镇、街道）的人口；3、在抽中调查小区居住不满半年，离开户口登记地半年以上的人口；4、在抽中调查小区居住，户口待定的人口。

城镇人口和乡村人口：城镇人口是指居住在城镇范围内的全部常住人口；乡村人口是除上述人口以外的全部人口。

城镇包括城区和镇区。城区是指在市辖区和不设区的市中，街道办事处所辖的居民委员会地域；城市公共设施、居住设施等连接到其他居民委员会地域和村民委员会地域。

镇区是指在城区以外的镇和其他区域，其包括镇所辖的居民委员会地域；镇的公共设施、居住设施等连接到村民委员会地域。

出生率：（又称粗出生率）指在一定时期内（通常为一年）一定地区的出生人数与同期内平均人数(或期中人数)之比,用千分率表示。本资料中的出生率指年出生率,其计算公式为:

出生率＝年出生人数／年平均人数*1000‰

公式中：出生人数指活产婴儿，即胎儿脱离母体时（不管怀孕月数），有过呼吸或其他生命现象。年平均人数指年初、年底人口数的平均数，也可用年中人口数代替。

死亡率：（又称粗死亡率）指在一定时期内（通常为一年）一定地区的死亡人数与同期内平均人数（或期中人数）之比，用千分率表示。本资料中死亡率指年死亡率。其计算公式为：

死亡率＝年死亡人数／年平均人数*1000‰

人口自然增长率：指在一定时期内（通常为一年）人口自然增加数（出生人数减死亡人数)与该时期内平均人数(或期中人数)之比,用千分率表示。计算公式为：

人口自然增长率＝（本年出生人数－本年死亡人数）／年平均人数*1000‰＝人口出生率－人口死亡率

性别比:指男性人口数与女性人口数之比,通常用100个女性人口相应有多少男性人口表示。

第1篇

综合

General Survey

资料整理、审核

刘建程　贾常晋　周丽丽　任志鹏

曹孟洁　常　铁　宋晓洁　杨凯越

郭　强　苏雯婷　薛淳洋

1-1 太原市县（市、区）及乡镇、办事处名称

县 级	乡 级
小店区	北格镇、刘家堡乡、西温庄乡、坞城街办、营盘街办、北营街办、平阳路街办、黄陵街办、小店街办、龙城街办、学府街办
迎泽区	郝庄镇、迎泽街办、桥东街办、文庙街办、柳巷街办、老军营街办、庙前街办
杏花岭区	中涧河镇、三桥街办、敦化坊街办、巨轮街办、涧河街办、鼓楼街办、杏花岭街办、坝陵桥街办、大东关街办、职工新街街办、杨家峪街办、享堂街办
尖草坪区	向阳镇、阳曲镇、柏板乡、西乡、汇丰街办、古城街办、柴村街办、迎新街街办、南寨街办、上兰街办、新城街办、光社街办、尖草坪街办
万柏林区	东社街办、千峰街办、下元街办、和平街办、万柏林街办、兴华街办、南寒街办、杜儿坪街办、白家庄街办、长风西街街办、小井峪街办、西铭街办、神堂沟街办、王化街办
晋源区	金胜镇、晋祠镇、姚村镇、义井街办、罗城街办、晋源街办
古交市	河口镇、镇城底镇、马兰镇、嘉乐泉乡、梭峪乡、岔口乡、常安乡、原相乡、邢家社乡、东曲街办、西曲街办、桃园街办、屯兰街办
清徐县	清源镇、徐沟镇、东于镇、孟封镇、马峪乡、柳杜乡、西谷乡、王答乡、集义乡
阳曲县	黄寨镇、大盂镇、东黄水镇、泥屯镇、高村乡、侯村乡、凌井店乡、西凌井乡、杨兴乡
娄烦县	娄烦镇、静游镇、杜交曲镇、马家庄乡、盖家庄乡、米峪镇乡、天池店乡

1-2 行政区划

单位：个

指 标	街道办事处	社区居委会	乡政府	镇政府	村民委员会	自然村
总 计	**55**	**758**	**24**	**22**	**634**	**1339**
小店区	8	151	2	1	29	33
迎泽区	6	102		1	10	21
杏花岭区	11	125		1	20	36
尖草坪区	9	77	2	2	55	85
万柏林区	14	123			15	16
晋源区	3	54		3	55	90
清徐县		31	5	4	139	190
阳曲县		30	5	4	98	328
娄烦县		11	4	3	105	187
古交市	4	54	6	3	108	353

1-3 自然资源

指 标	单 位	数 量
一、人口、土地		
全市户籍总人口	人	3951105
人口密度（按户籍人口计算）	人 / 平方公里	572
土地面积	平方公里	6909
二、气候		
平均气温	摄氏度	11.2
极端最低气温	摄氏度	-19.2
极端最高气温	摄氏度	36.6
日照时间	小时	2327.4
无霜期	天	165
总降水量	毫米	629.5
三、林地		
当年造林面积	千公顷	7.48
森林覆盖率	%	24.43
四、水利		
采用总量合计	万立方米	76428.24
地下水采用总量	万立方米	28779.00
地表水采用总量	万立方米	30541.06
五、矿产（保有量）		
煤矿	亿吨	144.9
铁矿	万吨	36650.8
铝土矿	万吨	4751
溶剂灰岩	万吨	5664.7
水泥灰岩	万吨	14665.5
石膏	万吨	12613.2

注：1. 气候数据采用小店站数据（太原市代表站）。
2. 2018 年森林资源管理一张图数据，2019 年、2020 年数据无法计算。
3. 矿产资源量为市统计数据，自然资源部尚未审核通过。

1-4 土地状况

单位：平方公里

指 标	面 积	占总面积（%）
总面积	6909	100.0
按特征分		
农用地	5741	83.1
耕地	1062	15.4
其中：平原（≤ 2°）	581	8.4
丘陵 (2° ～ 6°、6° ～ 15°、15° ～ 25°)	100	1.4
山地（＞ 25°）	382	5.5
园地	158	2.3
林地	3691	53.4
草地	830	12.0
建设用地	994	14.4
城镇村及工矿用地	787	11.4
交通运输用地	108	1.6
水域及水利设施用地	99	1.4
其他土地	174	2.5

注：1. 表中数据来源于太原市规划和自然资源局。
2. 2021 年数据根据年度变更一上数据统计。
3. 根据第三次土地调查的地类划分中，耕地按坡度级别分为 5 个级别进行统计，将≤ 2° 耕地视为平原，2° ～ 6° 耕地视为丘陵，6° ～ 15° 和 15° ～ 25° 耕地视为山地，>25° 耕地视为高山地，统计中高山地面积计入山地。
4. 土地调查中，草地分为天然牧草地、沼泽草地、人工牧草地和其他草地，其中，其他草地属未利用地，因太原市草地基本都为其他草地，因此，统计中，农用地下的草地包含了其他草地的面积。
5. 土地调查中，水域及水利设施用地在三大类中都包含，建设 用地只有水工建筑用地，为便于统计，统计表中水域面积包含了所有二级分类面积。
6. 因统计表中地类未包含土地调查的所有地类，因此，除上述地类外，其余表中未显示的地类全部计入其他土地中。

1-5 取水情况

单位：万立方米

指 标	2021年
一、农业用水量	
（一）耕地灌溉	14664.19
（二）林地灌溉	1070.91
（三）园地灌溉	392.55
（四）牧草地灌溉	7.30
（五）鱼塘补水	108.40
（六）畜禽用水	313.35
（七）小计	16556.70
其中：取用地下水	5242.50
二、工业用水量	
（一）火（核）电工业直流式	
（二）火（核）电工业循环式	1006.78
（三）非火（核）电工业	20906.08
（四）小计	21912.86
其中：取用地下水	4948.81
三、生活用水量	
（一）城镇居民生活	19515.60
（二）农村居民生活	1993.76
（三）建筑业	892.75
（四）服务业	8483.91
（五）小计	30886.02
其中：取用地下水	17586.41
四、人工生态环境补水量	
（一）城乡环境	2487.28
（二）河湖补水	4585.38
（三）小计	7072.65
其中：取用地下水	1001.28
五、总用水量	76428.24
地表水源	30541.06
地下水源	28779.00
其他水源	17108.18

注：表中数据来源于太原市水务局。

1-6 按行政区划分土地面积及人口密度

指 标	土地面积（平方公里）	常住人口（人）	人口密度（人/平方公里）
总 计	**6909**	**5390957**	**780**
市辖区合计	**1416**	**4619075**	**3262**
小 店 区	290	1414155	4876
迎 泽 区	105	591373	5632
杏花岭区	146	785644	5381
尖草坪区	296	534268	1805
万柏林区	289	968271	3350
晋 源 区	290	325364	1122
县（市）合计	**5493**	**771882**	**141**
清 徐 县	608	345952	569
阳 曲 县	2084	126434	61
娄 烦 县	1289	88627	69
古 交 市	1512	210869	139

注：1. 土地面积为太原市规划和自然资源局提供。
2. 常住人口为抽样人口数。

1-7 社会经济主要指标人均水平

指 标	单位	1985年	1990年	1995年	2000年	2005年	2010年	2015年	2020年	2021年
一、地区生产总值	元	1905	3494	7954	12460	25396	46359	57080	78778	95646
二、主要产品产量										
原煤	吨	9.92	11.03	11.20	8.36	13.17	9.80	8.55	7.84	8.87
发电量	千瓦小时	1075.96	1428.63	3122.47	3731.02	4671.15	5289.38	5517.34	6143.21	6213.56
粗钢	公斤	659.31	738.01	854.64	821.45	1037.05	2206.07	2311.25	2437.41	273.81
成品钢材	公斤	361.98	384.54	575.72	841.16	1277.96	2199.58	2182.53	2339.45	2669.39
水泥	公斤	327.5	287.43	532.81	558.59	925.42	1511.81	1024.42	1411.89	1398.57
粮食	公斤	131.23	150.63	119.5	96.79	83.46	72.48	59.01	46.50	46.80
蔬菜	公斤	198.43	229.97	244.44	411.00	331.08	228.88	276.06	126.15	130.82
猪牛羊肉	公斤	5.17	6.65	12.02	15.64	17.25	12.97	10.28	3.71	4.93
奶	公斤	8.67	13.61	13.19	15.12	27.25	25.33	21.82	12.23	12.78
三、社会消费品零售总额	元	771	1381	3111	6224	11282	20699	33017	31376	34995
四、人民生活										
城镇居民可支配收入	元	646	1573	3939	6019	10476	17258	27727	38329	41377
城镇居民消费性支出	元	585	1357	3409	5341	7806	12106	15455	20559	23748
#食品	元	308	653	1588	1750	2412	3710	3585	4819	5582
衣着	元	112	241	514	564	1050	1234	1589	1547	1810
居住	元		36	194	388	856	1172	3355	5292	2663
农村常住居民人均可支配收入	元	526	763	1444	2643	4402	7611	13626	19655	21551
城乡居民储蓄存款年末余额	元	486	1894	7064	13788	30110	61943	73544	86850	97346

注：1.2014年以前农村常住居民人均可支配收入为农民人均纯收入。

2.根据第七次全国人口普查要求，重新修订了全市2011年至2019年人口历史数据，因此，表中对2015年的历史数据同时进行了修订。

1-8 国民经济主要比例关系

单位:%

指标	1985年	1990年	1995年	2000年	2005年	2010年	2015年	2020年	2021年
一、地区生产总值三次产业增加值比例									
第一产业	6.5	6.5	5.3	4.1	2.3	1.5	1.1	0.8	0.9
第二产业	66.9	56.6	48.3	42.6	47.8	44.7	37.4	36.2	41.2
第三产业	26.6	36.9	46.4	53.3	49.9	53.8	61.5	63.0	57.9
二、工业总产值轻重比例（不变价）									
轻工业	25.8	25.0	20.7	18.7	7.6	7.9	6.8	5.2	4.3
重工业	74.2	75.0	79.3	81.3	92.4	92.1	93.2	94.8	95.7
三、农林牧渔总产值内部比例（不变价）									
农业产值	74.3	69.1	56.9	57.9	51.9	59.4	58.0	51.4	52.6
林业产值	6.2	2.7	3.6	2.2	1.5	8.9	9.4	16.7	17.7
牧业产值	19.3	27.5	38.7	39.2	39.8	27.7	27.4	25.1	23.2
渔业产值	0.2	0.7	0.8	0.7	0.8	0.7	0.4	0.6	0.7
农林牧渔服务业					6.0	3.3	4.8	6.2	5.9
四、固定资产投资三次产业比例									
第一产业	0.3	0.7	0.1	0.7	0.7	1.5	1.8	0.9	1.0
第二产业	61.9	74.2	52.9	48.9	72.5	28.4	22.5	23.0	23.4
第三产业	37.8	25.1	47.0	50.4	26.8	70.1	75.7	76.1	75.6
五、固定资产投资额占地区生产总值比例	44.0	28.0	30.1	26.4	49.1	51.4	74.1	36.0	31.5
六、一般公共预算收入占地区生产总值比例	11.5	9.8	5.8	5.4	6.4	7.8	10.0	9.1	8.3

注：1.2005年起工业总产值轻重比例为规模以上工业按当年价格计算。

2.2009年起农林牧渔总产值内部比例按当年价格计算。

1-9 人民物质文化生活提高情况

指标	单位	1985 年	1990 年	1995 年	2000 年	2005 年	2010 年	2015 年	2020 年	2021 年
一、城乡居民收入										
农村居民人均可支配收入	元	526	763	1444	2643	4402	7611	13626	19655	21551
城镇居民人均可支配收入	元	646	1573	3939	6019	10476	17258	27727	38329	41377
城镇非私营单位在岗职工平均工资	元	1199	2351	5538	8394	18547	38838	60515	88650	98099
二、每百户居民拥有耐用消费品（抽样）										
电冰箱										
城镇居民	台	2	52	68	90	96	98	93	98	96
农民	台		2	12	27	34	53	68	87	91
彩色电视机										
城镇居民	台	17	84	98	115	119	110	104	99	97
农民	台	3	9	36	65	85	105	105	101	98
洗衣机										
城镇居民	台	64	95	88	94	99	97	97	99	98
农民	台	12	33	50	59	64	89	91	96	95
三、每千人拥有卫生技术人员和医疗卫生床位数										
每千人拥有卫生技术人员	人	10.4	10.6	10.6	9.6	9	10.9	11.3	12.6	13.0
每千人拥有医疗卫生床位数	张	7.8	8.8	8.5	8	7	7.6	7.9	8.2	8.5
四、储蓄										
城乡居民储蓄存款年末余额	亿元	11.29	48.76	197.54	419.63	1183.95	2386.79	3432.12	4581.44	5212.65
平均每人储蓄存款余额	元	486	1894	7064	13788	30110	61943	73544	86850	97346

注：1.2014 年农民人均纯收入为农村居民人均可支配收入。
2.2013 年起城镇居民每人居住面积为建筑面积。
3. 城镇非私营单位在岗职工平均工资 2019 年、2020 年数据不再包含铁路驻并单位。
4. 根据第七次全国人口普查要求，重新修订了全市 2011 年至 2019 年人口历史数据，因此，表中对 2015 年每千人拥有卫生技术人员和医疗卫生床位数、平均每人储蓄存款余额的历史数据同时进行了修订。

1-10 主要年份地区生产总值（按当年价格计算）

年 份	地区生产总值（万元）	第一产业	第二产业	#工业	第三产业	人均GDP（元/人）
1952	23254	5462	8478	6693	9314	281
1957	56180	6503	31848	22952	17829	418
1962	57561	5693	32500	30383	19368	389
1965	90129	9243	63524	59517	17362	573
1970	112489	10879	83496	80874	18114	654
1975	143898	15360	102906	99874	25632	752
1978	186758	11036	140152	123482	35570	937
1980	222998	13961	156965	138361	52072	1075
1985	442126	28885	295782	239985	117459	1905
1990	899479	58755	508609	452736	332115	3494
1995	2224624	118405	1073679	921038	1032540	7954
1997	3109548	155584	1418799	1133271	1535165	10710
1998	3339078	162090	1494830	1197383	1682158	11339
1999	3474002	145302	1518154	1232320	1810546	11666
2000	3791880	154936	1616655	1316136	2020289	12460
2001	4322231	143440	1872487	1508556	2306304	12886
2002	4816953	175155	2026922	1605436	2614876	14280
2003	5862436	179952	2612951	2077981	3069533	17290
2004	7311548	209264	3454979	2750001	3647305	21466
2005	8688745	201903	4148132	3292470	4338710	25396
2006	10053796	195406	4678854	3787308	5179536	29263
2007	12823898	198578	6447711	5441087	6177609	37172
2008	14773818	220763	7298986	6096955	7254069	42646
2009	14883130	265360	6564449	5066154	8053321	42686
2010	17863125	275372	7978454	6148833	9609299	46359
2011	20588146	295946	9262084	7073148	11030116	48247
2012	22650706	307458	9875906	7595557	12467342	51640
2013	23685445	306541	9914094	7361012	13464810	52713
2014	24662542	313190	9897081	7280527	14452271	53862
2015	26637573	295133	9955897	7181041	16386543	57080
2016	27445085	299564	10100470	7039321	17045051	57349
2017	32873376	302490	12690838	9276135	19880048	66847
2018	37452336	292756	14013700	10183000	23145880	74173
2019	40028348	301348	14888281	10725221	24838719	77374
2020	41556639	398947	14961101	10715305	26196591	78778
2021	51216058	447988	21130915	16332476	29637155	95646

注：1.2001年起人均GDP为按常住人口计算，其余年份为按公安户籍人口计算。
2.1990年至2018年为第四次经普调整后数据。
3.根据第七次全国人口普查要求，重新修订了全市2011年至2019年人口历史数据，因此，表中对2011年至2019年人均GDP的历史数据同时进行了修订。

1-11 主要年份地区生产总值构成

单位：%

年 份	地区生产总值	第一产业	第二产业	# 工业	第三产业
1952	100.0	23.5	36.5	28.8	40.0
1957	100.0	11.6	56.7	40.9	31.7
1962	100.0	9.9	56.5	52.8	33.6
1965	100.0	10.3	70.5	66.0	19.2
1970	100.0	9.7	74.2	71.9	16.1
1975	100.0	10.7	71.5	69.4	17.8
1978	100.0	5.9	75.0	66.1	19.1
1980	100.0	6.3	70.4	62.0	23.3
1985	100.0	6.5	66.9	54.3	26.6
1990	100.0	6.5	56.6	50.4	36.9
1995	100.0	5.3	48.3	41.4	46.4
1997	100.0	5.0	45.6	36.4	49.4
1998	100.0	4.8	44.8	35.9	50.4
1999	100.0	4.2	43.7	35.5	52.1
2000	100.0	4.1	42.6	34.7	53.3
2001	100.0	3.3	43.3	34.9	53.4
2002	100.0	3.6	42.1	33.3	54.3
2003	100.0	3.1	44.5	35.4	52.4
2004	100.0	2.9	47.2	37.6	49.9
2005	100.0	2.3	47.8	37.9	49.9
2006	100.0	1.9	46.6	37.7	51.5
2007	100.0	1.5	50.3	42.4	48.2
2008	100.0	1.5	49.4	41.3	49.1
2009	100.0	1.8	44.1	34.0	54.1
2010	100.0	1.5	44.7	34.4	53.8
2011	100.0	1.4	45.0	34.4	53.6
2012	100.0	1.4	43.6	33.5	55.0
2013	100.0	1.3	41.9	31.1	56.8
2014	100.0	1.3	40.1	29.5	58.6
2015	100.0	1.1	37.4	27.0	61.5
2016	100.0	1.1	36.8	25.6	62.1
2017	100.0	0.9	38.6	28.2	60.5
2018	100.0	0.8	37.4	27.2	61.8
2019	100.0	0.8	37.2	26.8	62.0
2020	100.0	1.0	36.0	25.8	63.0
2021	100.0	0.9	41.2	31.9	57.9

1-12 主要年份地区生产总值指数

单位：%

年 份	地区生产总值	第一产业	第二产业	#工业	第三产业
1957	106.7	98.1	111.1	119.0	102.7
1962	92.5	86.6	90.3	94.2	98.8
1965	120.4	97.9	132.6	134.9	98.8
1970	164.3	110.0	198.0	202.1	109.9
1975	116.5	105.5	121.3	120.6	106.0
1978	128.9	89.7	134.2	124.0	126.7
1980	106.5	112.1	102.7	100.3	118.9
1985	105.4	91.7	105.5	106.4	108.2
1990	109.1	126.8	107.9	102.0	109.3
1995	113.4	102.6	113.9	116.2	113.5
1997	110.3	103.3	109.8	107.9	112.0
1998	108.7	105.0	110.2	109.8	105.7
1999	107.8	96.9	106.9	108.4	110.8
2000	109.1	106.8	108.3	108.9	111.0
2001	111.8	90.9	110.4	108.4	114.5
2002	112.2	121.0	112.2	111.5	111.7
2003	115.4	104.1	118.8	118.0	113.5
2004	115.6	102.7	119.5	117.9	113.3
2005	115.8	101.1	116.5	117.8	116.1
2006	108.8	89.6	107.7	108.5	110.9
2007	114.4	103.9	118.3	122.2	111.3
2008	107.7	104.2	102.5	101.1	113.1
2009	102.9	102.2	92.8	87.6	112.0
2010	108.0	104.0	107.8	107.5	108.4
2011	107.5	102.1	107.6	107.2	107.6
2012	110.1	105.6	108.4	110.0	111.8
2013	108.6	103.0	110.1	108.9	107.6
2014	103.7	104.4	101.5	101.3	105.6
2015	109.1	101.4	106.2	105.9	111.6
2016	107.3	102.8	107.9	108.2	107.0
2017	107.5	102.9	107.2	108.9	107.7
2018	109.2	100.0	110.3	110.7	108.7
2019	106.6	102.1	105.9	104.9	107.1
2020	102.6	106.7	103.0	103.3	102.2
2021	109.2	107.7	110.2	112.5	108.6

1-13 地区生产总值及构成

指 标	绝对额(万元)		构成(%)	
	2021年	2020年	2021年	2020年
地区生产总值	51216058	41556639	100.0	100.0
农林牧渔业	474124	423547	0.9	1.0
工业	16332476	10715305	31.9	25.8
建筑业	4798439	4245796	9.3	10.2
批发和零售业	4808499	4066154	9.4	9.8
交通运输、仓储和邮政业	2245163	1896703	4.4	4.6
住宿和餐饮业	552724	457766	1.1	1.1
金融业	4887575	4514556	9.5	10.9
房地产业	3268247	3062433	6.4	7.4
其他服务业	13848811	12174379	27.0	29.3
第一产业	447988	398947	0.9	1.0
第二产业	21130915	14961101	41.2	36.0
第三产业	29637155	26196591	57.9	63.0

注：按照国家统计局2018年制定的《三次产业划分规定》，第一产业不含农林牧渔服务业；农林牧渔服务业属于第三产业。

1-14 太原市主要年份国民经济主要指标

指 标	1985年	1990年	1995年	2000年	2005年	2010年	2015年	2020年	2021年
年末户籍常住人口(人)	2344452	2612087	2827710	3087491	3403874	3654990	3673857	3887949	3951105
按性别分									
男性	1258322	1384876	1490281	1607655	1766902	1867963	1858619	1942918	1970683
女性	1086130	1227211	1337429	1479836	1636972	1787027	1815238	1945031	1980422
按城镇、乡村分									
城镇人口	1425235	1636344	1832597	2039240	2389268	2630159	2919276	3094732	3162366
乡村人口	919217	975743	995113	1048251	1014606	1024831	754581	793217	788739

1–14　续表 1

指　标	1985 年	1990 年	1995 年	2000 年	2005 年	2010 年	2015 年	2020 年	2021 年
社会从业人员（人）	1377500	1592200	1773000	1611200	1616195	1915100	2241600	2612300	2622100
按三次产业分									
第一产业	235500	248400	258000	276800	271587	263900	253200	256800	246100
第二产业	770000	853400	872000	611500	530983	619300	653300	623400	635300
第三产业	372000	490400	643000	722900	813625	1031900	1335100	1732100	1740700
按城镇、乡村分									
城镇从业人员						1380800	1743500	2191600	2221100
农村从业人员						534300	498100	420700	401000
城镇非私营单位在岗职工工资总额（万元）	115920	257007	609421	724376	1378220	3147504	6229561	8603420	9665337
城镇非私营单位在岗职工年平均工资（元）	1199	2351	5538	8394	18547	38838	60515	88650	98099
城镇居民人均可支配收入（元）	646	1573	3939	6019	10476	17258	27727	38329	41377
城镇居民人均消费性支出（元）	585	1357	3409	5341	7806	12106	15455	20559	23748
# 食品	308	653	1588	1750	2412	3710	3585	4819	5582
衣着	112	241	514	564	1050	1234	1589	1547	1810
居住		36	194	388	857	1172	3355	5292	5783
农村常住居民人均可支配收入 (元)	526	763	1444	2643	4402	7611	13626	19655	21551
农民人均生活消费支出 (元)				1634	2601	3879	10124	13969	16295
# 食品烟酒				696	909	1312	2578	3745	4498
衣着				204	350	493	893	1098	1255
居住				225	334	642	2787	3406	3964
地区生产总值 (万元)	442126	899479	2224624	3791880	8688745	17863125	26637573	41556639	51216058
第一产业	28885	58755	118405	154936	201903	275372	295133	398947	447988
第二产业	295782	508609	1073679	1616655	4148132	7978454	9955897	14961101	21130915
工业	239985	452736	921038	1316136	3292470	6148833	7181041	10715305	16332476
建筑业	55797	55873	152641	300519	855662	1829621	2774856	4245796	4798439
第三产业	117459	332115	1032540	2020289	4338710	9609299	16386543	26196591	29637155
人均生产总值 (元 / 人)	1905	3494	7954	12460	25396	46359	57080	78778	95646
地区生产总值指数 (%)	105.4	109.1	113.4	109.1	115.8	108.0	109.1	102.6	109.2
第一产业	91.7	126.8	102.6	106.8	101.1	104.0	101.4	106.7	107.7

1-14 续表 2

指 标	1985 年	1990 年	1995 年	2000 年	2005 年	2010 年	2015 年	2020 年	2021 年
第二产业	105.5	107.9	113.9	108.3	116.5	107.8	106.2	103.0	110.2
工业	106.4	102.0	116.2	108.9	117.8	107.5	105.9	103.3	112.5
建筑业	99.5	150.1	99.9	105.1	112.2	108.7	106.9	102.3	104.4
第三产业	108.2	109.3	113.5	111.0	116.1	108.4	111.6	102.2	108.6
全社会固定资产投资额（万元）	194510	262924	701894	1047702	4385077	9164811	20256080	14934531	16112146
全社会新增固定资产（万元）	126292	212335	517719	876782	1193234	4114718	9597538	2994536	8685270
商品零售价格总指数（以上年价格为 100)	112.0	100.7	114.5	96.0	100.2	102.6	98.6	100.5	102.8
食品类		99.7	124.2	93.8	103.7	108.2	100.3	108.2	100.6
服装鞋帽类		106.9	119.1	100.6	96.3	96.9	103.3	101.0	100.2
纺织品类		106.9	120.1	94.9	98.0	109.6	98.4	99.4	100.2
中西药品及医疗保健用品类		99.1	114.3	101.3	98.7	105.8	101.0	98.4	98 .1
文化和体育用品类		93.3	104.0	99.3					
文化办公用品类					99.4	97.6	97.4	102.9	103.0
体育娱乐用品类					99.1	97.9	99.1	101.0	100.6
日用品类		99.8	109.0	98.0	100.7	99.0	99.4	100.2	99.9
家用电器及音像器材类		93.1	102.2	95.6	97.3	92.6	97.6	98.2	100.0
燃料类		119.9	105.9	107.6	112.8	117.0	88.1	90.3	119.7
建筑材料及五金电料类	112.0	100.4	102.8	99.4	102.1	97.7	98.0	100.6	101.2
居民消费品价格总指数（以上年价格为 100)		101.7	116.8	103.6	101.1	103.0	100.4	102.6	101.0
食品类		99.7	123.4	93.2	103.8	108.4	100.3		
衣着类		106.9	116.8	99.6	96.2	97.2	103.4		
家庭设备用品及维修服务类		99.8	106.5	98.6	100.0	100.8	100.0		
医疗保健和个人用品类		99.1	113.7	101.1	101.6	102.6	100.3		
交通和通讯类		147.7	94.9	97.8	96.3	97.7	98.7		
娱乐教育文化用品及服务类		93.3	112.3	96.4	101.9	101.8	100.4		
居住类		105.9	111.9	107.0	102.4	101.2	99.8		
食品烟酒								107.6	100.7
衣着								101.1	100.2
居住								99.6	99.4
生活用品及服务								100.5	100.4

1-14 续表 3

指 标	1985 年	1990 年	1995 年	2000 年	2005 年	2010 年	2015 年	2020 年	2021 年
交通和通信								95.8	104.6
教育文化和娱乐								102.1	103.5
医疗保健								107.4	99.4
其他用品和服务								100.5	97.3
服务项目类价格总指数(以上年价格为 100)		110.2	107.3	162.1	102.9	102.4	100.6	102.1	100.5
农林牧渔业总产值(万元,按当年价格计算)	38744	73925	193432	246156	344060	495464	535860	672356	754579
农业产值	28489	47608	120504	163107	199305	285840	296341	345695	396706
林业产值	2266	1877	4382	4020	12088	48553	66397	111988	133416
牧业产值	7942	22069	66859	77344	114172	137081	135255	168746	174728
渔业产值	47	662	1687	1685	2689	3212	3179	3927	5159
农林牧渔服务业产值					15806	20778	34688	42000	44570
农林牧渔业总产值指数(以上年价格为 100)	100.6	108.3	102.2	106.9	101.3	108.3	101.6	105.6	109.4
农业产值		107.9	95.9	110.1	99.6	108.6	100.2	105.6	104.6
林业产值		93.0	106.8	102.4	74.7	111.1	103.4	99.2	111.3
牧业产值		110.8	112.8	102.8	104.9	106.6	103.3	110.1	118.9
渔业产值		116.5	103.6	103.7	107.6	111.0	94.8	104.2	115.0
农林牧渔服务业产值					100.8	109.1	104.6	104.6	104.7
主要农作物播种面积(千公顷)	145.34	145.72	139.23	136.82	118.56	102.16	90.35	82.26	80.44
粮食	107.61	116.25	107.93	100.35	83.48	81.42	75.39	63.50	63.80
棉花	0.23	0.12	0.86	0.83	0.22	0.06	0.004	0.0003	
油料	22.70	13.52	13.90	11.05	5.05	2.58	1.50	0.87	0.33
主要农产品产量									
粮食(吨)	304534	387806	334171	294557	291865	279264	275393	245320	250600
棉花(吨)	133	96	849	998	276	80	8	1	
油料(吨)	16756	13882	6636	10557	3845	2840	2381	1506	604
肉类(吨)	12001	17109	33603	47606	65135	49961	37711	24922	32695
禽蛋(吨)	7428	20003	35272	44361	43165	36412	30869	30933	30752
工业企业单位数(个)	1560	1981	2033	383	489	480	408	622	807
按经济类型分									
国有经济	289	331	335	178	95	37	19	7	4
集体经济	1270	1638	1601	89	60	40	16	7	7

1-14　续表 4

指　标	1985 年	1990 年	1995 年	2000 年	2005 年	2010 年	2015 年	2020 年	2021 年
其他	1	12	97	116	334	403	373	608	796
按轻重工业分									
轻工业	713	877	727	128	111	107	81	94	112
重工业	847	1104	1306	255	378	373	327	528	695
工业企业总产值(万元,按 1990 不变价格计算)	620037	1276457	2588265	3105189	9213954	20003397	21592702	34166940	46541213
按经济类型分									
国有经济	536776	1063635	2008511	697609	715540	662004	1215862	1530791	2142688
集体经济	81674	204830	443982	197970	164977	147631	60132	28902	40707
其他	1587	7992	135772	2209610	8333437	19193762	20316708	32607247	44357818
按轻重工业分									
轻工业	150649	334579	449580	528811	703205	1400948	1470754	1769032	1994727
重工业	469388	941878	2138685	2576378	8510749	18602449	20121948	32397907	44546487
主要工业产品产量									
原煤(万吨)	2140	2840	3133	2544	4482	3775	3988.88	4133.44	4750.58
发电量(万千瓦时)	347800	367800	873200	1135500	1594000	2038000	2574800	3240629	3327200
粗钢(万吨)	152.73	190.24	238.82	249.90	353.34	850.00	1078.60	1285.77	1466.20
生铁(万吨)	110.97	160.00	241.00	292.00	394.22	696.90	777.37	963.64	1107.10
焦炭(万吨)	152.56	386.33	893.24	836.00	1201.00	1268.00	1029.40	1039.35	1251.96
水泥(万吨)	76.20	73.94	148.70	170.00	272.65	582.50	478.07	744.79	748.90
太原地区铁路货运量(万吨)	2398	3295	3735	4278	6113	5064	4414	4126	4390
太原地区铁路客运量(万人次)	814	878	992	864	1074	2210	2598	1822	2242
邮电业务总量(万元)	1470	3890	36723	238105	540873	1452903	1072137	1060855	1280561
社会消费品零售总额(万元)	229781	456637	1116123	1894200	3840302	8258458	15407962	16551131	18739018
实际利用外商直接投资(万美元)	43	141	4500	7280	16490	58501	85049	10199	17260
接待海外旅游人数(人次)	9695	13519	23594	47886	100859	283194	210065	5434	
接待国内旅游人数(万人次)	173	277	462	860	1408	1995	4892	3594	
重点监测景区接待旅游人数(万人次)									533
一般公共预算收入(万元)	50872	92130	134263	214828	569525	1384809	2742403	3784351	4234439
一般公共预算支出(万元)	32519	61055	146653	245873	718390	1896358	4199913	6473448	6289857
# 基本建设支出	4657	4674	11529	5392	25197				
文教科卫支出	7645	15259	35510	53994	141640	532802	1086343	1785097	1866116
# 教育事业费支出				35688	92774	359491	620878	915507	980932
学校数(所)	2057	2009	1967	1890	1400	1003	792	807	773

1-14 续表 5

指 标	1985 年	1990 年	1995 年	2000 年	2005 年	2010 年	2015 年	2020 年	2021 年
# 普通高等教育	9	12	13	12	32	42	43	45	40
中等技术教育	41	46	48	47	28	30	32	32	30
普通中学	278	223	235	237	251	230	224	221	222
小学	1664	1646	1575	1503	1003	607	416	445	417
在校学生数（人）	451732	442897	518546	649236	980584	1154723	1158152	1254738	1290480
# 普通高等教育	26976	32463	44480	72689	265535	329712	546581	482167	460107
中等技术教育	17711	29323	43323	83107	53475	76540	56392	38748	37360
普通中学	151704	126591	131401	173635	222462	239953	206557	205979	213975
小学	241219	232653	269039	295062	317752	267325	275621	340782	346882
专任教师数（人）	31419	36427	39028	43109	55733	63377	65596	72225	72494
# 普通高等教育	4910	6031	6056	6669	16223	20912	23771	25337	23064
中等技术教育	2369	3221	3543	3373	1623	2266	2689	2463	2346
普通中学	10159	11203	11663	13775	16005	17134	18792	19865	19950
小学	12526	13415	14747	16637	17388	17079	16379	20243	22135
毕业生数（人）	96239	102370	111805	131606	223103	323154	313479	298478	291174
# 普通高等教育	4997	8088	12421	12572	53735	97398	151583	149952	113438
中等技术教育	4956	10037	11635	15027	16252	26875	24587	14112	10873
普通中学	36732	40519	32638	44537	64141	71310	73908	66571	65538
小学	45648	37058	45576	48260	49201	52792	36073	48213	50035
卫生机构数（个）	932	998	972	1002	1954	2527	2791	4025	4089
# 医院	194	220	221	131	194	191	185	164	165
卫生机构床位数（张）	18332	22944	24082	24817	23652	27771	36760	43166	45589
# 医院	16721	21248	22174	19317	21736	24703	34828	41821	43777
卫生技术人员（人）	24328	27780	30101	28418	29549	39930	52662	66540	69847
# 医院	15732	19429	21594	21855	22728	28529	39463	47725	49899

注：1. 2015 年以前城镇、乡村人口数分别为农业、非农业人口数。
2. 本表地区生产总值、社会消费品零售总额 2005 年至 2008 年为第二次经济普查调整后口径。
3. 2014 年以前农村常住居民人均可支配收入为农民人均纯收入。
4. 2016 年国家对城镇居民消费品价格指数八类指标进行调整。
5. 工业企业单位数、工业企业总产值 2000 年以前为乡及乡以上口径，以后为规模以上工业口径，2005 年起为当年价。
6. 2011 年起固定资产投资起点由计划总投资 50 万元以上的项目提高到 500 万元以上，且没有全社会固定资产统计指标；2017 年国家统计局确定山西为投资改革试点省份，固定资产投资额的统计方法由原来的以形象进度法为主改为以财务支出法为主。
7. 因调整不变单价，故对表中 2020 年邮电业务总量数据进行修订。
8. 2005 年起社会消费品总额不含未通过市场直接向消费者出售的产品。
9. 2005 年以前外商直接投资包括间接投资。
10. 教育指标中不包括幼儿园。
11. 卫生指标中不含村卫生室数。
12. 原煤、洗煤、焦炭、发电量产量为规模以上工业企业数据。
13. 因太原市文化和旅游局统计口径的变化，故 2021 年旅游人数不再区分海外和国内旅游人数。

第2篇

人口、计划生育和社会治安

资料整理、审核

田　军　张　琳　张　炜

刘红芳　张　星　付贵凤

张　琳（男）

2-1 人口

单位：人

指　标	2021 年	比 2020 年增长（%）
户籍常住人口	**3951105**	**1.62**
按性别分		
男	1970683	1.43
女	1980422	1.82
按城镇和乡村分		
城镇人口	3162366	2.19
乡村人口	788739	-0..56
按地区分		
市辖区	3118044	2.04
县（市）	833061	2.10
暂住人口	**1226393**	**15.37**

注：本表为公安数据。

2-2　户籍常住人口

单位：人、户

地　区	合　计	按城镇、乡村分		按性别分		性别比例（女=100）	总户数
		城镇人口	乡村人口	男性人口	女性人口		
太原市	3951105	3162366	788739	1970683	1980422	99.51	1285744
市辖区合计	3118044	2844610	273434	1548002	1570042	98.60	966892
小 店 区	747941	656866	91075	368890	379051	97.32	224557
迎 泽 区	553916	537243	16673	269664	284252	94.87	165510
杏花岭区	631496	613737	17759	314858	316638	99.44	197873
尖草坪区	339571	295556	44015	170579	168992	100.94	117399
万柏林区	620063	590981	29082	314424	305639	102.87	190522
晋 源 区	225057	150227	74830	109587	115470	94.91	71031
县（市）合计	833061	317756	515305	422681	410380	103.00	318852
清 徐 县	342525	127574	214951	169121	173404	97.53	125347
阳 曲 县	153738	38534	115204	77989	75749	102.96	63718
娄 烦 县	125489	31973	93516	64882	60607	107.05	52677
古 交 市	211309	119675	91634	110689	100620	110.01	77110

注：本表为公安数据。

2-3　人口自然变动情况

单位：人、‰

地　区	年平均人数	出生人口合计	性别		出生婴儿性别比（女=100）	出生率	死亡人口合计	性别		死亡率	自然增加人数	自然增长率
			男	女				男	女			
太原市	**3919527**	34358	17769	16589	107.11	8.77	24336	13894	10442	6.21	10022	2.56
市辖区合计	3086892	27896	14377	13519	106.35	9.04	17057	9772	7285	5.53	10839	3.51
小店区	734726	8340	4299	4041	106.38	11.35	2808	1623	1185	3.82	5532	7.53
迎泽区	551761	4268	2218	2050	108.20	7.74	2912	1657	1255	5.28	1356	2.46
杏花岭区	626998	4701	2464	2237	110.15	7.50	4513	2484	2029	7.20	188	0.30
尖草坪区	337861	2585	1291	1294	99.77	7.65	2053	1219	834	6.08	532	1.57
万柏林区	613094	5887	3004	2883	104.20	9.60	3619	2139	1480	5.90	2268	3.70
晋源区	222453	2115	1101	1014	108.58	9.51	1152	650	502	5.18	963	4.33
县（市）合计	832635	6462	3392	3070	110.49	7.76	7279	4122	3157	8.74	–817	–0.98
清徐县	341692	3011	1537	1474	104.27	8.81	2917	1563	1354	8.54	94	0.28
阳曲县	153394	1168	619	549	112.75	7.61	1833	1099	734	11.95	–665	–4.34
娄烦县	125528	869	461	408	112.99	6.92	494	319	175	3.94	375	2.99
古交市	212022	1414	775	639	121.28	6.67	2035	1141	894	9.60	–621	–2.93

注：本表为公安数据。

2-4　人口机械变动情况

单位：人

地　区	迁入人口合计	迁　入		迁出人口合计	迁　出		净增（+） 净减（-）
		省内迁入	省外迁入		迁往省内	迁往省外	
太原市	**72787**	**60507**	**12280**	**30316**	**12040**	**18276**	**42471**
市辖区合计	**69191**	**57621**	**11570**	**24947**	**7950**	**16997**	**44244**
小 店 区	25087	21750	3337	7892	2957	4935	17195
迎 泽 区	10054	8041	2013	5093	1247	3846	4961
杏花岭区	12207	10277	1930	4598	1289	3309	7609
尖草坪区	4798	3879	919	1924	745	1179	2874
万柏林区	13306	10470	2836	4554	1320	3234	8752
晋 源 区	3739	3204	535	886	392	494	2853
县（市）合计	**3596**	**2886**	**710**	**5369**	**4090**	**1279**	**-1773**
清 徐 县	1466	1233	233	1255	897	358	211
阳 曲 县	855	717	138	763	594	169	92
娄 烦 县	464	363	101	919	723	196	-455
古 交 市	811	573	238	2432	1876	556	-1621

注：本表为公安数据。

2-5　人口抽样调查

单位：人、‰

地区	常住人口	出生人口	死亡人口	出生率	死亡率	自增率	城镇人口	乡村人口	城镇化率（%）	男性人口	女性人口	性别比（女=100）
太原市	5390957	41645	30967	7.83	5.82	2.01	4810087	580870	89.23	2757901	2633056	104.74
小店区	1414155	11272	5284	8.26	3.87	4.39	1322734	91421	93.54	724632	689523	105.09
迎泽区	591373	4402	4288	7.41	7.22	0.19	580179	11194	98.11	293995	297378	98.86
杏花岭区	785644	5628	5616	7.21	7.19	0.02	737148	48496	93.83	393618	392026	100.41
尖草坪区	534268	3791	3690	7.14	6.95	0.19	504646	29622	94.46	279034	255234	109.32
万柏林区	968271	8932	5815	9.37	6.10	3.27	968271		100.00	493713	474558	104.04
晋源区	325364	2798	2275	8.78	7.14	1.64	276382	48982	84.95	170279	155085	109.80
清徐县	345952	2236	1432	6.49	4.16	2.33	147895	198057	42.75	178789	167163	106.95
阳曲县	126434	1041	843	8.09	6.55	1.54	67818	58616	53.64	67007	59427	112.76
娄烦县	88627	403	456	4.43	5.01	−0.58	44940	43687	50.71	46325	42302	109.51
古交市	210869	1142	1268	5.42	6.01	−0.60	160074	50795	75.91	110509	100360	110.11

2-6 计划生育综合情况

单位：人、%

地 区	育龄妇女人数(15 - 49)周岁	已婚育龄妇女人数					女性初婚			领取独生子证
		合 计	已婚未育	现有一孩	现有二孩	现有三孩以上	合 计	19岁以下	平均年龄	人 数
太原市	**1096380**	**661682**	**51669**	**390258**	**202379**	**17376**	**2400**	**21**	**26.4**	**473737**
小店区	234775	134612	12011	79747	40574	2280	389	2	25.8	90552
迎泽区	164557	99563	12016	64173	22227	1147	137	2	27.0	79709
杏花岭区	140463	83971	6474	60205	16607	685	123		28.1	107194
尖草坪区	101052	61235	3318	38702	18307	908	245	3	29.0	46860
万柏林区	180546	117358	8941	76063	31016	1338	279		26.8	83885
晋源区	56679	38101	2293	17531	16656	1621	343	1	26.0	21172
清徐县	82375	51699	2882	19302	25866	3649	558	7	25.3	15787
阳曲县	34712	19312	788	9137	8595	792	203	4	26.1	8103
娄烦县	37522	19804	1118	7607	8383	2696	64	1	26.2	5039
古交市	63699	36027	1828	17791	14148	2260	59	1	26.9	15436

2-7 节育情况

地 区	采取各种节育手术例数（例）				采取各种节育措施人数（人）								综合节育率（%）
	小计	女性绝育（例）	宫内节育器（例）	取环（例）	小计	男性绝育（人）	女性绝育（人）	宫内节育器（人）	皮下埋植（人）	口服及注射避孕药（人）	避孕套（人）	其他（人）	
太原市	**4210**	**23**	**2516**	**154**	**494932**	**3759**	**46967**	**396984**	**40**	**1423**	**38521**	**7237**	**74.8**
小店区	749	20	492		98283	319	9611	80703	2	77	4986	2585	73.01
迎泽区	425		22	1	69061	112	2099	53200	11	213	12373	1053	69.36
杏花岭区	292		53	6	66130	144	1405	52497	3	353	10181	1547	78.75
尖草坪区	521	1	362	137	45035	76	4526	36791	2	59	3508	73	73.54
万柏林区	631	1	529		86946	220	7141	76441	5	93	2830	215	74.09
晋源区	483		246	5	27266	33	3715	21328	13	116	1112	949	71.56
清徐县	1009	1	793	3	44758	58	7056	35365	1	186	2073	19	86.57
阳曲县	20		1	1	13062	47	2952	9651		39	211	162	67.64
娄烦县	55		18	1	15442	698	4007	9738	1	229	611	158	77.97
古交市	25				28949	2052	4455	21270	2	58	636	476	80.35

2-8　生育情况

单位：人、%

地　区	年内出生人数		
	合计	男	女
太原市	**37641**	**19515**	**18126**
小店区	10385	5354	5031
迎泽区	3507	1795	1712
杏花岭区	5018	2628	2390
尖草坪区	3618	1857	1761
万柏林区	7491	3854	3637
晋源区	2662	1423	1239
古交市	1274	680	594
清徐县	2375	1224	1151
阳曲县	764	414	350
娄烦县	547	286	261
城市	33955	17591	16364
农村	3686	1924	1762

2-9　社会治安情况

指　标	单　位	2021年	2020年
刑事案件立案数	起	22900	21888
刑事案件综合破案数	起	13737	7338
治安案件发现受理数	起	64932	129854
治安案件查处数	起	50829	117088
火灾发生数	起	3212	2276
火灾受伤人数	人	20	16
火灾死亡人数	人	8	20
直接财产损失	万元	2449	1508
交通事故发生数	起	1722	1814
交通事故受伤人数	人	1777	1932
交通事故死亡人数	人	266	212
交通事故损失折款	万元	383	363

2-10　安全生产情况

指　标	单　位	2021年
生产安全事故发生数	**起**	**38**
采矿业	起	
#煤矿	起	
建筑业	起	8
商贸制造业	起	5
交通运输和仓储业	起	17
其他行业	起	8
生产安全事故死亡人数	**人**	**45**
采矿业	人	
#煤矿	人	
建筑业	人	13
商贸制造业	人	6
交通运输和仓储业	人	17
其他行业	人	9

第3篇

从业人员和劳动报酬

资料整理、审核

田　军　辛丽媛　卫　洁　耿　洁

3-1 2010-2021 年全社会从业人员

单位：万人

年 份	社会就业人员	城镇	乡村	一产	二产	三产
2010	191.51	138.08	53.43	26.39	61.93	103.19
2011	205.59	149.87	55.72	27.95	65.52	112.12
2012	208.13	157.22	50.91	25.31	75.41	107.41
2013	216.18	163.37	52.81	26.10	73.11	116.97
2014	219.08	169.38	49.70	24.82	68.16	126.10
2015	224.16	174.35	49.81	25.32	65.33	133.51
2016	236.25	186.66	49.59	25.47	66.56	144.22
2017	245.46	195.22	50.24	25.74	68.20	151.52
2018	251.49	203.57	47.92	25.20	65.44	160.85
2019	258.12	211.15	46.97	24.00	65.22	168.90
2020	261.23	219.16	42.07	25.68	62.34	173.21
2021	262.21	222.11	40.10	24.61	63.53	174.07

3-2 城镇非私营单位按国民经济行业分组的单位从业人员

指 标	2021年年末人数（人）
总 计	**1004423**
按国民经济行业分组	
农、林、牧、渔业	510
采矿业	66952
制造业	160883
电力、热力、燃气及水生产和供应业	53764
建筑业	137776
批发和零售业	51404
交通运输、仓储和邮政业	51034
住宿和餐饮业	18856
信息传输、软件和信息技术服务业	17733
金融业	62237
房地产业	27734
租赁和商务服务业	43203
科学研究、技术服务业	38090
水利、环境和公共设施管理业	11569
居民服务、修理和其他服务业	2725
教育	104907
卫生和社会工作	63892
文化、体育和娱乐业	14172
公共管理、社会保障和社会组织	76983

注：1. 根据《劳动工资统计报表制度》，本表数据不包含铁路系统驻并单位。
2. 从业人员包括在岗职工、劳务派遣人员和其他从业人员。

3-3　城镇非私营单位按国民经济行业分组的单位从业人员劳动报酬

指　标	单位从业人员劳动报酬（万元）
总　计	9898691.3
按国民经济行业分组	
农、林、牧、渔业	3153.0
采矿业	683047.7
制造业	1646484.9
电力、热力、燃气及水生产和供应业	688406.4
建筑业	1177299.6
批发和零售业	416264.7
交通运输、仓储和邮政业	346965.4
住宿和餐饮业	78715.9
信息传输、软件和信息技术服务业	201611.5
金融业	896757.6
房地产业	258356.1
租赁和商务服务业	321261.9
科学研究、技术服务业	425655.4
水利、环境和公共设施管理业	83938.4
居民服务、修理和其他服务业	20097.2
教育	1069538.0
卫生和社会工作	727226.2
文化、体育和娱乐业	123145.0
公共管理、社会保障和社会组织	730766.3

注：1. 根据《劳动工资统计报表制度》，本表数据不包含铁路系统驻并单位。
　　2. 从业人员包括在岗职工、劳务派遣人员和其他从业人员。

3-4　城镇非私营单位按国民经济行业分组的在岗职工（含劳务派遣人员）人数

指　标	2021 年年末人数（人）
总　计	**957675**
按国民经济行业分组	
农、林、牧、渔业	510
采矿业	65866
制造业	158660
电力、热力、燃气及水生产和供应业	53399
建筑业	128059
批发和零售业	50186
交通运输、仓储和邮政业	50274
住宿和餐饮业	14306
信息传输、软件和信息技术服务业	16900
金融业	47908
房地产业	26488
租赁和商务服务业	42287
科学研究、技术服务业	36944
水利、环境和公共设施管理业	10513
居民服务、修理和其他服务业	2562
教育	101572
卫生和社会工作	61333
文化、体育和娱乐业	13765
公共管理、社会保障和社会组织	76145

注：根据《劳动工资统计报表制度》，本表数据不包含铁路系统驻并单位。

3-5　城镇非私营单位按国民经济行业分组的在岗职工（含劳务派遣人员）工资总额

指　标	在岗职工工资总额（万元）
总　计	9665337.3
按国民经济行业分组	
农、林、牧、渔业	3153.0
采矿业	673951.6
制造业	1637306.4
电力、热力、燃气及水生产和供应业	687528.7
建筑业	1118518.7
批发和零售业	411230.9
交通运输、仓储和邮政业	342936.7
住宿和餐饮业	73847.8
信息传输、软件和信息技术服务业	197353.6
金融业	809036.1
房地产业	254409.0
租赁和商务服务业	316355.9
科学研究、技术服务业	417685.6
水利、环境和公共设施管理业	80864.6
居民服务、修理和其他服务业	19786.2
教育	1056165.1
卫生和社会工作	715025.2
文化、体育和娱乐业	121818.3
公共管理、社会保障和社会组织	728364.0

注：根据《劳动工资统计报表制度》，本表数据不包含铁路系统驻并单位。

3-6 城镇非私营单位按国民经济行业分组的其他从业人员人数

指 标	2021年年末人数(人)
总 计	**46748**
按国民经济行业分组	
农、林、牧、渔业	
采矿业	1086
制造业	2222
电力、热力、燃气及水生产和供应业	365
建筑业	9717
批发和零售业	1219
交通运输、仓储和邮政业	760
住宿和餐饮业	4550
信息传输、软件和信息技术服务业	833
金融业	14330
房地产业	1246
租赁和商务服务业	916
科学研究、技术服务业	1146
水利、环境和公共设施管理业	1055
居民服务、修理和其他服务业	163
教育	3335
卫生和社会工作	2560
文化、体育和娱乐业	407
公共管理、社会保障和社会组织	838

注：根据《劳动工资统计报表制度》，本表数据不包含铁路系统驻并单位。

3-7　城镇非私营单位按国民经济行业分组的其他从业人员工资总额

指　标	其他从业人员工资总额(万元)
总　计	**233353.9**
按国民经济行业分组	
农、林、牧、渔业	
采矿业	9096.2
制造业	9178.5
电力、热力、燃气及水生产和供应业	877.7
建筑业	58781.0
批发和零售业	5033.8
交通运输、仓储和邮政业	4028.6
住宿和餐饮业	4868.1
信息传输、软件和信息技术服务业	4257.9
金融业	87721.5
房地产业	3947.1
租赁和商务服务业	4906.1
科学研究、技术服务业	7969.8
水利、环境和公共设施管理业	3073.8
居民服务、修理和其他服务业	311.0
教育	13372.9
卫生和社会工作	12201.0
文化、体育和娱乐业	1326.7
公共管理、社会保障和社会组织	2402.3

注：根据《劳动工资统计报表制度》，本表数据不包含铁路系统驻并单位。

3-8　城镇非私营单位按国民经济行业分组的从业人员年平均工资

指　标	从业人员年平均工资（元）
总　计	**95688**
按国民经济行业分组	
农、林、牧、渔业	59732
采矿业	102781
制造业	89485
电力、热力、燃气及水生产和供应业	128390
建筑业	82728
批发和零售业	81083
交通运输、仓储和邮政业	69203
住宿和餐饮业	42374
信息传输、软件和信息技术服务业	113580
金融业	136682
房地产业	90598
租赁和商务服务业	73444
科学研究、技术服务业	110245
水利、环境和公共设施管理业	73716
居民服务、修理和其他服务业	72831
教育	102145
卫生和社会工作	115127
文化、体育和娱乐业	85653
公共管理、社会保障和社会组织	95047

注：根据《劳动工资统计报表制度》，本表数据不包含铁路系统驻并单位。

3-9　城镇非私营单位按国民经济行业分组的在岗职工（含劳务派遣人员）年平均工资

指　标	在岗职工年平均工资（元）
总　计	**98099**
按国民经济行业分组	
农、林、牧、渔业	59732
采矿业	102992
制造业	90075
电力、热力、燃气及水生产和供应业	128779
建筑业	84392
批发和零售业	82073
交通运输、仓储和邮政业	69466
住宿和餐饮业	52205
信息传输、软件和信息技术服务业	116623
金融业	166884
房地产业	93317
租赁和商务服务业	73926
科学研究、技术服务业	111583
水利、环境和公共设施管理业	78373
居民服务、修理和其他服务业	75245
教育	104097
卫生和社会工作	117801
文化、体育和娱乐业	87352
公共管理、社会保障和社会组织	95783

注：根据《劳动工资统计报表制度》，本表数据不包含铁路系统驻并单位。

3-10　城镇失业人员情况

单位：人

指标	2021年	2020年
期末失业人数	50070	53436
上期结转的失业人数	53436	51448
本期新登记的失业人数	40886	43522
#本期由就业转失业人数	18178	12294
本期失业人员就业人数	44252	41534

注：数据来源于市人社局。

第4篇

固定资产投资、建筑业

资料整理、审核

米俊峰 李 珊 王 敏 张 辉

李 洋 赵 璣 赵 华

4-1　固定资产投资规模

单元：万元

指　标	2021 年	比 2020 年增长（%）
总　计	**16112146**	**7.9**
按投资类型分		
投资项目完成投资	9455044	21.5
房地产开发项目完成投资	6657102	-6.9
按隶属关系分		
中央项目	1816024	129.5
地方项目	5019417	-11.4
其他项目	9276705	9.4

4-2 固定资产投资额

单元：万元

指 标	本年完成投资	本年新增固定资产
总 计	**16112146**	**8685270**
#住宅		
按控股情况分		
国有控股	8828627	5539697
集体控股	47260	11452
私人控股	5669426	2267808
港澳台商控股	30823	14842
外商控股	43724	577
其他	1492286	850894
按隶属关系分		
中央项目	1816024	444046
地方项目	5019417	3464977
其他项目	9276705	4776247
按建设性质分		
#新建	7076667	4425406
扩建	165333	86272
改建和技术改造	982789	642428
按构成分		
建筑安装	11422323	
设备工器具购置	1390858	
其他费用	3298965	
按国民经济部门（行业）分		
农、林、牧、渔业	163680	80631
采矿业	57426	22306
制造业	2636207	459883
电力、热力、燃气及水的生产和供应业	1056097	577616
建筑业	26198	22782
批发和零售业	94285	2640
交通运输、仓储和邮政业	1742469	2148040
住宿和餐饮业	50593	3500
信息传输、软件和信息技术服务业	57203	36383
金融业	1150	1150
房地产业	6929840	3376124
租赁和商务服务业	461216	11131
科学研究和技术服务业	171211	19462
水利、环境和公共设施管理业	2029609	1714736
居民服务和其他服务业	3394	2611
教育	265875	79396
卫生和社会工作	210604	75276
文化、体育和娱乐业	112726	43686
公共管理和社会组织	42363	7917
国际组织		

4-3　固定资产投资资金来源情况

单元：万元

指　标	投资项目
一、本年资金来源合计	**8345144**
1. 上年末结余资金	952277
2. 本年资金来源小计	7392867
国家预算资金	1777758
国内贷款	1236643
债券	
利用外资	9319
自筹资金	4098153
其他资金	270994
二、本年各项应付款合计	**3065701**
# 工程款	1870230

4-4　房地产开发投资完成情况

指　标	单　位	合　计		按经济类型分		
			# 住宅	国有	集体	其他
房地产开发投资	万元	6657102	5256793	1592715	24550	5039837
本年新增固定资产	万元	3277811		502857	8987	2765967
施工面积	平方米	85674932	61893247	21047972	548980	64077980
竣工面积	平方米	6085312	4493453	845227	54297	5185788
商品房屋销售面积	平方米	8217802	7282599	1330947	30936	6855919
商品房销售额	万元	8418380	7570206	1432991	31433	6953956

4-5　房地产开发资金来源情况

单位：万元

指　标	合　计	按经济类型分		
		国有	集体	其他
一、上年末结余资金	**2113700**	**297695**	**54610**	**1761395**
二、本年实际到位资金	**10674403**	**2572660**	**45910**	**8055833**
# 国内贷款	778840	309205		469635
自筹资金	2622466	1039122		1583344
定金及预收款	4712481	936670	25301	3750510
个人按揭贷款	2291855	236483	20609	2034763
其他资金来源	262467	51180		211287
三、本年各项应付款	**2628048**	**605517**	**15257**	**2007274**
# 工程款	1570933	361669	15099	1194165

4–6 房地产开发单位生产和经营情况

单位：万元

指 标	总 计	按经济类型分		
		国有	集体	其他
一、实收资本合计	7882876	1102301	26904	6753671
二、年末资产负债情况				
资产总计	90662237	15011410	1659378	73991448
固定资产累计折旧	366665	73290	8791	284585
# 本年折旧	42547	11811	1056	29680
负债总计	78817924	13500330	1713855	63603739
所有者权益合计	11844313	1511081	–54477	10387709
三、损益及分配				
1. 营业收入总计	9260917	3036982	186263	6037671
# 主营业务收入	8478728	2887341	186263	5405123
（1）土地转让收入	12925	68		12857
（2）商品房屋销售收入	8046297	2552450	184425	5309423
（3）自持物业收入	72549	30257	941	41351
# 房屋出租收入	56452	19462	941	36049
（4）其他收入	346956	304566	898	41493
2. 营业成本	7339616	2431768	132101	4775747
# 主营业务成本	6522298	2134463	132101	4255734
3. 营业税金及附加	354109	134265	7151	212693
4. 其他业务利润	11677	7046		4631
5. 销售费用	358200	54691	5943	297566
6. 管理费及财务费用	464317	96962	7594	359761
7. 投资收益及营业外收入	67598	53849	367	13382
8. 营业外支出	46010	3815	19	42176
9. 利润总额	847590	477857	33907	335826

4-7　房地产开发商品房销售与出租情况

单位：平方米

指标	实际销售	待售	出租	实际销售额（万元）
房屋面积	8217802	831136	1067	8418380
1. 住宅	7282599	606304		7570206
＃别墅、高档公寓				
2. 办公楼	269719	71899		263031
3. 商业营业用房	262579	67609	1067	345052
4. 其他	402905	85324		240091

4-8　房地产开发施工、竣工面积及竣工价值

单位：平方米

指　标	施工面积		竣工面积	竣工房屋价值（万元）
		＃新开工		
房屋建筑面积	85674932	9069183	6085312	2559137
按用途分				
1. 住宅	61893247	6722566	4493453	1893089
＃别墅、高档公寓				
2. 办公楼	3527888	258496	447145	228220
3. 商业营业用房	6181098	560162	353736	137397
4. 其他	14072699	1527959	790978	300431

4-9 建筑业主要经济指标

指 标	单 位	2021年	2020年
施工单位	个数	1835	1651
施工产值	万元	37811774	34119305
#建筑工程	万元	32212093	29118560
安装工程	万元	4488197	3868926
竣工产值	万元	11876843	11655006
房屋建筑施工面积	平方米	152398398	127834098
房屋建筑竣工面积	平方米	30147685	31595513
计算建筑业劳动生产率平均人数	人	826815	804773
从业人员期末人数	人	543960	499445
劳动生产率			
按施工产值计算	元/人	457318	423962
按房屋建筑竣工面积计算	平方米/人	36.5	39.3
资产合计	万元	65218154	54155596
负债合计	万元	49824187	41387597
所有者权益	万元	15393967	12767999
实收资本合计	万元	7540994	7691427
利润总额	万元	1133076	826906
亏损企业个数	个	482	343
亏损企业亏损额	万元	42448	98528
利税总额	万元	1908917	1571630

注：2020年报表制度改革，实收资本项下的国家资本指标取消。

4-10　建筑施工企业生产完成情况

指　标	单　位	总　计	按经济类型分			按隶属关系分		
			国有	集体	其他	中央	地方	其他
企业个数	个	1835	133	14	1688	39	80	1716
建筑业总产值	万元	37811774	24928100	178698	12704976	13531856.6	10871356	13408561
1. 建筑工程	万元	32212093	21849816	68595	10293682	11907043.6	9438487	10866562
2. 安装工程	万元	4488197	2510778	109736	1867683	1376801	1225059	1886337
3. 其他	万元	1111484	567505	367	543612	248012	207810	655662
竣工产值	万元	11876843	7355998	141087	4379758	2687939	4563375	4625529
房屋建筑施工面积	平方米	152398398	11289772	52380	141056246	4402836	6933342	141062220
#本年新开工面积	平方米	49860645	3202617	24250	46633778	1736019	1472247	46652379
房屋建筑竣工面积	平方米	30147685	2111114	11193	28025378	1080723	1056223	28010739
自有机械设备净值	万元	9420922	789858	7187	8623877	692253	94597	8634072
自有机械设备年末总台数	台	80933	55245	890	24798	36538	17302	27093
自有机械设备年末总功率	千瓦	5383149	4700476	19306	663367	4201019	458330	723800

4-11　建筑业财务状况

指　标	单位	总计	按经济类型分			按隶属关系分		
			国有	集体	其他	中央	地方	其他
一、年末资产负债								
流动资产合计	万元	46829660	36766693	422364	9640603	22481053	13516525	10832082
#应收工程款	万元	13303465	9354417	131747	3817301	5679288	3373418	4250759
#存货	万元	4010400	2282262	83374	1644764	935716	1343266	2631458
固定资产减值准备		5416	938	11	4467	386	264	4766
固定资产原价	万元	3683987	2640278	57370	986339	2138778	478580	1066627
累计折旧	万元	2157861	1636618	38026	483217	1388926	233936	534999
#本年折旧	万元	399960	317592	1938	80430	283636	31554	84770
在建工程	万元	329827	206664	237	122926	49884	156620	133323
资产合计	万元	65218154	53900320	477371	10840463	28064662	24797903	12355589
流动负债合计	万元	44168687	36823826	363414	6981447	22789092	13268827	8110768
#应付账款	万元	17888951	13731371	230841	3926739	8240130	4951113	4697708
非流动负债合计	万元	5544677	5406628	383	137666	986434	4404355	153888
负债合计	万元	49824187	42238747	364394	7221046	23775598	17682000	8366589
所有者权益合计	万元	15393967	11661573	112976	3619418	4289064	7115903	3989000
实收资本	万元	7540994	4777114	38122	2725758	2389377	2209951	2941666
个人资本	万元	954415	38625		915790		31100	923315
二、损益及分配								
营业收入	万元	40328198	28505694	343348	11479156	15399720	11926462	13002016
#主营业务收入	万元	39513889	28304140	332026	10877723	15263033	11860744	12390112
营业成本	万元	37092762	26021419	303477	10767866	14420200	10577354	12095208
#主营业务成本	万元	36184967	25756112	293631	10135224	14203901	10529710	11451356
营业税金	万元	111336	66208	1295	43833	32090	31413	47833
#主营业务税金及附加	万元	104528	63845	1125	39558	31231	29825	43472
其他业务利润	万元	82881	78180	-10	4711	45709	31751	5421
销售费用	万元	40510	8840	1487	30183	5070	4584	33856
管理费用	万元	1108322	627945	20687	459690	240407	338439	529476
研发费用	万元	1052187	940709	7302	104176	403421	474527	174239
财务费用	万元	335134	306540	-531	29125	79220	218479	37435
#利息收入	万元	214851	213878	168	805	75871	137209	1771
#利息支出	万元	501585	467061	66	34458	126551	333213	41821
营业利润	万元	1142979	962871	15368	164740	414470	508565	219944
营业外收入	万元	28569	19639	1194	7736	14247	6204	8118
营业外支出	万元	26804	18989	247	7568	13113	5291	8400
利润总额	万元	1133076	953605	16315	163156	405949	509505	217622
应交所得税	万元	84084	51264	3607	29213	17157	31401	35526
三、人工成本及增值税								
应付职工薪酬	万元	2068550	1433599	37625	597326	798295	547232	723023
应交增值税	万元	664505	387301	9714	267490	126454	226440	311611
四、亏损企业个数	个	482	17	1	464	14		468
五、亏损额	万元	42448	2668	268	39512	1581		40867

注：2020年报表制度财务表增加研发费用指标。

第5篇

能源消费与库存

资料整理、审核

翟秀东　闫潇宁　郭　波

赵　星　侯媛媛　苏　瑜

5-1　全社会用电量

单位：万千瓦时

指标	2021 年	2020 年
全社会用电量总计（包含省返线损、省调厂用电）	**3190877.49**	**2940204.75**
省返线损	105343.79	123052.98
省调厂用电	239974.59	241320.17
全社会实用电总计	**2885302.84**	**2641683.76**
A. 全行业用电合计	2382385.45	2177750.62
第一产业	9539.75	8791.36
第二产业	1694215.47	1596383.54
第三产业	678630.23	572575.72
B. 城乡居民用电合计	502917.39	463933.14
城镇居民	426365.56	395574.76
乡村居民	76551.83	68358.38
全行业用电分类	**2382385.45**	**2177750.62**
一、农、林、牧、渔业	**21597.79**	**20558.95**
1. 农业	6618.60	5895.17
2. 林业	746.46	876.83
3. 畜牧业	2127.48	1951.05
4. 渔业	47.20	68.31
5. 农、林、牧、渔专业及辅助性活动	12058.04	11767.59
其中：排灌	11841.85	11521.12
二、工业	**1624649.38**	**1537826.49**
（一）采矿业	236638.50	233986.48
1. 煤炭开采和洗选业	183913.14	183769.76
2. 石油和天然气开采业	40.52	34.28
3. 黑色金属矿采选业	50187.71	47865.17
4. 有色金属矿采选业	199.23	316.20
5. 非金属矿采选业	567.26	647.41
6. 其他采矿业	1730.64	1353.67

5-1　续表 1

单位：万千瓦时

指标	2021 年	2020 年
（二）制造业	1251980.86	1152884.17
1. 农副食品加工业	5022.19	4105.99
2. 食品制造业	11582.68	8782.19
3. 酒、饮料及精制茶制造业	4791.14	4654.18
4. 烟草制品业	1834.19	1872.73
5. 纺织业	1510.05	606.48
6. 纺织服装、服饰业	185.89	167.89
7. 皮革、毛皮、羽毛及其制品和制鞋业	18.07	19.61
8. 木材加工和木、竹、藤、棕、草制品业	857.34	693.85
9. 家具制造业	1340.17	1406.29
10. 造纸和纸制品业	1652.57	1592.46
11. 印刷和记录媒介复制业	1591.04	1622.55
12. 文教、工美、体育和娱乐用品制造业	301.64	244.68
其中：体育用品制造	82.11	55.66
13. 石油、煤炭及其他燃料加工业	135572.48	84989.45
其中：煤化工	29845.07	68225.90
14. 化学原料和化学制品制造业	64503.62	77006.05
其中：氯碱		
肥料制造	15.81	17.13
15. 医药制造业	3282.85	3134.88
其中：中成药生产	281.54	209.22
生物药品制品制造	217.24	197.11
16. 化学纤维制造业	7315.56	5391.47
17. 橡胶和塑料制品业	9013.43	8581.82
其中：橡胶制品业	5722.32	5502.25
塑料制品业	3291.11	3079.57
18. 非金属矿物制品业	73132.21	71971.29
其中：水泥制造	46641.82	52660.99
玻璃制造	1041.19	852.60

5-1　续表 2

单位：万千瓦时

指标	2021 年	2020 年
陶瓷制品制造	601.06	753.59
碳化硅	29.56	10.41
19. 黑色金属冶炼和压延加工业	713233.48	697796.90
其中：钢铁	713230.59	697793.40
铁合金冶炼	2.88	3.50
20. 有色金属冶炼和压延加工业	7433.60	6493.34
其中：铝冶炼		
稀有稀土金属冶炼	562.92	666.81
21. 金属制品业	39018.41	37641.81
其中：结构性金属制品制造	11566.10	9760.01
22. 通用设备制造业	34479.08	27359.90
23. 专用设备制造业	18306.14	16819.86
其中：医疗仪器设备及器械制造	61.07	74.47
24. 汽车制造业	2050.19	1524.04
其中：新能源车整车制造		
25. 铁路 . 船舶 . 航空航天和其他运输设备制造业	10650.57	10803.30
其中：铁路运输设备制造	9726.21	9874.40
城市轨道交通设备制造	116.45	9.13
航空、航天器及设备制造	8.96	2.41
26. 电气机械和器材制造业	4639.85	3943.87
27. 计算机、通信和其他电子设备制造业	71823.96	60210.39
其中：计算机制造	154.48	18.53
通信设备制造	657.60	192.24
28. 仪器仪表制造业	262.83	229.70
29. 其他制造业	19342.57	6385.22
30. 废弃资源综合利用业	5466.03	5334.52
31. 金属制品、机械和设备修理业	1767.02	1497.46

5-1　续表 3

单位：万千瓦时

指标	2021 年	2020 年
（三）电力、热力、燃气及水生产和供应业	136030.02	150955.85
1. 电力、热力生产和供应业	97557.64	112630.28
其中：电厂生产全部耗用电量	19410.83	19088.15
线路损失电量	40568.92	64486.65
2. 燃气生产和供应业	4200.86	5395.48
3. 水的生产和供应业	34271.52	32930.08
三、建筑业	**71333.12**	**60054.50**
1. 房屋建筑业	44208.17	40165.23
2. 土木工程建筑业	12242.09	7899.20
3. 建筑安装业	6312.19	4244.03
4. 建筑装饰、装修和其他建筑业	8570.67	7746.04
四、交通运输、仓储和邮政业	**110588.61**	**96660.76**
1. 铁路运输业	37261.91	34935.46
其中：电气化铁路	18663.79	16837.01
2. 道路运输业	13611.62	5712.06
其中：城市公共交通运输	9191.69	2426.23
3. 水上运输业		
4. 航空运输业	3639.62	3358.54
5. 管道运输业	32220.52	32192.77
6. 多式联运和运输代理业	263.98	312.84
7. 装卸搬运和仓储业	21770.02	18343.56
8. 邮政业	1820.93	1805.53
五、信息传输、软件和信息技术服务业	**50702.73**	**40431.29**
1. 电信、广播电视和卫星传输服务	26952.27	23606.55
2. 互联网和相关服务	19030.83	13717.28
其中：互联网数据服务	4052.11	3216.06
3. 软件和信息技术服务业	4719.63	3107.46

5-1　续表 4　　　　单位：万千瓦时

指标	2021 年	2020 年
六、批发和零售业	**181518.38**	**142990.71**
其中：充换电服务业	53765.17	34789.92
七、住宿和餐饮业	**40131.89**	**33782.52**
八、金融业	**6846.20**	**6617.07**
九、房地产业	**40048.03**	**34363.39**
十、租赁和商务服务业	**44419.02**	**37690.06**
其中：租赁业	445.64	419.39
十一、公共服务及管理组织	**190550.30**	**166774.88**
1. 科学研究和技术服务业	12771.37	11735.50
其中：地质勘查	389.55	375.54
其中：科技推广和应用服务业	2467.15	2043.07
2. 水利、环境和公共设施管理业	33722.46	31514.85
其中：水利管理业	3343.97	3699.95
其中：公共照明	22215.80	19118.25
3. 居民服务、修理和其他服务业	16524.89	15241.03
4. 教育、文化、体育和娱乐业	59350.05	48034.14
其中：教育	44422.19	35139.47
5. 卫生和社会工作	30737.66	26950.87
6. 公共管理和社会组织、国际组织	37443.87	33298.50
补充指标		
开采专业及辅助性活动	1730.64	1353.67

5-2 规模以上工业企业能源购进、消费与库存情况

能源名称	计量单位	1-本月							期末库存量
		年初库存量	购进量	购自省外	购进金额（千元）	工业生产消费量	用于原材料	运输工具消费	
原煤	吨	942339.74	22597656.23	1968182.61	21076728.30	54770921.90	652739.05		903931.95
无烟煤	吨	10237.00	1486606.00		2109617.00	1491182.00			20812.00
炼焦烟煤	吨	153602.52	5453544.54	230225.01	6253200.57	24773218.74	151685.00		151274.66
一般烟煤	吨	709769.13	15420967.89	1737957.60	12585082.33	25634251.86	501054.05		712340.60
褐煤	吨	68731.09	236537.80		128828.40	2872269.30			19504.69
洗精煤（用于炼焦）	吨	1036902.39	16730525.87	53420.58	31393824.19	16014037.26		3255649.42	711575.49
其他洗煤	吨	19483.31	8900587.71		4555300.26	8842622.74			21689.82
煤制品	吨								
焦炭	吨	10353.74	1516767.80		3923788.88	4698372.81			12213.71
其他焦化产品	吨	40064.57	783971.01	40671.84	2801756.26	776371.34	20966.58		47664.24
焦炉煤气	万立方米		40473.67		213163.73	327366.66			
高炉煤气	万立方米		1330.00		608.68	1728888.75			
转炉煤气	万立方米					101607.63			
其他煤气	万立方米		761.65		695.37	761.65			
天然气	万立方米	3.73	147004.15		4399131.21	137902.84	80.06	55.01	1.05
液化天然气	吨		6533.25		34917.88	6501.71		2865.38	25.00
氢气	万立方米		878.00		26788.00	878.00			
汽油	吨	10.47	5759.97	60.95	46247.30	4262.73		3932.91	6.53
煤油	吨	100.22	3298.09	230.10	24356.66	3342.66	273.40		40.50
柴油	吨	1781.91	59809.61	4567.59	377805.86	60019.00	1852.52	33980.70	1223.87
燃料油	吨	1337.08	6492.81		19499.86	7438.34	272.35		391.55
润滑油	吨	15.19	188.74	42.05	2634.58	184.66			19.05
石蜡	吨	17.80	3000.94	2999.64	23918.26	2955.24	2954.64		62.80
石油沥青	吨	690.08	18196.76	17999.56	68185.01	17195.15	17178.47		809.00
其他石油制品	吨	14.24	91.57		1283.68	68.66			37.14
热力	百万千焦		8499399.50		292540.19	24046790.88			
电力	万千瓦时		1151720.71		5365813.52	1863600.66		6137.92	
煤矸石（用于燃料）	吨		175291.64		23396.71	175291.64			
生物燃料	吨标准煤	12.60	102.00		91.00	95.00			19.60
余热余压	百万千焦		21366290.27		136155.61	22407959.57			
其他燃料	吨标准煤								
能源合计	吨标准煤				74808649.33	73602446.44	526327.41		

5-3 规模以上工业企业能源加工转换投入产出情况

能源名称	计量单位	加工转换投入合计						能源加工转换产出	回收利用
			火力发电	供热	原煤入洗	炼焦	制气		
原煤	吨	51085097.59	4151693.83	1678777.67	45254626.09				
无烟煤	吨	15150.00			15150.00				
炼焦烟煤	吨	24621533.74			24621533.74				
一般烟煤	吨	23576144.55	4151693.83	1678777.67	17745673.05				
褐煤	吨	2872269.30			2872269.30				
洗精煤（用于炼焦）	吨	16014037.26				16014037.26		22249362.50	
其他洗煤	吨	8605630.87	7000050.31	1605580.56				12178212.49	
焦炭	吨							12519560.73	
其他焦化产品	吨	351550.49						854550.01	
焦炉煤气	万立方米	25987.93	5504.00	946.00			19537.93	414210.07	
高炉煤气	万立方米	452464.00	374454.00	78010.00					1778405.79
转炉煤气	万立方米	25144.00	20212.00	4932.00					101607.63
天然气	万立方米	109473.07	62343.89	47129.18				9281.63	
氢气	万立方米							909.00	
柴油	吨	122.60	94.22	28.38					
燃料油	吨	802.71	732.87	69.84					
热力	百万千焦							68398821.20	
电力	万千瓦时							3243498.70	
煤矸石（用于燃料）	吨	175291.64	104823.73	70467.91					
余热余压	百万千焦	21783508.70	21783508.70						37902948.35
能源合计	吨标准煤	58255277.01	9002366.59	2742345.94	30379499.49	15558059.02	119505.84	49844796.84	3513909.82

5-4 规模以上工业企业主要能源按工业行业分组消费量（一）

行 业	原煤（吨）	无烟煤（吨）	炼焦烟煤（吨）	一般烟煤（吨）	褐煤（吨）
合计	**54770922**	**1491182**	**24773219**	**25634252**	**2872269**
一、采矿业	42590161	15150	21973447	17729295	2872269
1. 煤炭开采和洗选业	42590161	15150	21973447	17729295	2872269
2. 石油和天然气开采业					
3. 黑色金属矿采选业					
4. 非金属矿采选业					
二、制造业	8383151	1476032	2799772	4107347	
1. 农副食品加工业					
2. 食品制造业					
3. 酒、饮料及精制茶制造业					
4. 烟草制品业					
5. 纺织服装、服饰业					
6. 家具制造业					
7. 造纸和纸制品业					
8. 印刷和记录媒介复制业					
9. 文教、工美、体育和娱乐用品制造业					
10. 石油、煤炭及其他燃料加工业	2648087		2648087		
11. 化学原料和化学制品制造业	1323465			1323465	
12. 医药制造业					
13. 橡胶和塑料制品业					
14. 非金属矿物制品业	641155		151685	489470	
15. 黑色金属冶炼和压延加工业	3754066	1476032		2278034	
16. 有色金属冶炼和压延加工业					
17. 金属制品业					
18. 通用设备制造业					
19. 专用设备制造业					
20. 汽车制造业	16378			16378	
21. 铁路、船舶、航空航天和其他运输设备制造业					
22. 电气机械和器材制造业					
23. 计算机、通信和其他电子设备制造业					
24. 仪器仪表制造业					
25. 废弃资源综合利用业					
26. 金属制品、机械和设备修理业					
三、电力、热力、燃气及水生产和供应业	3797610			3797610	
1. 电力、热力生产和供应业	3797610			3797610	
2. 燃气生产和供应业					
3. 水的生产和供应业					

5-4　规模以上工业企业主要能源按工业行业分组消费量（二）

行　业	洗精煤（用于炼焦）（吨）	其他洗煤（吨）	焦炭（吨）	其他焦化产品（吨）	焦炉煤气（万立方米）
合计	16014037	8842623	4698373	776371	327367
一、采矿业					
1. 煤炭开采和洗选业					
2. 石油和天然气开采业					
3. 黑色金属矿采选业					
4. 非金属矿采选业					
二、制造业	15296847	236992	4698373	776371	308700
1. 农副食品加工业					
2. 食品制造业					
3. 酒、饮料及精制茶制造业					85
4. 烟草制品业					
5. 纺织服装、服饰业					
6. 家具制造业					
7. 造纸和纸制品业					665
8. 印刷和记录媒介复制业					
9. 文教、工美、体育和娱乐用品制造业					
10. 石油、煤炭及其他燃料加工业	11257052				163055
11. 化学原料和化学制品制造业				424821	9859
12. 医药制造业					
13. 橡胶和塑料制品业					459
14. 非金属矿物制品业				351550	4650
15. 黑色金属冶炼和压延加工业	4039795	236992	4693436		124746
16. 有色金属冶炼和压延加工业					4792
17. 金属制品业			4937		
18. 通用设备制造业					12
19. 专用设备制造业					85
20. 汽车制造业					171
21. 铁路、船舶、航空航天和其他运输设备制造业					
22. 电气机械和器材制造业					
23. 计算机、通信和其他电子设备制造业					
24. 仪器仪表制造业					
25. 废弃资源综合利用业					120
26. 金属制品、机械和设备修理业					
三、电力、热力、燃气及水生产和供应业	717190	8605631			18667
1. 电力、热力生产和供应业		8605631			
2. 燃气生产和供应业	717190				18667
3. 水的生产和供应业					

5-4 规模以上工业企业主要能源按工业行业分组消费量（三）

行 业	高炉煤气（万立方米）	转炉煤气（万立方米）	其他煤气（万立方米）	天然气（万立方米）	液化天然气（吨）
合计	**1728889**	**101608**	**762**	**137903**	**6502**
一、采矿业				11028	
1. 煤炭开采和洗选业				10759	
2. 石油和天然气开采业				269	
3. 黑色金属矿采选业					
4. 非金属矿采选业					
二、制造业	1728889	101608	762	27458	6502
1. 农副食品加工业				311	
2. 食品制造业				1434	29
3. 酒、饮料及精制茶制造业				46	
4. 烟草制品业				220	
5. 纺织服装、服饰业					
6. 家具制造业				2	
7. 造纸和纸制品业				57	236
8. 印刷和记录媒介复制业					
9. 文教、工美、体育和娱乐用品制造业					
10. 石油、煤炭及其他燃料加工业					
11. 化学原料和化学制品制造业				1638	541
12. 医药制造业					
13. 橡胶和塑料制品业				676	109
14. 非金属矿物制品业				1838	5372
15. 黑色金属冶炼和压延加工业	1727559	101608		14875	160
16. 有色金属冶炼和压延加工业				169	
17. 金属制品业				282	10
18. 通用设备制造业				242	44
19. 专用设备制造业				1686	
20. 汽车制造业				23	
21. 铁路、船舶、航空航天和其他运输设备制造业				3441	
22. 电气机械和器材制造业			762	124	
23. 计算机、通信和其他电子设备制造业				209	
24. 仪器仪表制造业				1	
25. 废弃资源综合利用业	1330			62	
26. 金属制品、机械和设备修理业					
三、电力、热力、燃气及水生产和供应业				99416	
1. 电力、热力生产和供应业				99219	
2. 燃气生产和供应业				197	
3. 水的生产和供应业					

5-4　规模以上工业企业主要能源按工业行业分组消费量（四）

行　业	氢气（万立方米）	汽油（吨）	煤油（吨）	柴油（吨）	燃料油（吨）
合计	878	4263	3343	60019	7438
一、采矿业		917	3061	8973	
1. 煤炭开采和洗选业		908	3061	7569	
2. 石油和天然气开采业		9			
3. 黑色金属矿采选业				1279	
4. 非金属矿采选业				125	
二、制造业	878	2460	282	50305	6636
1. 农副食品加工业		255		6	
2. 食品制造业		150		216	
3. 酒、饮料及精制茶制造业		7		61	
4. 烟草制品业					
5. 纺织服装、服饰业					
6. 家具制造业				2	
7. 造纸和纸制品业		5		11	
8. 印刷和记录媒介复制业		118		350	
9. 文教、工美、体育和娱乐用品制造业		6		1	
10. 石油、煤炭及其他燃料加工业				1381	
11. 化学原料和化学制品制造业		167	273	8369	
12. 医药制造业					
13. 橡胶和塑料制品业		125	4	79	
14. 非金属矿物制品业		112		21142	6634
15. 黑色金属冶炼和压延加工业	878	120		16863	
16. 有色金属冶炼和压延加工业		14		71	
17. 金属制品业		224		100	
18. 通用设备制造业		479		601	2
19. 专用设备制造业		165	4	264	
20. 汽车制造业		7		400	
21. 铁路、船舶、航空航天和其他运输设备制造业		35		221	
22. 电气机械和器材制造业		110		27	
23. 计算机、通信和其他电子设备制造业		120		90	
24. 仪器仪表制造业		181		1	
25. 废弃资源综合利用业				31	
26. 金属制品、机械和设备修理业		11		2	
三、电力、热力、燃气及水生产和供应业		886		741	803
1. 电力、热力生产和供应业		21		653	803
2. 燃气生产和供应业		766		24	
3. 水的生产和供应业		99		64	

5–4　规模以上工业企业主要能源按工业行业分组消费量（五）

行　业	润滑油（吨）	石蜡（吨）	石油沥青（吨）	其他石油制品（吨）	热力（百万千焦）
合计	**185**	**2955**	**17195**	**69**	**24046791**
一、采矿业	7				4499605
1. 煤炭开采和洗选业	7				4499605
2. 石油和天然气开采业					
3. 黑色金属矿采选业					
4. 非金属矿采选业					
二、制造业	178	2955	17195	69	19547186
1. 农副食品加工业					
2. 食品制造业					99690
3. 酒、饮料及精制茶制造业					107546
4. 烟草制品业					
5. 纺织服装、服饰业					
6. 家具制造业					
7. 造纸和纸制品业	4				
8. 印刷和记录媒介复制业					
9. 文教、工美、体育和娱乐用品制造业					
10. 石油、煤炭及其他燃料加工业				69	790980
11. 化学原料和化学制品制造业	36				24947
12. 医药制造业					
13. 橡胶和塑料制品业					
14. 非金属矿物制品业	30	2955	17178		482257
15. 黑色金属冶炼和压延加工业	3				17504938
16. 有色金属冶炼和压延加工业					
17. 金属制品业					
18. 通用设备制造业	1				
19. 专用设备制造业	1		17		29973
20. 汽车制造业					
21. 铁路、船舶、航空航天和其他运输设备制造业	102				
22. 电气机械和器材制造业					4715
23. 计算机、通信和其他电子设备制造业					475632
24. 仪器仪表制造业					
25. 废弃资源综合利用业					
26. 金属制品、机械和设备修理业					7004
三、电力、热力、燃气及水生产和供应业					
1. 电力、热力生产和供应业					
2. 燃气生产和供应业					
3. 水的生产和供应业					

5-4 规模以上工业企业主要能源按工业行业分组消费量（六）

行　业	电力（万千瓦时）	煤矸石（用于燃料）(吨)	生物燃料（吨标准煤）	余热余压（百万千焦）	其他燃料（吨标准煤）
合计	1863601	175292	95	22407960	
一、采矿业	203249				
1. 煤炭开采和洗选业	194415				
2. 石油和天然气开采业	2244				
3. 黑色金属矿采选业	6050				
4. 非金属矿采选业	540				
二、制造业	1391983		95	22370548	
1. 农副食品加工业	3452				
2. 食品制造业	6470				
3. 酒、饮料及精制茶制造业	4136				
4. 烟草制品业	1224				
5. 纺织服装、服饰业	14				
6. 家具制造业	124				
7. 造纸和纸制品业	981				
8. 印刷和记录媒介复制业	2162				
9. 文教、工美、体育和娱乐用品制造业	40				
10. 石油、煤炭及其他燃料加工业	236065			1130111	
11. 化学原料和化学制品制造业	72918		95	1932996	
12. 医药制造业					
13. 橡胶和塑料制品业	6613				
14. 非金属矿物制品业	79360			1360118	
15. 黑色金属冶炼和压延加工业	810340			17935428	
16. 有色金属冶炼和压延加工业	7825			11894	
17. 金属制品业	18393				
18. 通用设备制造业	3412				
19. 专用设备制造业	22596				
20. 汽车制造业	5547				
21. 铁路、船舶、航空航天和其他运输设备制造业	16223				
22. 电气机械和器材制造业	6502				
23. 计算机、通信和其他电子设备制造业	80203				
24. 仪器仪表制造业	485				
25. 废弃资源综合利用业	4698				
26. 金属制品、机械和设备修理业	252				
三、电力、热力、燃气及水生产和供应业	268368	175292		37412	
1. 电力、热力生产和供应业	234777	175292			
2. 燃气生产和供应业	18562			37412	
3. 水的生产和供应业	15029				

5-5　2016 年以来节能减排情况

年　份	当年单位 GDP 能耗下降幅度（%）	完成目标进度（%）	累计下降幅度（%）
2016	5.42	34.27	5.42
2017	3.96	59.11	9.17
2018	3.64	81.92	12.47
2019	3.05	100.96	15.14
2020	2.85	118.74	17.56
2021	5.20	33.92	5.20

5-6　1949 年以来能源工业固定资产投资及构成

年　份	全社会固定资产投资（万元）	能源工业投资（万元）				能源工业投资构成 (%)		
		合计	# 煤炭	电力	焦炭	煤炭	电力	焦炭
1949	43							
1950	1278	14	13		1	92.86		7.14
1952	6335	215	129	69	17	60.00	32.09	7.91
1953	13861	1383	115	1258	10	8.32	90.96	0.72
1954	19852	5296	857	4421	18	16.18	83.48	0.34
1955	13878	3203	768	2264	171	23.98	70.68	5.34
1956	32901	4928	1810	3118		36.73	63.27	
1957	37299	5612	1891	3721		33.70	66.30	
1958	62552	7116	5177	1870	69	72.75	26.28	0.97
1959	62839	6369	5283	932	154	82.95	14.63	2.42
1960	55929	8253	4884	3358	11	59.18	40.69	
1961	16865	4380	3305	1075		75.46	24.54	
1962	7854	2190	1883	307		85.98	14.02	
1963	10807	2368	1673	695		70.65	29.35	
1964	14095	2504	1706	797	1	68.13	31.83	
1965	18622	1348	666	682		49.41	50.59	
1966	28255	2140	358	1780	1	16.73	83.18	
1967	10855	1140	80	1049	11	7.02	92.02	0.96
1968	17788	1870	88	1776	6	4.71	94.97	0.32
1969	11546	384	123	253	8	32.03	65.89	2.08
1970	20218	1009	52	957		5.15	94.85	
1971	25293	2291	1174	1117		51.24	48.76	
1972	23480	2212	927	1285		41.91	58.09	
1973	26636	2532	1276	1256		50.39	49.61	
1974	19757	2260	1604	656		70.97	29.03	
1975	16884	1820	1018	802		55.93	44.07	
1976	15310	1417	1034	383		72.97	27.03	

5-6　续表

年　份	全社会固定资产投资（万元）	能源工业投资（万元）				能源工业投资构成(%)		
		合计	#煤炭	电力	焦炭	煤炭	电力	焦炭
1977	20398	2622	1889	723	10	72.04	27.57	0.38
1978	38930	4759	3794	965		79.72	20.28	
1979	49443	8264	7657	504	81	92.65	6.10	0.98
1980	61316	10609	9942	604	51	93.71	5.69	0.48
1981	66329	15640	13867	1710	52	88.66	10.93	0.33
1982	88769	18878	17746	1088		94.00	5.76	
1983	108722	32438	27433	1420	3492	84.57	4.38	10.77
1984	147907	50138	41994	2796	5331	83.76	5.58	10.63
1985	194510	52750	46010	3086	3617	87.22	5.85	6.86
1986	212774	64087	58409	3180	2422	91.14	4.96	3.78
1987	228535	47454	40854	4065	2535	86.09	8.57	5.34
1988	250602	63606	42294	19768	1489	66.49	31.08	2.34
1989	242409	84093	55145	26041	2771	65.58	30.97	3.30
1990	262924	98809	61195	35944	1566	61.93	36.38	1.58
1991	309434	104534	70720	32012	1402	67.65	30.62	1.34
1992	460913	139321	71679	57846	8336	51.45	41.52	5.98
1993	672115	182333	80821	88639		44.33	48.61	
1994	731619	143252	66561	67258	1305	46.46	46.95	0.91
1995	701894	139667	98796	23911	5076	70.74	17.12	3.63
1996	823902	193105	132367	33933	5587	68.55	17.57	2.89
1997	977429	270884	137407	120027	7477	50.73	44.31	2.76
1998	1093638	261055	95856	147601	4215	36.72	56.54	1.61
1999	917167	150674	35082	87721	1659	23.28	58.22	1.10
2000	1047702	140866	48973	87320	2315	34.77	61.99	1.64
2001	1227804	247617	57132	112246	45836	23.07	45.33	18.51
2002	1475955	249245	46749	120320	50786	18.76	48.27	20.38
2003	2044542	362697	112859	78596	95343	31.12	21.67	26.29
2004	3476681	687685	126505	216218	293877	18.40	31.44	42.73
2005	4385077	713589	267156	280121	123924	37.44	39.26	17.37
2006	5011273	787176	355268	298134	98559	45.13	37.87	12.52
2007	5767355	1064025	437367	289922	146505	41.10	27.25	13.77
2008	7022072	1320743	493574	656202	21776	37.20	49.70	1.70
2009	7820157	853252	312664	394037	41184	36.60	46.20	4.80
2010	9164811	871847	462297	274024	135526	53.03	31.43	15.54
2011	10241444	937383	671330	185035	81018	71.62	19.74	8.64
2012	13206257	1573142	896885	195623	48085	57.01	12.44	3.06
2013	16707390	1728739	975403	211450	16974	56.42	12.23	0.98
2014	17460868	1774826	812348	639702	9653	45.77	36.04	0.54
2015	20256080	1971010	527717	622754	6169	26.77	31.60	0.31
2016	20277123	1570711	569017	516299	1000	36.23	32.87	0.06
2017	9648632	744388	238483	275892	23459	32.04	37.06	3.15
2018	12178202	681651	193301	314620	399	28.36	46.16	0.06
2019	13416671	774218	232013	213748	17384	34.04	31.36	2.55
2020	14934531	1673466	214055	387444	861184.00	12.79	23.15	51.46
2021	16112146	1609830	54327	435408	916076	3.37	27.05	56.91

注：2011 年起，投资统计制度进行改革，用“固定资产投资额”代替了“全社会固定资产投资”统计口径。

第6篇

住户调查

资料整理、审核

田　冰　周晓丽　李　琰

6-1 城镇居民家庭生活基本情况

项　目	单　位	2021 年	2020 年
调查户数	户	760	760
平均每户家庭人口	人	2.67	2.62
平均每户就业人口数	人	1.2	1.1
平均每一个就业者负担人数	人	2.2	2.37
平均每人全年可支配收入	元	41377	38329
人均月可支配收入	元	3448	3194
平均每人全年消费性支出	元	23748	20559
人均月消费性支出	元	1979	1713

6-2 城镇住户基本情况

项　目	单　位	2021 年	2020 年
调查户数	**户**	**760**	**760**
家庭人口数	**人**	**2027**	**1991**
（一）有收入者人数	**人**	**1341**	**1244**
1. 就业人口数	人	920	839
国有经济单位职工人数	人	211	229
个体经营者人数	人	105	82
其他就业者人数	人	604	528
2. 离退休者人数	人	421	405
（二）无收入者人数	**人**	**686**	**746**

6–3　城镇居民家庭年末居住情况

项　目	单　位	2021 年	2020 年
一、现住房房屋来源			
租赁公房	%	1.84	3.03
租赁私房	%	3.55	7.76
自建住房	%	14.08	13.82
购买商品房	%	40.91	37.9
购买房改住房	%	20.66	15.39
购买保障性住房	%	7.11	5.92
拆迁安置房	%	7.11	6.84
继承或获赠住房	%	1.58	1.84
免费借用房	%	1.05	2.5
其他来源	%	2.11	3.29
雇主提供免费住房	%	0.00	1.71
二、住户居住空间样式			
1. 单栋楼房	%	3.16	2.11
2. 单栋平房	%	11.45	12.11
3. 四居室及以上单元房	%	1.18	1.32
4. 三居室单元房	%	31.71	29.85
5. 二居室单元房	%	42.76	44.74
6. 一居室单元房	%	6.58	7.24
7. 筒子楼或连片平房	%	3.16	2.63
8. 其他	%	0	0
三、住户主要饮用水来源情况			
1. 经过净化处理的自来水	%	96.05	89.61
2. 受保护的井水和泉水	%	3.82	8.29
3. 不受保护的井水和泉水	%	0.13	0.13
4. 江河湖泊水	%	0	0.39
5. 桶装水	%	0	1.45
6. 其他水源	%	0	0.13
四、取水位置			
1. 住宅内管道取水	%	94.08	95.14
2. 住宅内其他方式取水	%	0	0.39
3. 院内管道取水	%	5.66	4.21
4. 院内其他方式取水	%	0.26	0.26
5. 其他位置取水	%	0	0
五、住户厕所类型			
1. 水冲式卫生厕所	%	86.84	86.71
2. 水冲式非卫生厕所	%	0.13	5.39
3. 卫生旱厕	%	0.66	1.45
4. 普通旱厕	%	12.37	6.32
5. 无厕所	%	0	0.13
六、住户厕所使用情况			
1. 本住户独用	%	96.06	95.13

6-3　续表

项　目	单　位	2021 年	2020 年
2. 几户合用	%	3.68	4.74
3. 公用厕所	%	0.26	0.13
七、住户洗澡设施情况			
1. 统一供热水	%	5.26	4.61
2. 家庭自装热水器	%	81.19	76.97
3. 其他	%	1.18	2.24
4. 无洗澡设施	%	12.37	16.18
八、住户主要取暖设备状况			
1. 由市政或小区集中供暖	%	90.26	90.13
2. 自行供暖	%	9.21	8.42
3. 无取暖设备	%	0.53	1.45
九、主要炊用能源状况			
1. 柴草	%	0	0
2. 煤炭	%	0.13	0.79
3. 罐装液化石油气	%	2.24	3.42
4. 管道液化石油气	%	0	0
5. 管道煤气	%	9.87	11.45
6. 管道天然气	%	74.6	71.58
7. 电	%	11.84	10.79
8. 其他	%	0	0
9. 无炊用行为	%	1.32	1.97
十、信息化调查			
(1) 接入互联网的移动电话	部 / 百户	219	198
(2) 接入互联网的计算机	台 / 百户	44	48

6-4　城镇居民人均可支配收入

项　目	2021 年	2020 年
城镇居民人均可支配收入	**41377**	**38329**
工资性收入	23028	21530
经营净收入	4020	3264
财产净收入	4038	3703
转移净收入	10291	9832

6-5 城镇居民人均消费性支出

单位：元

项 目	2021 年	2020 年
消费性支出	**23748**	**20559**
一、食品烟酒	5582	4819
二、衣着	1810	1547
三、生活用品及服务	1601	1413
四、医疗保健	2663	2136
五、交通通信	2843	2525
六、教育文化娱乐	2898	2392
七、居住	5783	5292
八、其他用品和服务	568	435

6-6 城镇住户每百户期末主要消费品拥有量

项 目	单 位	2021 年	2020 年
调查户数	**户**	**760**	**760**
摩托车	辆	4	2
助力车	辆	46	40
家用汽车	辆	42	41
洗衣机	台	98	99
电冰箱（柜）	台	96	98
彩色电视机	台	97	99
家用电脑	台	50	63
照相机	架	14	22
其他中高档乐器	件	9	12
微波炉	台	57	53
空调器	台	46	43
淋浴热水器	台	88	86
洗碗机	台	3	2
健身器材	套	5	7
固定电话	部	6	16
移动电话	部	226	221

6-7　农村住户人口与就业情况

指　标	单　位	2021 年	2020 年
一、调查户数	户	310	310
二、家庭常住人口	人	905	895
三、整半劳动力数	人	718	687
# 整劳动力	人	272	265
四、劳动力文化程度			
1. 不识字或识字很少	人	22	27
2. 小学程度	人	118	160
3. 初中程度	人	393	344
4. 高中程度	人	118	103
5. 大专及以上	人	67	53
五、劳动力就业情况			
1. 第一产业	人	135	107
2. 第二产业	人	107	109
(1) 采矿业	人	23	32
(2) 制造业	人	39	27
(3) 电力、热力、燃气及水生产和供应业	人	8	10
(4) 建筑业	人	37	40
3. 第三产业	人	223	169
#(1) 交通运输、仓储和邮政业	人	40	37
(2) 批发和零售业	人	32	19

6-8　农村居民人均可支配收入

单位：元

指　标	2021 年	2020 年
农民人均可支配收入	21551	19655
工资性收入	11739	11055
经营净收入	4255	3872
财产净收入	643	604
转移净收入	4914	4124

6-9　农村居民人均消费支出

单位：元

指　标	2021 年	2020 年
生活消费支出	**16295**	**13969**
食品烟酒消费	4498	3745
衣着消费	1255	1098
居住消费	3964	3406
生活用品及服务消费	826	695
交通通讯消费	2109	1880
教育文化娱乐消费	1646	1377
医疗保健消费	1751	1549
其他用品和服务消费	246	219

6-10　农民家庭平均每人主要粮食消费品消费量

单位：公斤

指　标	2021 年	2020 年
粮食（原粮）	157	134
蔬菜	89	83
食油	9	10
肉禽及其制品	21	17
# 家禽	4	4
蛋类	15	14
水产品	3	3
食糖	1	1
酒	5	6

6-11　每百户农民主要耐用消费品拥有量

指　标	单　位	2021 年	2020 年
家用汽车	辆	45	39
摩托车	辆	11	12
助力车	辆	58	51
电脑	台	32	40
彩电	台	98	101
热水器	台	52	43
照相机	架	3	10
空调	台	20	10
电冰箱	台	91	87
固定电话	部	4	8
手机	部	233	230
洗衣机	台	95	96

第7篇

农业

资料整理、审核

冀晓洁　李建华　车晓华

张妙莲　武卫东　张　静

7-1 农村基本情况

指 标	单位	2015年	2016年	2017年	2018年	2019年	2020年	2021年
一、农村基层组织								
1、乡镇政府	个	52	52	52	52	52	52	46
#镇政府	个	21	21	21	21	21	21	22
乡政府	个	31	31	31	31	31	31	24
2、涉农街道办事处	个	24	23	23	22	22	22	22
二、农业主要能源及物质消耗								
1、农村用电量	万千瓦时	53607.8	54199.5	57704.0	56423.2	55349.8	57070.6	60441.4
2、农用化肥施用量(实物量)	吨	91351.5	90328.6	88792.1	75175.0	64622.8	62528.8	58202.0
(1)氮肥	吨	36997.9	36616.2	36064.0	29525.1	22499.0	21334.7	16390.0
(2)磷肥	吨	21457.9	21075.7	20128.2	14944.0	11930.1	11664.7	9722.0
(3)钾肥	吨	3531.1	3503.4	3517.9	3067.8	2168.9	2071.5	1895.0
(4)复合肥	吨	29364.5	29133.2	29082.0	27638.1	28024.8	27457.8	30195.0
农用化肥施用量(折纯量)	吨	28966.7	28719.2	28281.2	25527.3	23104.6	22396.3	21820.4
(1)氮肥	吨	8556.0	8485.4	8295.8	7198.7	5504.3	5249.4	4692.2
(2)磷肥	吨	3549.0	3492.9	3340.7	2494.4	1974.4	1919.1	1792.7
(3)钾肥	吨	1608.8	1591.3	1603.3	1516.6	1082.6	1035.2	952.2
(4)复合肥	吨	15252.9	15149.5	15041.4	14317.6	14543.3	14192.6	14383.3
3、农用塑料薄膜使用量	吨	3860.7	3849.9	3746.0	3844.1	3654.2	3539.1	3219.7
其中:地膜使用量	吨	2325.0	2336.9	2305.0	2388.1	2211.8	2158.4	2037.0
地膜覆盖面积	公顷	23987.4	23984.9	23979.1	26329.1	24466.8	24632.7	26701.3
4、农用柴油使用量	吨	14966.2	14853.1	14310.6	12775.9	10879.9	9445.2	8551.9
5、农药使用量	吨	872.6	863.1	844.4	640.1	492.4	430.9	384.3

7-2 设施

指 标		单位	太原市	小店区	迎泽区	杏花岭区
设施合计	数量	（个）	31806	5166	9	59
	占地面积	（公顷）	3035.0	555.6	2.4	16.1
	实际使用面积	（公顷）	2417.8	445.4	2.2	10.1
1. 连栋温室	数量	（个）	1061	249		6
	占地面积	（公顷）	186.2	48.8		10.0
	实际使用面积	（公顷）	127.7	35.1		6.0
2. 日光温室	数量	（个）	10215	2869	7	
	占地面积	（公顷）	1108.5	287.7	2.1	
	实际使用面积	（公顷）	758.1	220.2	2.0	
3. 大棚	数量	（个）	19382	2013		45
	占地面积	（公顷）	1699.1	216.3		5.4
	实际使用面积	（公顷）	1499.6	187.6		3.5
4. 中小棚	数量	（个）	1148.0	35	2	8
	占地面积	（公顷）	41.3	2.8	0.3	0.8
	实际使用面积	（公顷）	32.4	2.5	0.2	0.6
农业生产情况						
1. 蔬菜	面积	（公顷）	4805.1	953.8	3.2	9.0
	产量	（吨）	263084.3	49482.0	113.6	294.5
其中：芹菜	面积	（公顷）	485.6	313.6	0.2	1.1
	产量	（吨）	30049.2	20258.7	3.7	46.8
油菜	面积	（公顷）	751.5	149.2	0.2	1.1
	产量	（吨）	25887.2	4943.7	3.8	39.9
菠菜	面积	（公顷）	95.6	58.9	0.2	1.1
	产量	（吨）	3351.1	1807.8	5.2	41.3
黄瓜	面积	（公顷）	300.9	59.3	0.4	0.3
	产量	（吨）	24805.5	3214.8	23.0	9.3
西红柿	面积	（公顷）	683.6	77.7	0.7	1.8
	产量	（吨）	59098.5	5661.4	32.3	61.0
辣椒	面积	（公顷）	317.0	0.8	0.2	1.5
	产量	（吨）	16749.2	16.2	4.9	52.2
其他蔬菜	面积	（公顷）	2170.9	294.2	1.4	2.0
	产量	（吨）	103143.4	13579.4	40.7	44.0
2. 瓜果类	面积	（公顷）	57.9	5.9		
	产量	（吨）	1369.9	132.8		
其中：草莓	面积	（公顷）	43.0	5.1		
	产量	（吨）	894.1	124.7		
3. 花卉苗木	面积	（公顷）	203.1			0.1
4. 食用菌产量	产量	（吨）	9467.8	547.5		354.0
（1）干品	产量	（吨）	102.0	60.0		
（2）鲜品	产量	（吨）	9365.8	487.5		354.0
其中：蘑菇	产量	（吨）	9365.8	487.5		354.0
5. 其他作物	面积	（公顷）	207.9	5.8		
其中：设施园林水果	面积	（公顷）	204.3	5.8		
	产量	（吨）	3495.2	34.0		

农业生产情况

尖草坪区	万柏林区	晋源区	清徐县	阳曲县	娄烦县	古交市
630	51	2329	19857	2339	890	476
66.2	3.0	329.5	1633.6	304.3	88.5	35.6
54.8	2.5	252.6	1382.1	173.5	63.3	31.4
		6	790	8	2	
		0.4	120.8	5.7	0.4	
		0.4	81.4	4.5	0.3	
114		26	4941	1499	508	251
16.4		2.8	506.7	217.5	56.2	18.9
10.9		2.2	352.5	118.8	35.8	15.7
507	10	2297	13176	803	332	199
49.5	1.0	326.3	983.8	73.9	29.0	14.0
43.6	0.8	250.0	927.6	48.3	24.8	13.4
9	41		950	29	48	26
0.3	2.1		22.3	7.2	2.9	2.7
0.3	1.7		20.5	2.0	2.4	2.2
80.8	0.8	213.7	3141.9	289.7	53.5	58.6
4535.1	12.7	13681.9	173393.3	15376.0	2554.1	3641.1
9.6		84.9	62.4	3.6	1.3	8.9
424.6		5859.6	2666.2	115.3	59.6	614.7
4.1		10.5	562.8	5.3	1.2	17.0
158.4		611.0	19256.2	150.9	33.0	690.3
6.7		9.0	7.8	3.3	1.1	7.6
259.6		417.8	258.5	61.2	28.5	471.2
15.5	0.3	46.6	102.4	69.0	3.6	3.5
979.6	1.1	3036.1	12479.8	4640.6	167.9	253.3
16.7	0.1	49.9	436.0	80.6	19.3	0.8
1029.0	0.7	3253.6	42238.5	5501.8	1271.5	48.7
3.3	0.5	6.5	287.1	14.1	3.5	
82.4	10.9	375.7	15430.8	652.0	124.1	
25.1		6.3	1683.3	113.8	23.5	20.8
1601.5		128.1	81063.1	4254.2	869.5	1562.9
2.5		26.3	11.1	7.4	4.4	0.4
80.3		485.1	379.1	179.6	106.9	6.1
2.5		26.3	2.6	4.1	2.0	0.4
80.3		485.1	88.3	81.3	28.3	6.1
1.8		196.5	1.1	3.6		
2600.1		772.2	1314.0	2234.9	1600.1	45.0
				21.0	21.0	
2600.1		772.2	1314.0	2213.9	1579.1	45.0
2600.1		772.2	1314.0	2213.9	1579.1	45.0
	1.7	2.8	181.8	9.4	6.3	
		2.8	181.8	9.3	4.5	
		58.4	3040.0	309.4	53.4	

7-3 主要农业

指 标	单 位	太原市	小店区	迎泽区	杏花岭区
一、农业机械总动力	**千瓦**	**529163**	**53500**	**507**	**5835**
1. 柴油发动机	千瓦	399719	39800	344	3185
2. 汽油发动机	千瓦	6484	1200		1800
3. 电动机	千瓦	122526	12500	163	850
二、耕作机械					
1. 大中型拖拉机	台	3049	179	2	9
动力	千瓦	169873	16116	74	490
2. 小型拖拉机	台	4933	363	19	155
动力	千瓦	52666	2442	270	1330
三、拖拉机配套农具	**部**	**10751**	**395**	**35**	**206**
其中：58.8 千瓦及以上拖拉机配套	部	2655	150		2
四、收获机械					
1. 联合收获机	台	858	158		1
2. 脱粒机	台	602	34		
五、农田基本建设机械	**台**	**460**	**16**		**1**

机械拥有量

尖草坪区	万柏林区	晋源区	清徐县	阳曲县	娄烦县	古交市
9070	1498	41021	180600	139000	33117	65015
7292	800	17429	136715	131247	25669	37238
956	697	159		37	1438	197
822		23433	43452	7716	6010	27580
62	7	130	941	1199	385	135
3603	278	5600	55265	64005	17270	7172
120	16	166	462	2791	366	475
2037	223	1279	5107	31102	3454	5422
523	29	430	1692	5300	1228	913
	2	245	1147	780	190	139
6	1	10	347	310	6	19
	1	34	51	420	36	26
7		64	261	52	31	28

7-4 农作物

指 标	合 计	小店区	迎泽区	杏花岭区
农作物总播种面积	80442.9	5840.3	113.8	546.8
一、粮食作物	63795.3	2448.6	102.3	492.7
（一）夏收粮食	121.3	47.7		
#冬小麦	121.3	47.7		
（二）秋收粮食	63674.1	2401.0	102.3	492.7
1. 谷物	48859.8	2425.0	79.9	334.9
（1）稻谷	239.5			
（2）玉米	33268.2	1949.5	52.7	139.8
（3）谷子	6695.9		9.5	34.1
（4）高粱	5954.7	427.8	4.6	10.8
（5）秋杂谷物	2580.2		13.1	150.2
#燕麦	267.3		0.7	0.8
荞麦	1825.2		10.8	149.4
（6）小麦	121.3	47.7		
2. 豆类	4272.7	17.0	4.8	96.7
（1）大豆	3290.2	14.9	2.9	92.4
（2）秋杂豆	982.5	2.1	1.9	4.3
#绿豆	492.0		1.1	0.7
红小豆	242.9		0.7	0.7
3. 薯类（折粮）	10662.8	6.7	17.6	61.1
（1）马铃薯	9483.4		17.0	45.8
（2）红薯	1179.4	6.7	0.6	15.3
二、油料作物	327.3	3.0		2.6
1. 花生	39.0	0.3		
2. 胡麻籽	109.3			
3. 葵花籽	72.4			2.6
4. 其他油料	88.3			
三、棉花				
四、中草药材	1096.8	20.0		
五、蔬菜及食用菌	13081.3	2027.9	11.5	51.6
六、瓜果类	144.1	6.7		
#西瓜	14.3	0.6		
甜瓜	86.1	0.9		
七、其他农作物	1998.1	1334.1		
#青饲料	1807.3	1334.1		

播种面积

单位：公顷

尖草坪区	万柏林区	晋源区	清徐县	阳曲县	娄烦县	古交市
4259.8	301.8	2131.5	24030.7	24252.0	11047.9	7918.2
3363.3	273.7	1037.6	17110.5	22191.3	9726.5	7048.9
6.7	7.7		59.3			
6.7	7.7		59.3			
3356.7	266.0	1037.6	17051.2	22191.3	9726.5	7048.9
2845.6	156.2	953.5	16006.5	18789.8	3710.2	3558.2
18.0		221.5				
2152.5	112.4	645.9	12742.3	13025.7	1241.7	1205.6
316.5	26.3	10.0	52.3	4404.5	922.7	920.0
238.6	5.0	74.6	3152.6	784.8	591.7	664.2
113.3	4.9	1.4		574.8	954.1	768.4
	0.7				210.3	54.8
85.4	0.7			407.4	700.1	471.5
6.7	7.7		59.3			
354.4	13.4	35.0	53.5	1203.8	1103.2	1390.9
352.4	10.3	34.0	51.5	839.6	687.1	1205.1
1.9	3.1	1.1	2.0	364.1	416.0	185.8
	0.4		1.9	220.5	234.3	33.0
	0.6	1.0		25.3	120.3	94.4
163.4	104.0	49.1	1050.5	2197.7	4913.1	2099.8
120.0	82.9	27.7	15.3	2161.8	4913.1	2099.8
43.4	21.1	21.3	1035.2	35.8		
51.0		19.1	61.9	16.7	55.0	118.0
		2.7	35.9			
				0.7	48.1	60.6
31.9		15.0	6.8	8.7	1.9	5.5
19.1			8.5	7.3	5.1	48.3
2.3	6.2	23.7	19.2	90.7	766.6	168.0
670.3	21.6	997.5	6594.4	1871.5	255.4	579.6
24.0		26.3	55.6	21.3	8.6	1.7
0.8			5.5	4.8	2.6	
20.7			47.5	12.4	3.9	0.7
148.9	0.3	27.3	189.1	60.6	235.8	2.0
148.1		27.3		60.0	235.8	2.0

7–5 农作物

指 标	合 计	小店区	迎泽区	杏花岭区
一、粮食作物	250600.1	10088.6	162.0	1015.0
（一）夏收粮食	649.5	254.3		
#冬小麦	649.5	254.3		
（二）秋收粮食	249950.6	9834.3	162.0	1015.0
1. 谷物	202616.2	10015.3	143.6	763.9
（1）稻谷	1450.7			
（2）玉米	161113.0	8070.0	109.4	465.8
（3）谷子	11507.4		9.9	75.7
（4）高粱	23546.3	1691.0	8.3	30.9
（5）秋杂谷物	4349.4		16.0	191.5
#燕麦	614.5		1.7	2.2
荞麦	3268.9		13.0	189.3
（6）小麦	649.5	254.3		
2. 豆类	7623.4	46.2	4.3	121.0
（1）大豆	6120.8	42.6	2.1	115.6
（2）秋杂豆	1502.6	3.6	2.2	5.4
#: 绿豆	576.8		0.9	0.7
红小豆	507.0		1.2	1.4
3. 薯类（折粮）	40360.5	27.1	14.1	130.1
（1）马铃薯	35562.4		13.9	107.5
（2）红薯	4798.1	27.1	0.2	22.6
二、油料作物	603.7	4.8		2.6
1. 花生	88.8	0.8		
2. 胡麻籽	258.0			
3. 葵花籽	104.6			2.6
4. 其他油料	118.6			
三、棉花				
四、中草药材	4121.3	150.0		
五、蔬菜及食用菌	700527.5	97713.0	274.0	1921.2
六、瓜果类	4213.0	196.9		
#西瓜	547.7	37.8		
甜瓜	2765.8	34.4		

总产量

单位：吨

尖草坪区	万柏林区	晋源区	清徐县	阳曲县	娄烦县	古交市
12815.7	678.7	4800.0	80945.5	102310.1	23044.0	14740.5
26.5	23.7		345.0			
26.5	23.7		345.0			
12789.2	655.0	4800.0	80600.5	102310.1	23044.0	14740.5
12050.6	385.6	4470.5	76268.6	85605.1	6550.2	6362.8
108.8		1341.8				
10361.7	284.3	2739.2	60560.3	73519.8	2507.2	2495.3
549.9	61.9	20.5	99.3	8449.1	852.2	1388.9
704.3	6.0	366.1	15263.9	2740.6	1285.9	1449.3
299.4	9.8	2.9		895.5	1904.9	1029.4
	1.1				478.8	130.7
260.7	1.5			793.2	1376.0	635.2
26.5	23.7		345.0			
603.4	25.0	87.6	153.8	2969.2	2290.0	1323.0
600.7	21.1	85.2	150.4	2490.6	1647.6	965.1
2.7	4.0	2.4	3.4	478.6	642.4	357.8
	0.5		3.3	218.5	298.8	54.0
	1.2	2.4		40.2	256.6	204.0
161.8	268.0	241.9	4523.2	13735.8	14203.8	7054.8
122.0	242.7	155.1	73.7	13588.9	14203.8	7054.8
39.7	25.3	86.8	4449.5	146.9		
55.9		27.9	143.1	11.6	91.6	266.2
		13.4	74.6			
				0.7	78.5	178.8
44.4		13.7	11.8	7.9	3.5	20.7
11.5			31.1	3.0	9.6	63.4
31.5	3.7	120.8	123.0	473.1	2249.2	970.0
34606.3	314.0	59679.9	376709.0	80977.0	12771.4	35561.7
907.9		485.1	1482.9	879.8	239.3	21.1
24.2			175.8	200.0	109.9	
803.4			1218.8	598.1	101.1	10.0

7-6 农作物

指 标	太原市	小店区	迎泽区	杏花岭区
一、粮食作物	**3928.2**	**4120.1**	**1583.1**	**2060.2**
（一）夏收粮食	**5355.3**	**5334.7**		
#冬小麦	5355.3	5334.7		
（二）秋收粮食	**3925.5**	**4096.0**	**1583.1**	**2060.2**
1. 谷物	4146.9	4130.1	1798.2	2281.1
（1）稻谷	6056.0			
（2）玉米	4842.9	4139.4	2077.2	3331.0
（3）谷子	1718.6		1044.4	2219.8
（4）高粱	3954.2	3953.2	1791.7	2864.6
（5）秋杂谷物	1685.7	6117.6	1224.6	1275.3
#燕麦	2299.2		2299.1	2800.0
荞麦	1790.9		1201.3	1267.2
（6）小麦	5355.3	5334.7		
2. 豆类	1784.2	2714.8	894.1	1251.2
（1）大豆	1860.3	2863.3	718.3	1250.7
（2）秋杂豆	1529.4	1680.0	1158.1	1262.3
#: 绿豆	1172.3		827.6	1008.0
红小豆	2087.1		1786.5	2086.5
3. 薯类（折粮）	3785.2	4068.0	797.4	2129.9
（1）马铃薯	3749.9		813.8	2349.8
（2）红薯	4068.3	4068.0	336.6	1473.9
二、油料作物	**1844.3**	**1600.1**		**1000.1**
1. 花生	2276.9	2400.0		
2. 胡麻籽	2359.8			
3. 葵花籽	1445.3			1000.1
4. 其他油料	1343.1			
三、棉花				
四、中草药材	**3757.6**	**7500.0**		
五、蔬菜及食用菌	**53552.0**	**48183.5**	**23895.3**	**37256.7**
六、瓜果类	**29243.4**	**29535.0**		
#西瓜	38318.6	63000.0		
甜瓜	32140.5	36857.1		

单产量

单位：公斤 / 公顷

尖草坪区	万柏林区	晋源区	清徐县	阳曲县	娄烦县	古交市
3810.4	2479.8	4626.2	4730.8	4610.4	2369.2	2091.2
3975.0	3084.8		5820.8			
3975.0	3084.8		5820.8			
3810.1	2462.4	4626.2	4727.0	4610.4	2369.2	2091.2
4234.8	2468.1	4688.6	4764.9	4555.9	1765.5	1788.2
6046.8		6056.7				
4813.7	2530.0	4240.8	4752.7	5644.2	2019.2	2069.8
1737.7	2349.7	2046.4	1898.1	1918.3	923.6	1509.6
2951.7	1204.6	4905.4	4841.7	3492.1	2173.1	2181.9
2641.7	2007.1	2083.9		1558.0	1996.5	1339.6
	1699.5				2277.4	2382.7
3054.7	2185.5			1947.1	1965.3	1347.2
3975.0	3084.8		5820.8			
1702.7	1863.5	2501.3	2874.8	2466.6	2075.8	951.1
1704.5	2044.9	2508.4	2920.3	2966.3	2397.7	800.9
1381.4	1267.9	2273.6	1712.1	1314.4	1544.0	1925.8
	1236.4		1767.0	990.9	1275.1	1634.7
	2087.6	2313.3		1592.2	2131.9	2162.1
990.1	2577.0	4931.2	4305.8	6250.2	2891.0	3359.8
1017.3	2927.0	5595.4	4806.2	6285.8	2891.0	3359.8
915.1	1199.2	4068.0	4298.4	4100.2		
1096.1		1460.7	2310.6	696.0	1664.1	2256.0
		4902.5	2076.0			
				1050.0	1633.2	2950.5
1390.4		911.3	1735.4	911.6	1868.4	3786.6
603.2			3644.6	409.1	1880.0	1313.7
13500.0	600.0	5089.9	6406.3	5214.9	2933.8	5773.8
51630.6	14528.1	59828.7	57125.6	43267.4	50013.3	61356.3
37829.1		18468.3	26686.8	41395.8	27890.4	12173.1
30250.1			32158.5	41666.7	41840.1	
38874.2			25677.0	48337.8	25616.6	15000.0

7–7 水果

指 标	太原	小店	迎泽	杏花岭
一、茶叶产量	6.0			
其中：青茶	6.0			
二、园林水果产量	94199.6	1864.1	84.6	1206.6
（一）苹果	11759.0	45.2	9.0	443.9
其中：红富士苹果	7875.7	44.6		202.3
国光苹果	909.7	0.6		216.5
（二）梨	21654.9	215.3	63.0	92.4
其中：雪花梨	3950.4	93.6		9.2
鸭 梨	176.3	0.3		37.6
（三）其他水果	60785.7	1603.6	12.6	670.3
1. 桃	7249.5	120.2		103.5
2. 葡萄	44897.7	1302.7	2.2	164.9
3. 红枣	2164.3	22.8	5.4	174.3
4. 柿子	95.3			
5. 其他（含樱桃、山楂）	6378.9	157.9	5.0	227.6
其中：杏	3815.7	2.6	5.0	105.6
三、食用坚果产量	9400.7		2.1	
（一）核桃	9387.7		2.1	
补充：核桃面积	2022.8		14	
（二）其他坚果	13.0			
四、年末实有茶园面积	100.0			
其中：本年采摘面积	100.0			
五、年末果园面积	7963.7	452.9	14.0	488.8
（一）苹果园	1596.4	22.3	0.2	271.9
（二）梨园	1527.5	283.0	2.7	22.5
（三）桃园	729.8	42.5		11.9
（四）葡萄园	2304.4	78.4	0.2	35.2
（五）其他果园	1805.6	26.7	10.9	147.2
其中：红枣园	616.6	8.1	10.5	59.3
柿子园	6.7			
杏 园	776.6	2.9	0.4	43.2

生产情况

单位：公顷、吨

尖草坪	万柏林	晋源	清徐	阳曲	娄烦	古交
						6.0
						6.0
19842.3	83.2	2097.9	60277.2	5977.3	1287.8	1478.6
7328.4	7.7	483.7	1087.8	1990.8	128.7	233.8
5903.2	7.5	222.5	475.7	902.1		117.8
384.8	0.2	80.0	28.3	20.7	85.1	93.5
2019.9		467.7	16831.6	1520.0	383.2	61.8
1416.4		87.9	2137.1	201.1	0.4	4.7
			50.3		40.9	47.2
10494.0	75.5	1146.5	42357.8	2466.5	775.9	1183.0
653.8	4.6	398.0	4758.7	1076.1	73.2	61.4
7877.9	3.0	290.5	34539.7	514.6	151.7	50.5
320.4	26.5	220.0	784.2	465.8	107.1	37.8
	1.4		93.9			
1641.9	40.0	238.0	2181.3	410.0	443.9	1033.3
699.2	13.6	186.9	1427.0	57.3	326.2	992.3
46.2	4.1	45.9	179.7	904.4	7370.2	848.1
46.2	4.1	45.9	179.7	904.4	7370.2	835.1
6.1	20.5	36.4	59.3	841.8	780.3	264.4
						13.0
						100
						100
898.5	50.0	315.0	3026.9	1851.1	219.8	646.5
411.2	2.1	43.7	99.4	627.2	10.3	108.1
63.1	5.5	63.6	587.4	414.9	41.1	43.6
23.9	2.3	23.5	343.9	224.6	7.1	50.2
274.9	3.3	32.3	1676.5	178.3	12.4	12.9
125.5	36.9	151.7	319.8	406.2	148.9	431.8
47.7	8.7	75.9	100.2	270.2	15.2	20.9
	0.3		6.4			
23.3	6.3	60.3	153.4	57.0	119.7	310.1

7-8 畜牧业

指标			单位	太原市	小店区	迎泽区	杏花岭区
畜禽存栏	猪		头	159961	10675	760	4440
		能繁母猪	头	14851	1060	128	462
	牛		头	47323	9528	226	90
		1. 肉牛	头	28216	236	226	90
		2. 奶牛	头	19107	9292		
	羊		只	305482	12720	4000	3830
		1. 山羊	只	62909	430		
		2. 绵羊	只	242573	12290	4000	3830
	家禽		只	3220151	421360	40330	171721
		蛋鸡	只	2385251	223965	39360	167708
畜禽出栏	猪		头	257293	25600	292	4245
	牛		头	14419	1003	135	32
	羊		只	218080	9350	1700	2300
	家禽		只	4407649	757883	38108	247737
畜禽产品产量	猪肉		吨	20851	2080	23	338
	牛肉		吨	2267	155	21	5
	羊肉		吨	3270	146	26	36
	禽肉		吨	6261	949	48	381
	禽蛋		吨	30752	5846	442	1638
	牛奶		吨	68456	35874		
大牲畜(除牛外)		年末存栏	头	967	20	51	28
		当年出栏	头	387			12
		肉产量	公斤	45900			1640
	1. 马	年末存栏	头	339			6
		当年出栏	头	29			5
		肉产量	公斤	4005			700
	2. 驴	年末存栏	头	427	20	51	13
		当年出栏	头	285			3
		肉产量	公斤	32528			540
	3. 骡	年末存栏	头	201			9
		当年出栏	头	73			4
		肉产量	公斤	9367			400
	4. 骆驼	年末存栏	头				
		当年出栏	头				
		肉产量	公斤				
兔		年末存栏	只	476	120		
		当年出栏	只	404			
		肉产量	公斤	758			
其他奶产量			公斤	2630400			
山羊毛产量			公斤	45184			
绵羊毛产量			公斤	320987			3549
	细羊毛		公斤	66375			
	半细羊毛		公斤	149625			3549
羊绒产量			公斤	34807			
蜂蜜产量			公斤	272285	1500		
肉类总产量			吨	32695	3329	117	762

生产情况

尖草坪区	万柏林区	晋源区	清徐县	阳曲县	娄烦县	古交市
2961	100	4261	66198	40388	15480	14698
290	10	408	6113	3577	1508	1295
4376	103	2526	4700	7813	8398	9563
130	70	41	3305	6252	8398	9468
4246	33	2485	1395	1561		95
20010	1910	12380	93369	80089	38805	38369
110	400	500	3096	11759	25295	21319
19900	1510	11880	90273	68330	13510	17050
71756	13888	327414	944547	825501	168629	235005
64001	13418	260317	399592	818119	167624	231147
6130	62	8003	116084	49988	18587	28302
294	63	248	5277	2660	1844	2863
8995	545	6424	77302	53361	22302	35801
108650	9613	347491	1932943	363352	104147	497725
490	5	645	9443	4052	1509	2266
48	10	40	839	425	285	439
143	8	96	1190	799	311	515
150	14	519	2878	518	153	651
867	140	3087	5550	9838	1538	1806
13826	129	6088	5834	6464		241
15	9	46	73	291	310	124
16			140	97	105	17
1900			15040	13855	11255	2210
	9	44	19	69	187	5
			4	12	8	
			400	2060	845	
13		2	13	160	75	80
15			130	63	65	9
1800			14000	8468	6550	1170
2			41	62	48	39
1			6	22	32	8
100			640	3327	3860	1040
				170	186	
				386	18	
				722	36	
			2630400			
			541	11781	29822	3040
22516			99249	127230	16523	51920
				5430	9025	51920
22516				121800	1760	
				7919	25548	1340
1950	8000	3400	49060	52375	155000	1000
832	36	1300	14366	5808	2269	3874

7-9 农林牧渔业总产值细项表

（按当年价格计算） 单位：万元

指 标	2021 年	2020 年
农林牧渔业总产值	**754579**	**672356**
一、农业产值	**396706**	**345695**
（一）谷物及其他作物	102080	98654
1. 谷物	53798	51380
其中：小麦	156	81
稻谷	382	310
玉米	39232	36911
2. 薯类	34137	28893
其中：马铃薯（土豆）	29339	26724
3. 油料	358	854
其中：花生	67	54
油菜籽	20	
4. 豆类	4681	7662
其中：大豆	3673	5660
5. 棉花		
6. 生麻		
7. 甜菜		
8. 烟草		
9. 其他农作物	9106	9865
其中：青饲料（含青贮玉米）	2169	4326
（二）蔬菜、食用菌及花卉盆景园艺产品	237909	200859
1. 蔬菜（含菜用瓜）	206564	177665
2. 食用菌	8628	9938
3. 花卉	21567	13211
4. 盆景园艺	1150	45
（三）水果、坚果、茶、饮料和香料作物	48813	34498
1. 园林水果	36826	30732
其中：苹果	3194	2492
梨	6237	7584
红枣	866	945
2. 食用坚果	11767	3638
其中：核桃	11746	3617
板栗		
松子		
3. 茶及其他饮料	216	74
其中：茶叶	216	74
4. 香料原料	4	54
其中：花椒	4	54
八角		

7-9 续表 1-1

指 标	2021 年	2020 年
(四)中草药材	7904	11684
二、林业产值	**133416**	**111988**
(一)林木的培育和种植	132238	111437
1. 育种育苗	37697	28213
2. 造林	10672	18724
3. 未成林、成林抚育管理面积	144	
(二)木材采运	1178	551
其中:村及村以下	1178	551
(三)林产品		
三、牧业产值	**174728**	**168746**
(一)牲畜饲养	79756	69164
1. 牛的饲养	17814	15136
2. 羊的饲养	28252	24136
3. 其他牲畜饲养	379	354
4. 奶产品	28898	25916
其中:生牛奶	28782	25814
5. 毛绒产品	760	604
其中:羊毛	82	51
山羊绒	678	554
6. 其他牲畜副产品	3653	3018
(二)猪的饲养	55901	65016
(三)家禽饲养	35008	31174
1. 肉禽	9836	8593
2. 禽蛋	25172	22581
(四)狩猎和捕捉动物	67	48
(五)其他畜牧业	3996	3344
其中:蚕茧		
家兔	2	40
四、渔业产值(淡水产品)	**5159**	**3927**
其中:养殖	5159	3927
1. 鱼类	5159	3927
2. 虾蟹类		
3. 贝 类		
4. 其 他		
五、农林牧渔专业及辅助性活动	**44570**	**42000**

7-10 农林牧渔业现价总产值构成

单位：%

指 标	2021 年	2020 年
农林牧渔业总产值	**100.0**	**100.0**
一、农业产值	**52.6**	**51.4**
(一)谷物及其他作物	13.5	14.7
1. 谷物	7.1	7.6
其中:小麦		
稻谷	0.1	
玉米	5.2	5.5
2. 薯类	4.6	4.4
其中：马铃薯(土豆)	3.9	4.0
3. 油料		0.1
其中:花生		
油菜籽		
4. 豆类	0.6	1.1
其中:大豆	0.5	0.8
5. 棉花		
6. 生麻		
7. 甜菜		
8. 烟草		
9. 其他农作物	1.2	1.5
其中:青饲料(含青贮玉米)	0.3	0.6
(二)蔬菜、食用菌及花卉盆景园艺产品	31.5	29.9
1. 蔬菜(含菜用瓜)	27.3	26.4
2. 食用菌	1.1	1.5
3. 花卉	2.9	2.0
4. 盆景园艺	0.2	0.0
(三)水果、坚果、茶、饮料和香料作物	6.5	5.1
1. 园林水果	4.9	4.6
其中：苹果	0.4	0.4
梨	0.8	1.1
红枣	0.1	0.1
2. 食用坚果	1.6	0.5
其中：核桃	1.6	0.5
板栗		
松子		
3. 茶及其他饮料		
其中：茶叶		
4. 香料原料		
其中：花椒		
八角		

7-10 续表 1-1

指 标	2021 年	2020 年
(四)中草药材	1.1	1.7
二、林业产值	**17.7**	**16.7**
(一)林木的培育和种植	17.5	16.6
1. 育种育苗	5.0	4.2
2. 造 林	1.4	2.8
3. 未成林、成林抚育管理面积		
(二)木材采运	0.2	0.1
其中:村及村以下	0.2	0.1
(三)林产品	0.0	0.0
三、牧业产值	**23.2**	**25.1**
(一)牲畜饲养	10.6	10.3
1. 牛的饲养	2.4	2.3
2. 羊的饲养	3.7	3.6
3. 其他牲畜饲养	0.1	0.1
4. 奶产品	3.8	3.9
其中:生牛奶	3.8	3.8
5. 毛绒产品	0.1	0.1
其中:羊 毛		
山羊绒	0.1	0.1
6. 其他牲畜副产品	0.5	0.3
(二)猪的饲养	7.4	9.7
(三)家禽饲养	4.6	4.6
1. 肉 禽	1.3	1.3
2. 禽 蛋	3.3	3.3
(四)狩猎和捕捉动物		
(五)其他畜牧业	0.6	0.5
其中:蚕 茧		
家 兔		
四、渔业产值(淡水产品)	**0.7**	**0.6**
其中:养殖	0.7	0.6
1. 鱼 类	0.7	0.6
2. 虾蟹类		
3. 贝 类		
4. 其 他		
五、农林牧渔专业及辅助性活动	**5.8**	**6.2**

7-11 农林牧渔业总产值

单位：万元

指 标	太原市	小店区	迎泽区	杏花岭区	尖草坪区	万柏林区	晋源区	清徐县	阳曲县	娄烦县	古交市
农林牧渔业总产值	**754579**	**89107**	**8451**	**18653**	**48743**	**8080**	**63008**	**242840**	**143658**	**69932**	**61575**
农业产值	396706	42578	186	2568	22244	505	40295	156843	70309	34791	26387
林业产值	133416	10406	6652	12058	13022	6671	8639	10361	31839	19777	13634
牧业产值	174728	30651	983	3002	9884	404	9543	58442	32946	10641	18232
渔业产值	5159	42	88		253		621	2659	74	930	317
农林牧渔专业及辅助性活动产值	44570	5430	542	1025	3340	500	3910	14535	8490	3793	3005

7-12 林业渔业生产情况

指 标	单位	合计	小店区	迎泽区	杏花岭	尖草坪	万柏林	晋源区	清徐县	阳曲县	娄烦县	古交市	太原市直
林业生产情况													
1. 当年造林面积	公顷	7480							100	1773	4000	1607	
2. 零星植树	万株	1861	126	121	288	121	131	96	196	410	176	196	
3. 育苗面积	公顷	4615	400	67	182	700	33	533	200	1000	833	667	
4. 木材采用	立方米	22421	2100			268			9636	7611	2806		
渔业生产情况													
1. 养殖面积	公顷	3554	6	167		13		45	291	438	2031	32	531
2. 水产品产量	吨	3224	26	55		158		388	1662	46	581	198	110

第8篇

工业

资料整理、审核

李春宝　亢会明　郭　瑞　郭彦君

张明敏　张　越　李雪姣　闫　琼

8-1 全市规模以上工业企业单位数

单位:个

指 标	2021年末	2020年末
规模以上工业企业数	807	622
在总计中: 国有及国有控股		157
(一)按轻重工业分		
轻工业	112	94
重工业	695	528
(二)按登记注册类型分		
国有企业	4	7
集体企业	7	7
股份合作企业	1	2
联营企业		
有限责任公司	246	199
股份有限公司	20	19
私营企业	501	366
其他企业		
港、澳、台商投资企业	8	4
外商投资企业	20	18
(三)按企业规模分		
大型企业	30	27
中型企业	79	79
小型企业	579	516
微型企业	119	65

8-2 规模以上工业企业主要产品产量

指 标	单位	2021年	2020年
原煤	万吨	4750.58	4133.44
洗煤	万吨	3453.10	2934.50
#洗精煤(用于炼焦)	万吨	2231.61	1879.43
发电量	亿千瓦小时	332.72	324.06
白酒(折65度,商品量)	千升	18422.34	16153.00
啤酒	千升	135630.70	134944.00
饮料	万吨	33.91	27.16
卷烟	亿支	152.50	151.00
家具	万件	3.54	0.56
焦炭	万吨	1251.96	1039.35

8–2 续表

指 标	单 位	2021 年	2020 年
饮料酒	千升	154053.04	151097.00
单色印刷品	令	674173.00	686951.00
多色印刷品	对开色令	3504346.52	2967278.20
涂料（油漆）	万吨	2.14	2.32
橡胶轮胎外胎	万条	80.96	77.83
水泥	万吨	748.90	712.79
商品混凝土	万立方米	1716.93	1637.17
镁合金	吨	3342.68	6016.00
生铁	万吨	1107.10	963.64
粗钢	万吨	1466.20	1285.77
钢材	万吨	1429.39	1234.09
铁合金	万吨	0.53	0.12
金属镁	万吨	0.71	0.83
钕铁硼	吨	1788.62	1440.00
电站锅炉	蒸发量吨	9730	15324
金属切削机床	台	30	89
起重机	吨	63510.00	43854.00
采矿专用设备	吨	127082	111379
交流电动机	万千瓦	376	246
乳制品	万吨	18.44	19.87
食醋	万吨	36.69	37.49
粗苯	万吨	3.91	5.11
车轮	万吨	13.95	17.48
车轴	万吨	6.95	6.64
智能手机	万台	2732.88	2261.35
自来水生产量	亿立方米	4.38	4.00

8-3 规模以上工业主要产品生产能力

指 标	单 位	生产能力
原煤	吨	55700000
发电设备容量总计 / 发电量	万千瓦 / 万千瓦小时	675.4
卷烟	万支	1865000
移动通信手持机（手机）	台	29900000
焦炭	吨	14900000
水泥	吨	13800000
硅酸盐水泥熟料	吨	5742500
生铁	吨	10695000
粗钢	吨	14770000
钢材	吨	14678060.52
铁合金	吨	11450
金属切削机床	台	62
汽车	辆	2000

8-4 规模以上工业企业

分组	企业单位数（个）	亏损企业	工业总产值（当年价格）	年初存货	产成品
总 计	807	178	46541213.3	4811038.1	1669505.4
一、按登记注册类型分组：					
内资企业	779	175	35984192.4	4078034.8	1400960.8
国有企业	4	2	177573.8	21111.7	509.5
中央企业	1	1	160365.0	17976.6	0.0
地方企业	3	1	17208.8	3135.1	509.5
集体企业	7	1	40707.1	1282.6	335.5
股份合作企业	1		3716.8	373.7	0.0
有限责任公司	246	79	17043878.7	1692227.8	608149.3
国有独资公司	33	14	2142687.9	309868.9	107080.1
其他有限责任公司	213	65	14901190.8	1382358.9	501069.2
股份有限公司	20	3	12280809.1	1771191.1	596394.7
私营企业	501	90	6437506.9	591847.9	195571.8
私营独资企业	11	4	60833.1	6298.7	3281.4
私营合伙企业	2		9152.1	254.9	248.6
私营有限责任公司	441	82	5921885.4	473241.9	172063.3
私营股份有限公司	47	4	445636.3	112052.4	19978.5
港、澳、台商投资企业	8		8345578.6	569881.9	235077.5
合资经营企业（港或澳、台资）	4		8273962.9	558122.9	227432.2
港澳台商投资股份有限公司	1		51955.4	6282.5	3121.2
外商投资企业	20	3	2211442.3	163121.4	33467.1
中外合资经营企业	14	2	1258633.8	136222.4	25927.1
外资企业	6	1	952808.5	26899.0	7540.0
二、在总计中：亏损企业	178	178	6218887.5	1413132.5	502781.5
在总计中：国有控股企业	173	58	23134158.4	3136410.7	1103870.9
在总计中：轻工业	112	28	1994726.7	247435.8	99642.2
重工业	695	150	44546486.6	4563602.3	1569863.2
在总计中：大型企业	30	8	30984544.9	3030985.9	1019367.5
中型企业	79	17	6346357.5	907460.9	351051.0
纯小型企业	579	127	8282020.6	820741.2	271225.3
微型企业	119	26	928290.3	51850.1	27861.6
三、按行业分组					
煤炭开采和洗选业	69	14	4240487.1	410147.6	165574.1

主要经济指标（一）

单位：万元

资产总计	流动资产合计	应收账款	存货	产成品	长期股权投资	固定资产原价
76424185.4	37581858.6	10222667.4	5607000.1	1709083.6	8935399.4	35649798.3
66985446.5	29408091.3	8082453.9	5082257.6	1635541.4	8831267.2	33645526.7
441681.0	92902.4	31531.0	36786.5	1637.5		931094.3
406976.9	60460.3	11188.9	32362.8			924367.3
34704.1	32442.1	20342.1	4423.7	1637.5		6727.0
28725.3	24064.7	7893.4	1408.1	227.5		8273.6
4296.4	4045.5	3551.2	164.9	55.0		1864.0
43372463.2	16936372.9	3891997.9	2339053.5	737443.7	5559281.4	19060898.7
5245809.2	1974911.3	471572.8	318400.8	107040.5	449817.0	2235824.5
38126654.0	14961461.6	3420425.1	2020652.7	630403.2	5109464.4	16825074.2
14213111.9	5928261.2	991097.8	1906422.6	627514.1	2821383.0	11231017.4
8925168.7	6422444.6	3156382.6	798422.0	268663.6	450602.8	2412378.7
43572.7	34967.0	20116.6	9845.2	5410.8		14453.2
2217.5	2195.2	471.9	367.0	367.0		468.1
8062587.6	5845156.2	2882857.6	707210.5	240138.7	400685.2	2169374.9
816790.9	540126.2	252936.5	80999.3	22747.1	49917.6	228082.5
6886205.9	6378235.7	1769455.2	339190.9	32153.9	53848.6	626624.1
6687858.5	6308875.9	1758406.4	326642.0	26571.4	50000.0	481752.3
101440.3	26169.5	1460.7	8194.4	3378.5	3848.6	79814.6
2552533.0	1795531.6	370758.3	185551.6	41388.3	50283.6	1377647.5
1033535.9	754785.3	171360.3	166198.7	32942.7	31859.1	668929.0
1518997.1	1040746.3	199398.0	19352.9	8445.6	18424.5	708718.5
23984551.0	11083635.9	2898784.9	1491847.8	471890.2	2055005.6	11973688.1
50961469.4	19446540.7	3832506.0	3504234.5	1194308.8	8169218.5	28191380.9
2281987.6	1297045.3	231928.9	284308.6	116528.4	46311.9	1110592.0
74142197.8	36284813.3	9990738.5	5322691.5	1592555.2	8889087.5	34539206.3
52230030.7	23975899.2	4824538.6	3320451.9	884335.2	8263324.8	24763191.5
10863758.6	5664588.9	1723610.7	1121104.1	418667.5	312341.3	5114352.0
11683722.1	6938665.4	3051700.5	1074773.8	377482.5	307100.2	5029014.0
1646674.0	1002705.1	622817.6	90670.3	28598.4	52633.1	743240.8
17487856.9	7357293.2	1125922.5	419835.6	111054.8	3685576.9	6626650.7

8-4 续表 1-1

分 组	企业单位数（个）	亏损企业	工业总产值（当年价格）	年初存货	产成品
石油和天然气开采业	3	3	22885.6	2250.6	
黑色金属矿采选业	7	3	71749.8	5874.3	2438.6
非金属矿采选业	1		2117.0	1406.8	
开采专业及辅助性活动	1		32096.6	666.7	
农副食品加工业	11	5	174186.5	12657.3	1352.8
食品制造业	18	5	586067.7	41300.2	13805.7
酒、饮料和精制茶制造业	6		219797.6	19958.5	11380.1
烟草制品业	1		506865.5	56617.6	19882.0
纺织业	1		4611.8	959.5	959.5
纺织服装、服饰业	2		6985.8	4079.1	
木材加工和木、竹、藤、棕、草制品业	1	1	558.7	320.6	32.2
家具制造业	3		8625.6	2506.5	172.2
造纸和纸制品业	5	2	17101.6	2119.7	1034.4
印刷和记录媒介复制业	8	2	55886.5	8061.9	1253.4
石油、煤炭及其他燃料加工业	10	2	2977389.9	113166.2	6087.3
化学原料和化学制品制造业	31	5	740979.2	68686.4	37071.8
医药制造业	16	3	203404.8	40946.8	19952.3
化学纤维制造业	1		2584.9	429.8	34.9
橡胶和塑料制品业	17	5	143621.7	29706.5	19381.2
非金属矿物制品业	132	46	1373213.7	148991.6	44799.2
黑色金属冶炼和压延加工业	20	2	11857275.2	1001826.2	360828.6
有色金属冶炼和压延加工业	14	2	251497.9	40018.4	16084.7
金属制品业	62	7	1076401.4	82301.9	28076.1
通用设备制造业	52	5	522802.3	181440.9	47683.0
专用设备制造业	86	15	2054434.1	1182268.4	427895.1
汽车制造业	8	3	670029.1	16724.9	5186.9
铁路、船舶、航空航天和其他运输设备制造业	18	2	887635.5	270079.2	57875.6
电气机械和器材制造业	48	4	394115.3	109721.1	40055.2
计算机、通信和其他电子设备制造业	53	12	12324175.3	663358.7	257023.9
仪器仪表制造业	23	3	223082.9	48592.4	9148.7
废弃资源综合利用业	16	6	666700.9	3024.7	929.4
金属制品、机械和设备修理业	5	1	23154.0	2348.9	169.2
电力、热力生产和供应业	29	10	1431053.3	122828.3	16260.2
燃气生产和供应业	21	6	2602952.7	102200.8	57033.7
水的生产和供应业	8	4	164685.8	13449.1	43.4

单位：万元

资产总计	流动资产合计				长期股权投资	固定资产原价
		应收账款	存货			
				产成品		
249708.8	54018.3	34920.5	2970.6	1824.8		109168.5
100270.3	66234.0	1709.1	10734.7	3246.6		61331.8
13265.7	10721.2	7867.1	1131.5	922.0		6139.8
18253.5	15569.0	11588.4	317.9			3543.8
172997.6	76572.8	9046.7	24038.3	9483.9	2648.8	75901.5
565650.5	296798.0	57183.1	44819.7	14337.8	18276.0	312889.8
200373.7	111497.1	10107.0	20260.2	13117.8	200.0	124681.9
531906.9	365539.6	24627.6	63738.6	20925.1	100.0	264687.4
40660.2	2643.3	−1209.8	2742.5	2742.5		1082.5
6474.8	4759.3	−171.2	1275.2			1803.2
2779.9	2441.4	379.3	521.3	274.3	40.0	285.7
24335.8	10868.1	3422.5	2917.4	213.8		8547.9
14921.2	10111.0	5647.4	2074.3	1381.5		3765.1
120796.0	62270.0	9009.3	8437.5	1831.7	384.4	75034.2
3264615.4	1172412.3	106481.7	359194.0	40099.9	22605.3	2106187.4
2376425.4	553448.1	133629.6	86103.4	43508.4	35824.5	1438472.8
274640.9	152998.3	29328.5	46178.6	19100.2	7671.6	114934.2
2376.2	1563.7	77.2	1292.0	42.0		1144.4
207386.2	89876.4	47855.3	29460.7	15938.9	4965.0	170206.0
2436469.3	1536305.7	1032556.7	187684.3	74042.5	45519.1	974038.8
13475250.2	3227427.6	336739.3	1148871.3	417313.6	3755116.7	10583386.3
183621.6	116125.5	27082.9	43925.9	18268.0	1170.0	110870.0
520908.9	367104.3	125549.2	97273.0	39255.3	14953.8	172527.8
719533.2	503098.7	139136.5	177377.1	38775.3	29744.5	149874.4
5122204.2	3746979.5	994901.5	1215387.6	419991.7	431623.4	911689.6
769736.2	541352.3	441941.8	53015.7	7545.0	2819.5	169469.4
2255468.8	1401871.3	514781.6	287662.1	93644.5	108307.2	744569.7
1024652.6	778063.9	318067.7	135476.7	54476.1	7607.9	141551.7
11182455.6	10344382.5	3764498.3	748366.0	110713.2	96276.9	1141201.6
669873.7	402037.4	162648.6	53259.4	12140.5	120736.9	112043.3
278229.3	152087.1	5983.5	48937.7	40004.6	0.1	70176.8
17982.6	14444.8	7344.5	3244.4	207.2		7076.2
5830552.0	2090943.3	395271.9	170291.0	16638.0	68141.3	5660289.5
5510466.3	1755772.0	299723.1	105485.5	64400.3	448987.1	2600094.4
751085.0	186227.6	39018.5	2698.4	1621.8	26102.5	594480.2

8-4　规模以上工业企业

分　组	房屋和构筑物	机器设备	累计折旧	本年折旧	固定资产净额
总　计	10136319.8	17017089.8	15825387.8	1657166.4	19101946.6
一、按登记注册类型分组：					
内资企业	9833472.7	16066550.6	14719485.9	1526260.0	18293600.4
国有企业	194612.7	716631.8	580637.6	25643.9	345230.6
中央企业	193289.6	715361.9	575831.0	25477.8	343310.2
地方企业	1323.1	1269.9	4806.6	166.1	1920.4
集体企业	1619.2	6125.9	4942.1	551.9	2067.7
股份合作企业		1864.0	1613.2	57.5	250.8
有限责任公司	6097888.4	6630263.9	6637929.4	931969.6	11953634.5
国有独资公司	447915.6	307711.8	621906.3	119781.8	1485427.6
其他有限责任公司	5649972.8	6322552.1	6016023.1	812187.8	10468206.9
股份有限公司	2923718.7	7939480.3	6533666.1	423204.8	4628947.2
私营企业	615633.7	772184.7	960697.5	144832.3	1363469.6
私营独资企业	1492.3	5778.6	7373.0	723.9	7080.2
私营合伙企业	243.9	224.2	456.2	0.8	1.2
私营有限责任公司	500103.7	681630.9	873472.0	130338.6	1208049.6
私营股份有限公司	113793.8	84551.0	79396.3	13769.0	148338.6
港、澳、台商投资企业	152341.5	321737.7	346019.5	54447.0	278062.7
合资经营企业（港或澳、台资）	93916.1	241055.9	304069.5	46980.1	175142.8
港澳台商投资股份有限公司	53626.2	25416.8	27614.5	3889.6	52200.1
外商投资企业	150505.6	628801.5	759882.4	76459.4	530283.5
中外合资经营企业	51520.7	407993.3	383993.8	32807.0	197453.6
外资企业	98984.9	220808.2	375888.6	43652.4	332829.9
二、在总计中：亏损企业	3473157.2	4471374.3	4957373.2	541626.2	6797173.5
在总计中：国有控股企业	7854264.0	14214229.6	13258111.8	1171805.1	14550367.5
在总计中：轻工业	387846.2	419196.9	482580.9	63503.9	599939.7
重工业	9748473.6	16597892.9	15342806.9	1593662.5	18502006.9
在总计中：大型企业	7486648.2	12677762.1	11838753.3	1069988.6	12748810.2
中型企业	1475215.9	2087900.7	1909662.6	277860.8	2986760.5
纯小型企业	1062317.8	2043396.0	1936781.3	276154.5	2922564.3
微型企业	112137.9	208031.0	140190.6	33162.5	443811.6
三、按行业分组					
煤炭开采和洗选业	3172373.6	1879461.3	2978565.1	298714.2	3507904.5

主要经济指标（二）

单位：万元

在建工程	无形资产	土地使用权	负债合计	流动负债合计	应付账款	所有者权益合计
2684968.8	3557711.5	1502714.3	55020242.8	42488910.6	14943816.4	21403935.3
2571657.6	3477598.5	1445048.6	48490305.7	36273527.5	12216946.4	18495133.7
1029.5	670.0		433015.7	55460.4	110478.9	8665.3
1029.5	670.0		406976.9	33445.2	91494.0	
			26038.8	22015.2	18984.9	8665.3
886.3			23129.4	20573.4	12930.3	5595.7
			1225.1	1225.1	–134.1	3071.2
2077335.7	3094402.9	1277584.4	33970730.7	23691598.6	6584691.1	9401731.3
218988.7	83629.2	59266.7	3895264.7	2488844.1	461218.3	1350545.2
1858347.0	3010773.7	1218317.7	30075466.0	21202754.5	6123472.8	8051186.1
283309.7	122594.0	47353.0	7853558.7	6689568.4	2343925.2	6359553.2
209096.4	259931.6	120111.2	6208646.1	5815101.6	3165055.0	2716517.0
1391.6	106.0	106.0	38573.7	37985.8	9647.2	4999.1
			1742.4	1742.4	911.4	475.2
180414.5	233210.2	100661.0	5875503.5	5520330.5	3052516.7	2187078.1
27290.3	26615.4	19344.2	292826.5	255042.9	101979.7	523964.6
99036.4	37753.8	36022.8	5696321.0	5666438.9	2510557.4	1189884.6
91635.6	24813.5	24347.7	5604468.3	5604320.4	2495973.1	1083390.0
7333.7	12104.6	11675.1	40041.0	35723.7	7890.1	61399.3
14274.8	42359.2	21642.9	833616.1	548944.2	216312.6	1718917.0
10136.9	19297.8	17263.5	453625.1	286016.5	74681.0	579910.8
4137.9	23061.4	4379.4	379991.0	262927.7	141631.6	1139006.2
1137782.0	1354828.1	387111.7	21518232.9	15700155.1	4465183.3	2466316.8
2078609.4	2780519.8	1154271.7	37110355.6	26244016.9	7038863.1	13851114.3
140477.8	123442.6	100535.8	1019940.0	854234.4	275106.7	1262046.9
2544491.0	3434268.9	1402178.5	54000302.8	41634676.2	14668709.7	20141888.4
1448457.4	2464036.2	1090524.0	37860527.3	29662425.3	9098213.9	14369503.5
721818.5	595365.9	189643.2	7647169.5	5536664.1	2374900.3	3216588.9
484827.2	468258.8	202850.6	8478502.2	6467724.4	2982151.8	3205213.8
29865.7	30050.6	19696.5	1034043.8	822096.8	488550.4	612629.1
468499.0	1602952.3	253238.3	15303721.0	11302580.5	2883946.9	2184134.8

8-4 续表 2-1

分 组	房屋和构筑物	机器设备	累计折旧	本年折旧	固定资产净额
石油和天然气开采业	100054.7	7611.1	49998.1	6901.2	59170.4
黑色金属矿采选业	7664.1	6051.8	34469.9	2788.2	22495.4
非金属矿采选业			4674.9		1464.8
开采专业及辅助性活动			1569.4		
农副食品加工业	49518.3	22470.6	10066.9	2698.2	39468.3
食品制造业	112120.1	59846.1	117274.8	21932.5	195614.8
酒、饮料和精制茶制造业	14664.8	45797.7	80548.5	6244.9	43578.6
烟草制品业	101680.7	144525.0	128715.1	15518.9	135972.3
纺织业	1.0	1081.5	1000.0		82.5
纺织服装、服饰业	281.8	1015.4	802.0	40.8	1001.2
木材加工和木、竹、藤、棕、草制品业		237.3	58.9	35.6	226.8
家具制造业	5220.3	1904.8	4578.8	276.4	3269.2
造纸和纸制品业	947.3	1714.0	2302.5	302.2	1462.6
印刷和记录媒介复制业	11151.3	42386.6	45266.5	2710.9	29767.2
石油、煤炭及其他燃料加工业	791779.4	957410.8	332601.6	104684.2	1682031.4
化学原料和化学制品制造业	570181.6	804601.0	200302.3	63802.5	1205862.6
医药制造业	57798.3	43493.2	46598.6	6400.9	68335.4
化学纤维制造业		1144.4	361.3		783.0
橡胶和塑料制品业	68104.1	95447.7	68679.1	7230.3	101517.9
非金属矿物制品业	280837.2	457350.5	391651.6	64544.8	540806.8
黑色金属冶炼和压延加工业	2577568.8	7678643.1	6217696.1	346143.0	4274342.2
有色金属冶炼和压延加工业	36190.5	57340.3	39486.7	4807.6	56278.2
金属制品业	53995.2	101156.2	60086.3	10670.9	101013.6
通用设备制造业	64033.2	68985.3	63914.3	9798.7	85807.0
专用设备制造业	360758.8	438542.2	427922.1	78301.2	481926.9
汽车制造业	69802.9	92980.6	63765.6	13454.1	105211.6
铁路、船舶、航空航天和其他运输设备制造业	280034.9	374191.0	284892.4	31500.6	456811.8
电气机械和器材制造业	48343.1	51127.4	27103.5	7475.2	108376.7
计算机、通信和其他电子设备制造业	224586.6	649749.8	641901.9	110928.5	481954.4
仪器仪表制造业	64178.9	19759.7	31459.1	8000.6	80572.1
废弃资源综合利用业	29768.8	31477.7	21171.2	4758.3	48930.3
金属制品、机械和设备修理业	1387.0	4108.3	3670.4	256.1	2974.5
电力、热力生产和供应业	588826.8	2184181.8	2507603.9	277873.7	3111645.0
燃气生产和供应业	292229.1	589360.6	678960.2	124559.7	1811418.5
水的生产和供应业	100236.6	101935.0	255668.2	23811.5	253868.1

单位：万元

在建工程	无形资产		负债合计	流动负债合计		所有者权益合计
		土地使用权			应付账款	
62884.4	1746.9	1737.9	218109.1	214141.4	165192.8	31599.6
5586.5	5949.3		72557.2	67057.2	30336.5	27713.1
147.0	932.7		8972.3	8972.3	482.3	4293.4
710.0			16482.8	15358.7	12598.6	1770.7
6482.5	18447.9	17519.9	147051.1	75840.3	32645.9	25946.3
17848.9	23766.5	22731.8	239406.5	211924.5	55501.7	326244.0
37571.5	7954.8	7437.1	99048.9	84809.6	19815.4	101324.8
5634.2	20552.0	19979.7	129084.2	126559.3	73218.6	402822.7
22533.1	15401.3	6434.4	14329.4	14329.4	2136.0	26330.8
6.8	707.3	707.3	6227.6	5762.5	-221.2	247.2
3.9			1724.2	1724.2	223.1	1055.6
			9828.1	9448.1	1672.3	14507.6
636.6	2710.7	2066.4	11168.5	10779.5	5869.9	3752.4
23827.9	2718.5	1895.8	77453.1	65931.5	7041.9	43342.9
149669.3	188037.1	116659.5	2268291.5	1761242.1	838517.2	996324.0
482772.8	63549.2	48924.8	1966358.6	1600855.9	316953.9	410066.4
13798.3	19911.8	10758.0	126135.3	98131.1	30727.3	148505.6
29.4			1177.9	1177.9	43.8	1198.3
7404.7	3077.5	2884.6	165845.1	163051.9	119770.6	41540.7
191911.3	50323.9	45974.6	1892382.2	1747693.0	1060481.1	544084.4
322445.9	828838.6	560978.1	7316413.9	5309453.5	956556.7	6158836.1
5087.1	5005.8	2912.5	120460.3	117949.6	19941.8	63161.3
11580.1	20537.0	18062.9	272384.2	247584.3	59906.1	248525.7
60861.9	34126.7	24055.7	519123.7	457280.6	101795.7	200409.6
74678.9	113816.1	50623.5	3572295.6	2943053.7	953923.8	1549907.6
6636.9	47968.3	47930.0	676511.4	627414.7	430293.3	93224.8
43359.4	127165.3	104155.7	1086181.9	855365.7	395507.6	1169286.6
75719.1	41107.6	30865.8	645577.9	447729.3	247662.8	379074.3
24839.8	46739.9	32080.4	8476260.7	8398517.7	4709794.3	2706194.1
25173.7	24886.6	18193.2	306014.8	274265.5	82285.0	363859.0
22642.0	36478.5	4181.2	216714.0	221227.2	46527.7	61515.2
47.6	2.8		10381.0	9596.5	4803.4	7601.6
224256.2	83140.3	29168.5	4158638.5	2212050.0	873193.9	1671913.5
214963.6	37174.5	14063.7	4379314.0	2490386.5	248771.3	1131151.9
74718.5	81983.8	6493.0	488616.3	289664.9	155898.4	262468.7

8-4 规模以上工业企业

分 组	实收资本	国家资本	集体资本	法人资本	个人资本	港澳台资本	外商资本
总 计	11654565.5	3723816.4	100951.9	5829903.5	1191044.9	376496.7	429224.0
一、按登记注册类型分组：							
内资企业	10651214.3	3594503.6	99421.9	5772915.8	1181244.9		
国有企业	5394.3	2944.3		2450.0			
中央企业							
地方企业	5394.3	2944.3		2450.0			
集体企业	744.0		464.0	200.0	80.0		
股份合作企业	2000.0				2000.0		
有限责任公司	7952710.8	3341714.4	73440.8	4355644.9	179810.0		
国有独资公司	869384.5	604357.4		264627.0	400.0		
其他有限责任公司	7083326.3	2737357.0	73440.8	4091017.9	179410.0		
股份有限公司	1577734.3	245593.2		910524.1	421617.8		
私营企业	1112630.9	4251.7	25517.1	504096.8	577737.1		
私营独资企业	6446.6			2319.7	4126.9		
私营有限责任公司	80.0				80.0		
私营股份有限公司	894168.4	4251.7	25517.1	404042.5	459328.9		
港、澳、台商投资企业	211935.9			97734.6	114201.3		
合资经营企业（港或澳、台资）	397223.6	3000.0		19330.0	300.0	374593.6	
港澳台商投资股份有限公司	349961.5	3000.0		9700.0	300.0	336961.5	
外商投资企业	9630.0			9630.0			
中外合资经营企业	606127.6	126312.8	1530.0	37657.7	9500.0	1903.1	429224.0
外资企业	194635.0	53141.8	1530.0	25990.7	9500.0		104472.5
二、在总计中：亏损企业	411492.6	73171.0		11667.0		1903.1	324751.5
在总计中：国有控股企业	4260174.8	1320680.1	70561.1	2685572.4	154217.7	1903.1	26213.5
在总计中：轻工业	8314750.8	3607176.9	55574.2	4186803.0	438905.9		26291.4
重工业	458109.1	45588.2	16508.2	245034.4	97438.2		53539.9
在总计中：大型企业	11196456.4	3678228.2	84443.7	5584869.1	1093606.7	376496.7	375684.1
中型企业	6565327.1	2296649.4		3257401.7	400874.4	311961.5	298440.0
小型企业	2074833.1	748547.6	76431.3	1082552.5	128197.6		37004.0
纯小型企业	2549531.9	615494.8	12786.6	1203575.4	573405.8	50932.1	92310.0
微型企业	464873.4	63124.6	11734.0	286373.9	88567.1	13603.1	1470.0
三、按行业分组							
煤炭开采和洗选业	2787566.2	1060179.3	20457.6	1396604.1	303225.0	5000.0	

主要经济指标（三）

单位：万元

营业收入	主营业务收入	营业成本	税金及附加	销售费用	管理费用	研发费用	财务费用
51868105.8	50970183.1	45723165.7	714665.7	632397.0	1484244.9	830655.4	886855.6
40852990.1	40100374.9	35138825.9	692913.8	566421.1	1383844.6	803590.5	924489.2
174825.0	173400.9	261885.7	1510.0	1499.9	1365.8		29443.7
158833.3	157409.2	249017.0	1445.5				29140.1
15991.7	15991.7	12868.7	64.5	1499.9	1365.8		303.6
40327.7	40327.7	38887.3	159.9	145.1	1004.1	103.9	6.7
3716.8	3716.8	3070.8	16.0	85.3	221.1	253.9	14.3
20524163.4	19921805.5	17639042.0	497754.6	321127.5	926286.2	317349.6	725172.8
1975935.4	1945663.5	1726913.3	16681.1	82669.9	76055.0	38913.5	47055.8
18548228.0	17976142.0	15912128.7	481073.5	238457.6	850231.2	278436.1	678117.0
12240522.7	12177270.6	10329619.6	129392.4	45352.0	247869.5	383149.8	119926.5
7869434.5	7783853.4	6866320.5	64080.9	198211.3	207097.9	102733.3	49925.2
65425.9	65322.3	60384.6	200.0	2325.6	1561.1		1048.8
9173.6	9173.6	8973.4	8.1	31.9	71.2		0.2
7355638.8	7282291.0	6505944.7	60507.5	168096.2	177674.2	73461.7	43369.0
439196.2	427066.5	291017.8	3365.3	27757.6	27791.4	29271.6	5507.2
8660540.3	8646740.8	8469027.0	11595.3	2464.0	43477.3	8941.3	-27414.6
8548796.3	8537329.3	8377200.3	10811.6	2203.3	37534.7	7625.8	-28451.1
43251.8	43251.8	31994.8	650.0	251.3	4819.8	1315.5	477.6
2354575.4	2223067.4	2115312.8	10156.6	63511.9	56923.0	18123.6	-10219.0
1366921.3	1289879.6	1150845.6	4432.3	54984.6	34473.6	9227.5	3274.4
987654.1	933187.8	964467.2	5724.3	8527.3	22449.4	8896.1	-13493.4
8345580.0	8116370.8	8084548.5	143937.5	101355.9	505397.1	91544.9	553840.2
26367354.2	25783466.9	22606083.5	591726.8	269130.3	1033352.3	593528.3	814270.0
2000748.7	1973367.9	1308806.6	259294.6	132296.8	153407.5	23891.3	5686.4
49867357.1	48996815.2	44414359.1	455371.1	500100.2	1330837.4	806764.1	881169.2
35474816.0	34880787.5	31482603.7	325404.4	244525.4	821225.1	598058.5	664742.9
6212211.3	6117320.8	5055800.4	319218.2	164697.9	285972.0	92472.9	95728.6
9118845.6	9014899.7	8197375.7	66518.2	213447.4	344647.0	134598.2	116677.9
1062232.9	957175.1	987385.9	3524.9	9726.3	32400.8	5525.8	9706.2
7197969.3	6981471.2	5809745.5	280463.4	87920.0	479045.8	74061.4	326510.2

8–4 续表 3–1

分 组	实收资本	国家资本	集体资本	法人资本	个人资本	港澳台资本	外商资本
石油和天然气开采业	49200.0	25000.0		24200.0			
黑色金属矿采选业	5572.1			1800.0	3772.1		
非金属矿采选业	270.0			270.0			
开采专业及辅助性活动	400.0				400.0		
农副食品加工业	40899.7	4500.0	3667.0	5688.6	3044.1		24000.0
食品制造业	72385.9	3078.4	2637.2	47191.4	17478.9		2000.0
酒、饮料和精制茶制造业	57237.0	9930.2		21502.4	478.0		25326.4
烟草制品业	61319.6			61319.6			
纺织业	9000.0			9000.0			
纺织服装、服饰业	800.0			300.0	500.0		
木材加工和木、竹、藤、棕、草制品业	1000.0			1000.0			
家具制造业	1465.0				1465.0		
造纸和纸制品业	3259.2			540.0	2719.2		
印刷和记录媒介复制业	21385.9	11558.8		7731.6	2095.5		
石油、煤炭及其他燃料加工业	276100.0	20000.0		230000.0	6100.0		20000.0
化学原料和化学制品制造业	522645.2	2126.6	2306.7	461200.2	33866.1	20932.1	2213.5
医药制造业	87907.2	6677.0	10204.0	53078.6	17947.6		
化学纤维制造业	1045.0			1045.0			
橡胶和塑料制品业	68780.1	30000.0		19829.5	18950.4		
非金属矿物制品业	434416.3	85981.8	52600.0	161885.7	132921.3		
黑色金属冶炼和压延加工业	1502513.8	752467.9		530364.9	217777.8	1903.1	
有色金属冶炼和压延加工业	31640.8	10000.0	330.0	5585.3	15725.5		
金属制品业	186876.2	28717.2	1472.3	71209.9	55476.7		30000.0
通用设备制造业	117357.0	48410.0	334.0	32080.3	33365.8		3167.7
专用设备制造业	787355.7	134764.8	2030.0	525454.6	109601.3		15505.0
汽车制造业	148840.1	5165.7		134893.9	8780.5		
铁路、船舶、航空航天和其他运输设备制造业	611495.3	56526.6	200.0	534405.1	11792.2		8571.4
电气机械和器材制造业	261760.2	9650.0	350.0	177562.4	74197.8		
计算机、通信和其他电子设备制造业	1128895.9	37124.0	400.0	436842.4	44127.6	311961.5	298440.0
仪器仪表制造业	140191.7	14035.7	200.0	99443.2	26512.8		
废弃资源综合利用业	80785.3	120.0	207.0	32453.1	23005.2	25000.0	
金属制品、机械和设备修理业	6513.8			2604.0	3909.8		
电力、热力生产和供应业	1021056.4	766783.0		224225.4	18348.0	11700.0	
燃气生产和供应业	970126.9	493817.5	1737.5	472811.2	1760.7		
水的生产和供应业	156502.0	107201.9	1818.6	45781.1	1700.0		

单位：万元

营业收入	主营业务收入	营业成本	税金及附加	销售费用	管理费用	研发费用	财务费用
21983.3	20610.3	24603.9	200.1		2028.8		1222.2
71119.7	71119.7	46549.9	2505.5	1021.3	4320.2		-30.8
2851.1	2851.1	1784.1	207.2	0.0	811.7		-3.0
40549.7	40549.7	38210.1	18.9	561.6	759.0		-3.6
203903.3	203686.1	197710.5	732.4	3290.9	6075.2	26.4	2501.0
619323.6	605870.1	489905.8	2081.4	43938.9	33440.1	4961.3	4720.5
199199.0	196146.8	133319.7	14429.6	26277.2	8068.1	564.5	-542.7
500899.3	500564.4	159258.9	237888.7	7544.0	54802.7	94.3	-5746.2
2906.2	1937.0	2623.1	103.6		143.1		-0.2
7002.0	6594.0	4852.1	178.0	56.3	2019.2	26.4	0.1
356.3	356.3	211.2	0.7	0.9	287.7	34.5	0.0
8571.6	8571.6	6199.4	43.1	332.3	1103.3	492.7	49.2
17217.1	17093.9	16034.5	81.8	180.2	502.7		104.5
62941.5	60840.4	48091.5	900.3	3257.1	8756.9	355.5	1235.3
3124713.9	3017526.3	2471658.6	5885.8	66507.4	47360.6	13681.8	29798.1
772581.0	769043.4	692435.9	3680.7	19262.4	79479.2	17979.3	77374.1
163925.4	162729.3	70867.3	2024.2	38445.2	25482.6	10721.6	98.9
2584.9	2584.9	1975.6	1.3	199.6	90.5	201.6	14.0
133159.3	132400.8	117975.3	1246.9	2196.5	6102.4	2900.9	1010.1
1376527.9	1354637.2	1243167.9	6480.2	38943.3	61688.8	16973.8	19920.8
13326250.5	13133044.2	11471982.6	72112.3	27795.2	172043.3	367892.9	173961.4
256531.5	255161.0	238771.9	489.1	1077.9	6798.6	5149.5	4875.9
1091504.1	1079061.7	1041477.7	5783.7	8965.1	20077.1	8098.2	4105.1
495837.8	493636.2	406544.2	2786.5	17012.4	30141.0	21105.3	4544.4
2018891.7	1965281.4	1668980.2	11425.6	46808.1	100395.2	97618.1	68919.5
711186.0	708348.7	689210.2	1720.8	4248.3	23860.6	3315.2	1370.3
896605.0	879132.1	722560.1	6844.6	19823.6	44224.2	39133.2	14220.4
387706.7	381491.1	328351.4	1320.3	10839.1	19731.8	19012.8	821.1
12599960.6	12532228.7	12200717.7	21474.2	24803.6	83607.9	98882.0	-52396.2
266911.4	255511.6	183654.6	1915.2	14393.0	23482.2	15807.1	3944.4
964737.0	959394.5	969894.8	14075.6	5598.1	12528.3	301.9	1424.5
23418.6	22995.9	18695.1	166.7	796.1	3160.3	835.6	47.7
1450576.5	1391719.8	1657855.3	7980.7	2418.1	47596.6	5309.1	102072.5
2682276.5	2590996.1	2380947.7	5815.7	100205.5	53488.9	4943.2	88138.6
165426.5	164995.6	166341.4	1600.9	7677.8	20740.3	175.3	12573.5

8-4 规模以上工业企业

分 组	利息费用	利息收入	资产减值损失	其他收益	投资收益	公允价值变动收益
总 计	988311.5	176433.9	383960.0	237533.0	807260.5	-6710.7
一、按登记注册类型分组:						
内资企业	945583.8	108815.2	372508.3	206060.3	787037.4	-7015.1
国有企业	29291.5	16.3	-4.8	3525.3	195.5	
中央企业	28981.7	9.1		3524.9	124.8	
地方企业	309.8	7.2	-4.8	0.4	70.7	
集体企业	11.4	-2.1				
股份合作企业	13.9	0.3		14.2		
有限责任公司	755484.0	77144.9	144838.8	150076.4	662007.5	-7025.7
国有独资公司	46413.8	8493.6	9249.7	26499.3	2243.9	
其他有限责任公司	709070.2	68651.3	135589.1	123577.1	659763.6	-7025.7
股份有限公司	133421.6	31514.6	216109.0	22182.9	119695.2	10.6
私营企业	27361.4	141.2	11565.3	30261.5	5139.2	
私营独资企业	503.1	50.3		49.9		
私营有限责任公司	0.2					
私营股份有限公司	22430.0	-70.3	6748.3	25074.2	4812.4	
港、澳、台商投资企业	4428.1	161.2	4817.0	5137.4	326.8	
合资经营企业(港或澳、台资)	30519.5	48375.7	9568.0	531.1	3317.1	308.3
港澳台商投资股份有限公司	29225.0	48465.0	9560.8	6.6	3317.1	308.3
外商投资企业	591.1	116.4	7.2	524.2		
中外合资经营企业	12208.2	19243.0	1883.7	30941.6	16906.0	-3.9
外资企业	4998.1	685.4	1832.3	527.4	10785.9	-3.9
二、在总计中:亏损企业	7210.1	18557.6	51.4	30414.2	6120.1	
在总计中:国有控股企业	532278.5	31493.4	129931.9	85418.3	29690.2	-4.6
在总计中:轻工业	855786.8	102234.2	356825.2	155516.4	778193.4	92.0
重工业	10739.0	6137.4	9353.7	7460.7	888.6	-3.9
在总计中:大型企业	977572.5	170296.5	374606.3	230072.3	806371.9	-6706.8
中型企业	758186.6	139076.1	262300.0	130283.9	778050.0	-6706.1
小型企业	119313.5	30838.4	57227.2	29837.4	37950.5	0.0
纯小型企业	106633.4	6564.2	63199.9	76617.3	-10890.1	-4.6
微型企业	4178.0	-44.8	1232.9	794.4	2150.1	
三、按行业分组						
煤炭开采和洗选业	297722.4	15838.8	66057.2	8573.6	179619.8	10.6

主要经济指标（四）

单位：万元

资产处置收益	营业利润	营业外收入	营业外支出	利润总额	所得税费用	应付职工薪酬	应交增值税	平均用工人数（万人）
9686.1	2257898.0	148108.0	154878.5	2251153.1	377623.4	3602794.3	1092867.2	28.80
10878.0	1965085.2	145218.1	148587.9	1961741.1	340536.1	2949390.2	1043771.0	21.90
	−117154.7	1140.5	127.8	−116142.1	18.7	29947.2	−2770.6	0.20
	−117119.6	1082.6	109.0	−116146.0		28419.6	−3277.6	0.20
	−35.1	57.9	18.8	3.9	18.7	1527.6	507.0	
	20.3	958.9	41.1	938.1	100.5	1599.7	1590.8	
	69.6	50.0	1.0	118.6	2.3	343.0	133.4	
2554.3	757952.7	106645.6	124498.4	740128.8	175029.3	1802605.9	497544.6	13.3
−147.7	6022.1	11703.9	1973.4	15752.2	9557.2	149213.4	19684.8	1.4
2702.0	751930.6	94941.7	122525.0	724376.6	165472.1	1653392.5	477859.8	11.9
8645.2	919637.2	3712.7	10776.3	912573.6	89388.8	862883.0	336323.4	4.4
−321.5	404560.1	32710.4	13143.3	424124.1	75996.5	252011.4	210949.4	3.9
	−44.2	225.0	154.9	26.0	24.4	2720.8	1251.1	0.1
	89.6	0.8		89.6	4.6	225.6	42.9	
−324.4	349381.2	28329.7	11861.1	365847.7	69035.9	197257.2	191215.3	3.3
2.9	55133.5	4154.9	1127.3	58160.8	6931.6	51807.8	18440.1	0.6
50.9	147089.1	285.3	4717.5	142656.8	16406.4	509707.2	10920.5	5.7
44.5	135987.2	144.9	4492.7	131639.2	14526.9	504457.3	8632.4	5.6
	4259.8	36.4	223.6	4072.7	610.9	4085.8	1210.8	0.1
−1242.8	145723.7	2604.6	1573.1	146755.2	20680.9	143696.9	38175.7	1.3
	119400.4	1655.2	428.3	120627.3	16800.2	52470.5	22479.5	0.4
−1242.8	26323.3	949.4	1144.8	26127.9	3880.7	91226.4	15696.2	0.9
−6231.4	−1156879.3	62238.0	83492.6	−1178103.3	4824.0	1005225.8	268506.5	7.2
16970.6	1050986.4	80624.0	114497.8	1017112.2	200621.2	2397406.7	778805.6	14.2
144.5	116739.5	11978.0	8237.8	120479.8	29470.4	190000.0	79499.5	1.9
9541.6	2141158.5	136130.0	146640.7	2130673.3	348153.0	3412794.3	1013367.7	27.0
13301.9	1990886.3	67759.0	110726.9	1947918.1	248701.4	2718466.0	642878.1	19.5
93.0	208139.4	17562.6	27823.6	197878.7	68661.4	464250.4	144166.6	4.1
2191.8	49411.8	52373.9	14526.9	87255.3	56416.7	404693.6	284605.5	4.9
−5900.6	9460.5	10412.5	1801.1	18101.0	3843.9	15384.3	21217.0	0.3
13926.2	275194.3	38626.8	59649.5	254171.4	123516.2	1061010.3	387759.3	6.9

8-4 续表4-1

分 组	利息费用	利息收入	资产减值损失	其他收益	投资收益	公允价值变动收益
石油和天然气开采业	1241.8	19.3	−72.4	475.8		
黑色金属矿采选业		−29.7				
非金属矿采选业						
开采专业及辅助性活动	0.8	−4.4				
农副食品加工业	2982.7	528.9	36.7	22.9	49.3	−3.9
食品制造业	3940.3	−217.7	−166.6	3067.3	291.4	
酒、饮料和精制茶制造业	103.0	−133.2	280.1	594.7		
烟草制品业		5750.7	5315.0			
纺织业						
纺织服装、服饰业		−0.3				
木材加工和木、竹、藤、棕、草制品业						
家具制造业		2.3		1.0		
造纸和纸制品业	102.7	−0.1				
印刷和记录媒介复制业	405.4	36.5	22.2	398.1	36.2	
石油、煤炭及其他燃料加工业	30309.2	−123.7	2664.2	1179.7	−147.7	
化学原料和化学制品制造业	85374.4	11607.4	2388.5	2153.4	361.9	
医药制造业	709.4	149.1	897.1	2099.3	94.3	
化学纤维制造业	9.4	4.6				
橡胶和塑料制品业	825.8	65.4	3722.3	285.8		
非金属矿物制品业	16850.6	210.1	1376.4	3820.6	2953.2	
黑色金属冶炼和压延加工业	208041.2	29997.7	253196.5	9325.9	603424.8	81.4
有色金属冶炼和压延加工业	4758.1	87.2	2935.1	1244.4	33.1	
金属制品业	2983.6	−61.0	2245.1	2095.4	42.7	
通用设备制造业	4347.9	160.3	2324.3	253.8	779.3	
专用设备制造业	70555.3	17938.4	5734.8	21474.4	−11958.4	
汽车制造业	1392.4	7.9	173.9	20199.6	16.0	
铁路、船舶、航空航天和其他运输设备制造业	16435.3	1306.9	2890.0	6372.4	14438.3	
电气机械和器材制造业	1680.4	1142.2	4903.1	4297.3	1098.1	
计算机、通信和其他电子设备制造业	32892.8	75874.3	8526.2	25519.0	20365.0	−6798.1
仪器仪表制造业	4072.1	−383.3	15620.8	2956.7	2359.6	−0.7
废弃资源综合利用业	1411.3	12.3	427.5	508.2		
金属制品、机械和设备修理业	59.3	14.2	508.7	10.4		
电力、热力生产和供应业	99045.2	4733.6	−209.0	92804.9	4712.7	
燃气生产和供应业	92364.6	11543.9	2087.8	27636.0	−12750.5	
水的生产和供应业	7694.1	355.3	74.5	162.4	1441.4	

单位：万元

资产处置收益	营业利润	营业外收入	营业外支出	利润总额	所得税费用	应付职工薪酬	应交增值税	平均用工人数（万人）
	-5523.4	0.3	24.1	-5547.5		2450.7	820.8	
	16753.3	67.8	1410.1	15410.7	3809.3	2786.1	5969.1	0.1
	51.1	5.0	13.9	42.2	12.6	218.8	46.3	
	1003.7	79.8	10.0	1073.5	274.6	397.7	315.5	
	-6401.7	1040.5	80.0	-5442.4	9.5	11329.5	1537.5	0.1
-2.6	43798.0	1318.2	1814.2	43302.3	3916.4	38115.6	7226.5	0.6
12.4	17409.6	818.1	603.2	17624.6	4417.6	22599.8	7966.5	0.2
	41742.0	4011.5	4175.9	41577.7	18305.3	62377.5	46708.1	0.1
	36.6		0.7	35.9		612.7	5.6	
	-130.0	232.8	5.1	97.8	0.4	1426.4	541.1	
	-178.6	39.3		-139.4		94.6	1.7	
	352.6	73.7	17.2	409.1	6.3	812.5	125.7	
	313.4	42.2	0.1	355.4	26.8	500.4	186.5	
	756.6	512.1	207.7	1061.6	237.6	12611.8	1484.5	0.2
-5659.9	482500.4	295.2	11377.1	471418.5	60855.7	40976.3	-9979.7	0.5
6.4	-117247.7	1246.8	12887.5	-128858.9	3894.5	52703.8	14649.0	0.6
	17582.1	1490.7	1119.0	17953.9	2210.1	16436.9	8795.2	0.2
	102.2	24.7	2.2	124.6	0.3	50.2		
132.4	-1577.7	459.1	821.1	-1940.1	29.0	11449.6	1613.6	0.2
-570.2	-5710.3	5281.5	3054.7	-3482.2	4612.2	87343.5	30057.9	1.3
-5.3	1400092.2	3777.7	27337.0	1376532.9	69366.6	583392.8	267786.5	2.7
241.3	-2048.3	1045.5	199.9	-1202.6	-250.1	9973.7	-1873.2	0.1
0.2	2897.2	19654.0	668.3	21881.8	2818.3	40593.3	38051.5	0.7
4.5	12415.8	2099.1	357.6	14157.6	1262.2	50922.8	16154.4	0.6
243.1	28854.1	4030.9	3146.6	29737.4	4147.0	224891.6	58334.4	1.7
-222.6	7279.3	767.2	426.0	7620.3	45.3	17601.8	2523.9	0.2
-0.8	67612.1	17033.6	507.5	84137.9	12392.5	110312.2	27795.9	0.7
1644.7	9766.8	1530.5	339.1	10958.2	1572.6	22877.3	6044.9	0.3
-1182.3	252248.1	4431.1	7940.7	248738.4	26472.7	779858.3	18840.4	8.4
1091.9	14501.5	2259.4	243.2	16517.6	1666.8	32072.0	7465.6	0.3
	-39005.9	15014.1	106.3	-24098.1	2484.3	6702.4	112416.9	0.1
	-781.1	68.7	7.2	-720.2	30.7	3541.0	1176.3	
-8.5	-275218.6	8812.5	15616.6	-282023.2	8498.7	144640.9	13746.8	0.8
35.2	60611.4	2999.5	540.3	63070.3	21003.2	100575.1	15599.4	0.8
	-42153.1	8918.1	168.9	-33403.9	-21.8	48534.4	2972.8	0.4

8-4 规模以上工业企业

分 组	期末用工人数（万人）	从业人员期末人数（万人）	从业人员平均人数（万人）	亏损企业亏损总额	利税总额	应交税金及附加
总 计	26.60	26.30	28.50	1178103.30	4058686.00	2185156.30
一、按登记注册类型分组：						
内资企业	21.70	21.40	21.60	1175184.20	3698425.90	2077220.90
国有企业	0.20	0.20	0.20	116259.90	–117402.70	–1241.90
中央企业	0.20	0.20	0.20	116146.00	–117978.10	–1832.10
地方企业				113.90	575.40	590.20
集体企业				52.00	2688.80	1851.20
股份合作企业					268.00	151.70
有限责任公司	13.2	13.0	13.2	1009935.5	1735428.0	1170328.5
国有独资公司	1.5	1.5	1.4	36579.2	52118.1	45923.1
其他有限责任公司	11.7	11.5	11.7	973356.3	1683309.9	1124405.4
股份有限公司	4.3	4.1	4.2	14777.9	1378289.4	555104.6
私营企业	3.9	4.0	4.0	34158.9	699154.4	351026.8
私营独资企业			0.1	221.7	1477.1	1475.5
私营有限责任公司					140.6	55.6
私营股份有限公司	3.3	3.4	3.4	30569.7	617570.5	320758.7
港、澳、台商投资企业	0.6	0.6	0.6	3367.5	79966.2	28737.0
合资经营企业（港或澳、台资）	3.7	3.7	5.7		165172.6	38922.2
港澳台商投资股份有限公司	3.6	3.6	5.6		151083.2	33970.9
外商投资企业	0.1	0.1	0.1		5933.5	2471.7
中外合资经营企业	1.2	1.2	1.2	2919.1	195087.5	69013.2
外资企业	0.3	0.3	0.3	2823.7	147539.1	43712.0
二、在总计中：亏损企业	0.9	0.9	0.9	95.4	47548.4	25301.2
在总计中：国有控股企业	7.2	7.1	7.1	1178103.3	–765659.3	417268.0
在总计中：轻工业	14.3	13.9	13.9	1101558.6	2387644.6	1571153.6
重工业	1.8	1.9	1.9	16275.9	459273.9	368264.5
在总计中：大型企业	24.7	24.4	26.7	1161827.4	3599412.1	1816891.8
中型企业	17.2	16.9	19.2	668358.5	2916200.6	1216983.9
小型企业	4.3	4.3	4.1	194643.0	661263.5	532046.2
纯小型企业	4.8	4.8	4.9	290049.2	438379.0	407540.4
微型企业	0.2	0.2	0.3	25052.6	42842.9	28585.8
三、按行业分组						
煤炭开采和洗选业	7.0	6.8	6.7	397090.4	922394.1	791738.9

主要经济指标（五）

单位：万元

营业收入利润率（%）	资产负债率（%）	总资产贡献率（%）	人均营业收入（元/人）	流动资产周转率（次/年）	每百元资产实现的营业收入（元）	产成品存货周转天数（天）	应收账款平均回收期（天）	成本费用利润率（%）
4.30	72.00	6.40	1798022.90	1.40	67.90	13.50	71.00	4.50
4.80	72.40	6.80	1865842.30	1.40	61.00	16.80	71.20	5.10
-66.40	98.00	-20.00	873688.20	1.90	39.60	2.30	64.90	-39.50
-73.10	100.00	-21.90	915993.70	2.60	39.00	0.00	25.40	-41.80
	75.00	2.50	598940.10	0.50	46.10	45.80	457.90	0.00
2.30	80.50	9.40	1237046.00	1.70	140.40	2.10	70.50	2.30
3.20	28.50	6.60	688296.30	0.90	86.50	6.40	344.00	3.30
3.6	78.3	5.6	1537782.2	1.2	47.3	15.1	68.3	3.7
0.8	74.3	1.7	1381966.3	1.0	37.7	22.3	85.9	0.8
3.9	78.9	6.1	1556477.2	1.2	48.6	14.3	66.4	4.0
7.5	55.3	10.4	2805528.9	2.1	86.1	21.9	29.1	8.2
5.4	69.6	8.1	1993523.6	1.2	88.2	14.1	144.4	5.7
	88.5	4.4	973599.7	1.9	150.2	32.3	110.7	
1.0	78.6	6.3	1951829.8	4.2	413.7	14.7	18.5	1.0
5.0	72.9	7.9	2216421.7	1.3	91.2	13.3	141.1	5.2
13.2	35.9	10.3	788644.6	0.8	53.8	28.1	207.3	15.3
1.6	82.7	2.1	1519446.3	1.4	125.8	1.4	73.6	1.7
1.5	83.8	2.0	1523768.1	1.4	127.8	1.1	74.0	1.6
9.4	39.5	6.3	563174.5	1.7	42.6	38.0	12.2	10.5
6.2	32.7	7.4	1880200.8	1.3	92.2	7.0	56.7	6.5
8.8	43.9	14.7	3819282.8	1.8	132.3	10.3	45.1	9.6
2.6	25.0	2.4	1104264.4	0.9	65.0	3.2	72.7	2.6
-14.1	89.7	-1.1	1155129.6	0.8	34.8	21.0	125.0	-12.6
3.9	72.8	6.2	1858989.8	1.4	51.7	19.0	52.3	4.0
6.0	44.7	20.3	1068376.5	1.5	87.7	32.1	41.7	7.4
4.3	72.8	5.9	1848678.3	1.4	67.3	12.9	72.1	4.4
5.5	72.5	6.8	1819062.7	1.5	67.9	10.1	49.0	5.8
3.2	70.4	6.9	1513254.2	1.1	57.2	29.8	99.9	3.5
1.0	72.6	4.6	1845322.5	1.3	78.0	16.6	120.5	1.0
1.7	62.8	2.9	3554996.3	1.1	64.5	10.4	211.1	1.7
3.5	87.5	6.9	1046322.9	1.0	41.2	6.9	56.3	3.8

8–4 续表 5–1

分 组	期末用工人数（万人）	从业人员期末人数（万人）	从业人员平均人数（万人）	亏损企业亏损总额	利税总额	应交税金及附加
石油和天然气开采业				5547.5	–4526.6	1020.9
黑色金属矿采选业	0.1		0.1	984.0	23885.3	12283.9
非金属矿采选业					295.7	266.1
开采专业及辅助性活动					1407.9	609.0
农副食品加工业	0.1	0.1	0.1	5808.0	–3172.5	2279.4
食品制造业	0.6	0.6	0.6	4064.7	52610.2	13224.3
酒、饮料和精制茶制造业	0.2	0.2	0.2		40020.7	26813.7
烟草制品业	0.1	0.1	0.1		326174.5	302902.1
纺织业					145.1	109.2
纺织服装、服饰业					816.9	719.5
木材加工和木、竹、藤、棕、草制品业				139.4	–137.0	2.4
家具制造业					577.9	175.1
造纸和纸制品业				76.5	623.7	295.1
印刷和记录媒介复制业	0.2	0.2	0.2	344.4	3446.4	2622.4
石油、煤炭及其他燃料加工业	0.5	0.5	0.5	6526.3	467324.6	56761.8
化学原料和化学制品制造业	0.6	0.6	0.6	158441.2	–110529.2	22224.2
医药制造业	0.2	0.2	0.2	1435.8	28773.3	13029.5
化学纤维制造业					125.9	1.6
橡胶和塑料制品业	0.2	0.2	0.2	2382.2	920.4	2889.5
非金属矿物制品业	1.3	1.3	1.3	33432.8	33055.9	41150.3
黑色金属冶炼和压延加工业	2.6	2.6	2.7	47782.0	1716431.7	409265.4
有色金属冶炼和压延加工业	0.1	0.1	0.1	3911.3	–2586.7	–1634.2
金属制品业	0.6	0.6	0.6	2121.5	65717.0	46653.5
通用设备制造业	0.6	0.6	0.6	3297.6	33098.5	20203.1
专用设备制造业	1.7	1.7	1.7	21886.9	99497.4	73907.0
汽车制造业	0.3	0.3	0.2	15845.8	11865.0	4290.0
铁路、船舶、航空航天和其他运输设备制造业	0.7	0.7	0.6	8038.3	118778.4	47033.0
电气机械和器材制造业	0.3	0.3	0.3	4700.4	18323.4	8937.8
计算机、通信和其他电子设备制造业	6.1	6.1	8.4	2726.9	289053.0	66787.3
仪器仪表制造业	0.3	0.3	0.3	11143.7	25898.4	11047.6
废弃资源综合利用业	0.1	0.1	0.1	34487.9	102394.4	128976.8
金属制品、机械和设备修理业				1324.3	622.8	1373.7
电力、热力生产和供应业	0.8	0.8	0.8	345640.0	–260295.7	30226.2
燃气生产和供应业	0.8	0.8	0.8	23493.2	84485.4	42418.3
水的生产和供应业	0.4	0.4	0.4	35430.3	–28830.2	4551.9

单位：万元

营业收入利润率（%）	资产负债率（%）	总资产贡献率（%）	人均营业收入（元/人）	流动资产周转率（次/年）	每百元资产实现的营业收入（元）	产成品存货周转天数（天）	应收账款平均回收期（天）	成本费用利润率（%）
-25.2	87.3	-1.3	964179.8	0.4	8.8	26.7	571.9	-19.9
21.7	72.4	23.9	1317031.5	1.1	70.9	25.1	8.7	29.7
1.5	67.6	2.2	559039.2	0.3	21.5	186.0	993.4	1.6
2.6	90.3	7.7	7798019.2	2.6	222.1	0.0	102.9	2.7
-2.7	85.0	-0.4	1686545.1	2.7	117.9	17.3	16.0	-2.6
7.0	42.3	10.0	1054347.3	2.1	109.5	10.5	33.2	7.5
8.8	49.4	20.1	930401.7	1.8	99.4	35.4	18.3	10.5
8.3	24.3	60.2	5547057.6	1.4	94.2	47.3	17.7	19.3
1.2	35.2	0.4	201819.4	1.1	7.1	376.4	-149.9	1.3
1.4	96.2	12.6	295443.0	1.5	108.1	0.0	-8.8	1.4
-39.1	62.0	-4.9	122862.1	0.1	12.8	467.6	383.2	-26.1
4.8	40.4	2.4	422246.3	0.8	35.2	12.4	143.7	5.0
2.1	74.8	4.9	1238640.3	1.7	115.4	31.0	118.1	2.1
1.7	64.1	3.2	343005.4	1.0	52.1	13.7	51.5	1.7
15.1	69.5	15.2	6196141.0	2.7	95.7	5.8	12.3	17.9
-16.7	82.7	-1.5	1320877.1	1.4	32.5	22.6	62.3	-14.5
11.0	45.9	10.7	700535.9	1.1	59.7	97.0	64.4	12.3
4.8	49.6	5.5	516980.0	1.7	108.8	7.7	10.8	5.0
-1.5	80.0	0.8	687096.5	1.5	64.2	48.6	129.4	-1.5
-0.3	77.7	2.0	1049422.8	0.9	56.5	21.4	270.0	-0.3
10.3	54.3	14.1	5015336.5	4.1	98.9	13.1	9.1	11.3
-0.5	65.6	1.1	1869763.1	2.2	139.7	27.5	38.0	-0.5
2.0	52.3	13.2	1674342.8	3.0	209.5	13.6	41.4	2.0
2.9	72.1	5.2	805585.4	1.0	68.9	34.3	101.0	3.0
1.5	69.7	3.0	1213422.1	0.5	39.4	90.6	177.4	1.5
1.1	87.9	1.7	3383377.7	1.3	92.4	3.9	223.7	1.1
9.4	48.2	5.9	1278672.3	0.6	39.8	46.7	206.7	10.0
2.8	63.0	1.8	1375334.2	0.5	37.8	59.7	295.3	2.9
2.0	75.8	2.2	1492674.1	1.2	112.7	3.3	107.6	2.0
6.2	45.7	4.5	948512.4	0.7	39.8	23.8	219.4	6.8
-2.5	77.9	37.3	10208857.1	6.3	346.7	14.8	2.2	-2.4
-3.1	57.7	3.7	799269.6	1.6	130.2	4.0	112.9	-3.1
-19.4	71.3	-2.8	1746209.8	0.7	24.9	3.6	98.1	-15.5
2.4	79.5	3	3285895.5	1.5	48.7	9.7	40.2	2.4
-20.2	65.1	-2.9	454968.4	0.9	22	3.5	84.9	-16.1

8-5　国有控股工业企业

行　业	企业单位数（个）	亏损企业	工业总产值（当年价格）	年初存货	产成品
总　计	173	58	23134158.4	3136410.7	1103870.9
煤炭开采和洗选业	18	9	2852679.7	262574.1	131232.9
石油和天然气开采业	2	2	18440.6	136.7	
食品制造业	4	2	13928.9	303.1	20.5
酒、饮料和精制茶制造业	2		102429.0	5783.6	1105.7
烟草制品业	1		506865.5	56617.6	19882.0
纺织服装、服饰业	1		2826.2		
印刷和记录媒介复制业	4		34412.0	4331.8	715.2
石油、煤炭及其他燃料加工业	1		138560.2	2195.1	340.6
化学原料和化学制品制造业	4	1	392535.0	35221.6	19780.9
医药制造业	2		15843.0	849.6	395.7
橡胶和塑料制品业	1	1	67003.7	12700.4	8096.4
非金属矿物制品业	16	7	277881.4	56615.7	22728.6
黑色金属冶炼和压延加工业	5	1	10823921.5	878636.8	283745.1
有色金属冶炼和压延加工业	2	1	147192.6	25304.4	7364.5
金属制品业	4		14787.4	8606.8	6062.3
通用设备制造业	9	2	328003.1	162730.5	38443.4
专用设备制造业	21	6	1662205.3	1065633.5	399692.5
汽车制造业	2	1	29014.3	7350.2	1114.5
铁路、船舶、航空航天和其他运输设备制造业	10	2	813037.4	251699.4	54796.8
电气机械和器材制造业	5	2	176984.6	73969.5	27039.2
计算机、通信和其他电子设备制造业	6		438113.5	27704.7	3879.5
仪器仪表制造业	7	2	112879.1	29334.0	4527.0
废弃资源综合利用业	3	2	227069.9	79.0	36.7
电力、热力生产和供应业	20	9	1225454.2	54234.0	15837.2
燃气生产和供应业	19	6	2581647.3	100845.2	57033.7
水的生产和供应业	4	2	130443.0	12953.4	

主要经济指标（一）

单位：万元

资产总计	流动资产合计	应收账款	存货	产成品	长期股权投资	固定资产原价
50961469.4	19446540.7	3832506.0	3504234.5	1194308.8	8169218.5	28191380.9
14232979.2	5577347.4	977070.1	174695.1	75038.4	3338135.0	5415142.3
163630.2	40678.1	33796.2	1959.9	1824.8		109151.8
13931.7	12015.9	4207.6	396.3	18.7	7.6	4067.8
97531.9	41890.9	4482.6	4930.5	1551.2	110.0	28713.8
531906.9	365539.6	24627.6	63738.6	20925.1	100.0	264687.4
4364.4	3607.7					1208.5
106633.5	54054.9	7173.8	4768.9	707.2	384.4	63928.1
77498.0	19491.9	100.3	2613.2	374.3		251182.0
2056807.5	335758.8	39754.3	45087.7	27093.6	17941.7	1337882.9
22692.2	16114.8	2824.8	658.5	304.1		8768.0
119446.2	24409.9	11221.7	9474.6	5326.6		151137.1
581909.3	205514.5	90123.5	57995.6	29465.2	1715.3	372398.9
12904698.2	2912677.2	237225.2	995672.6	335582.4	3714003.6	10140581.2
105660.3	61144.3	12578.0	28253.9	7432.1		76824.5
73676.2	45327.2	8131.3	11095.8	6566.9	92.0	34736.3
504346.0	340405.3	74095.2	153196.1	31500.6	22821.0	97454.5
4555700.0	3337199.5	819839.7	1130306.5	391757.9	417850.7	723326.6
28108.9	20781.9	8619.2	8018.7	4006.8	2786.4	11289.9
2127836.3	1298885.2	487545.7	262722.6	87682.6	97319.7	712507.8
707582.0	516837.2	175886.7	96329.5	40773.4	2920.0	91857.4
630833.7	471519.2	85368.0	242075.5	39942.1	14252.0	119722.1
339415.7	173897.9	61985.3	28829.7	5896.4	71188.3	51216.6
113361.8	66875.6	14708.0	1821.8	300.9		395.8
4893307.6	1680069.1	318524.2	74864.0	15837.2	24094.8	5055341.5
5371655.9	1667175.8	299498.8	103985.8	64400.3	417393.5	2586646.7
595955.8	157320.9	33118.2	743.1		26102.5	481211.4

8-5 国有控股工业企业

行 业	房屋和构筑物	机器设备	累计折旧	本年折旧	固定资产净额
总 计	**7854264.0**	**14214229.6**	**13258111.8**	**1171805.1**	**14550367.5**
煤炭开采和洗选业	2761143.3	1646449.3	2598110.4	204329.7	2735841.0
石油和天然气开采业	100054.7	7611.1	49994.9	6898.0	59156.9
食品制造业	102.5	3040.1	2216.0	523.0	1851.8
酒、饮料和精制茶制造业	5861.6	20497.0	17319.2	1582.4	11393.8
烟草制品业	101680.7	144525.0	128715.1	15518.9	135972.3
纺织服装、服饰业	77.5	910.9	458.7	11.4	749.8
印刷和记录媒介复制业	11067.8	32015.2	39873.7	1948.6	24054.2
石油、煤炭及其他燃料加工业	9911.4	240404.5	194545.8	13322.9	56636.2
化学原料和化学制品制造业	560447.8	772364.4	158349.6	56166.2	1160119.2
医药制造业	5957.7	2005.5	5004.5	233.0	3763.4
橡胶和塑料制品业	63882.0	86125.9	58868.1	5649.7	92267.8
非金属矿物制品业	168681.6	162977.7	97496.8	15781.6	266208.7
黑色金属冶炼和压延加工业	2379279.2	7499149.9	5983314.8	323078.1	4068338.9
有色金属冶炼和压延加工业	25727.8	49098.3	20796.4	3486.6	40923.4
金属制品业	17882.7	13956.2	8584.2	1036.8	16789.8
通用设备制造业	46991.1	45624.8	36969.2	6071.8	60485.1
专用设备制造业	290176.6	355369.4	332009.1	68760.5	390354.1
汽车制造业	2850.1	8439.8	7006.2	1548.3	3834.1
铁路、船舶、航空航天和其他运输设备制造业	276794.2	360656.2	264371.9	29315.5	445329.9
电气机械和器材制造业	37972.0	31619.1	13925.0	3989.7	71975.8
计算机、通信和其他电子设备制造业	59868.7	42959.9	21720.8	15567.5	98001.3
仪器仪表制造业	26062.7	13869.1	7021.3	3349.7	44195.3
废弃资源综合利用业		275.4	58.5	42.5	262.2
电力、热力生产和供应业	527244.5	1989661.7	2293367.1	247024.8	2720934.6
燃气生产和供应业	289935.1	588008.3	675719.3	124019.5	1802011.7
水的生产和供应业	84610.7	96614.9	242295.2	22548.4	238916.2

主要经济指标（二）

单位：万元

在建工程	无形资产		负债合计	流动负债合计		所有者权益合计
		土地使用权			应付账款	
2078609.4	**2780519.8**	**1154271.7**	**37110355.6**	**26244016.9**	**7038863.1**	**13851114.3**
409940.6	1324605.5	229706.3	13438949.1	9514169.2	2539670.0	794029.9
59997.0	1744.6	1737.9	159928.1	157068.1	109693.0	3702.0
6.1	3.4		8653.1	8169.5	2818.1	5278.6
37459.5	7437.1	7437.1	53090.7	38911.7	11079.6	44441.2
5634.2	20552.0	19979.7	129084.2	126559.3	73218.6	402822.7
6.8			4816.2	4351.1	50.9	–451.8
23827.9	2718.5	1895.8	68270.7	56989.3	2259.0	38362.9
1223.2			7827.4	7827.4	2662.4	69670.6
469312.0	53686.5	46089.6	1811451.1	1468294.3	242267.4	245356.3
	1418.5	1405.3	3131.3	2117.6	550.6	19560.9
214.9	1108.5	915.6	117680.2	117022.1	105827.0	1766.0
61214.5	21916.6	21795.9	400772.2	280602.8	133768.1	181137.1
316294.9	828775.9	560936.1	6760346.8	5134200.4	930465.0	6144351.4
111.9	1612.7	1611.4	65546.7	63990.8	5286.5	40113.7
2771.8	8572.6	8572.6	21438.0	21438.0	4595.2	52238.3
46294.8	29436.5	22897.7	377707.2	328979.6	55686.9	126639.0
56091.5	88360.5	31581.1	3251665.3	2660184.7	851692.0	1304035.0
	589.6	557.3	20667.0	20052.8	9448.0	7441.9
43314.2	126248.1	103823.7	1026368.6	803769.9	375582.1	1101467.5
71794.9	35165.6	25136.1	498078.0	304213.0	166177.5	209504.0
11770.8	17687.4	16729.9	502070.8	434443.3	176375.1	128762.8
23320.7	18091.8	14469.1	153173.4	135896.2	37782.9	186242.6
	32254.0		137521.3	137521.3	20221.2	–24159.4
159460.0	62420.3	19249.5	3457547.2	1781196.4	793241.2	1435760.8
206972.3	36938.7	13854.5	4265588.8	2376809.2	242663.3	1106066.7
71574.9	59174.9	3889.5	368982.2	259238.9	145781.5	226973.6

8-5 国有控股工业企业

行 业	实收资本	国家资本	集体资本	法人资本	个人资本	港澳台资本	外商资本
总 计	8314750.8	3607176.9	55574.2	4186803.0	438905.9		26291.4
煤炭开采和洗选业	2449926.6	1059858.4		1199073.1	190995.1		
石油和天然气开采业	25000.0	25000.0					
食品制造业	4098.9	3078.4		1000.0	20.5		
酒、饮料和精制茶制造业	23800.0	3800.0		20000.0			
烟草制品业	61319.6			61319.6			
纺织服装、服饰业	300.0			300.0			
印刷和记录媒介复制业	16785.9	11558.8		5131.6	95.5		
石油、煤炭及其他燃料加工业	40000.0	20000.0					20000.0
化学原料和化学制品制造业	442466.6		2306.7	435652.4	4507.5		
医药制造业	18055.0	6677.0		11378.0			
橡胶和塑料制品业	30000.0	30000.0					
非金属矿物制品业	174609.1	83481.8	50000.0	37272.9	3854.3		
黑色金属冶炼和压延加工业	1425092.7	752467.9		463629.4	208995.3		
有色金属冶炼和压延加工业	13064.3	10000.0		3064.3			
金属制品业	43817.2	8717.2		35100.0			
通用设备制造业	65001.4	48410.0		15914.6	677.6		
专用设备制造业	616107.8	134229.8	1530.0	467003.9	11874.1		1470.0
汽车制造业	6290.8	5165.7		454.6	670.5		
铁路、船舶、航空航天和其他运输设备制造业	563015.0	56526.6		501667.0			4821.4
电气机械和器材制造业	150277.7	9250.0		140140.0	887.7		
计算机、通信和其他电子设备制造业	88874.0	37124.0		51350.0	400.0		
仪器仪表制造业	78067.0	13124.9		63515.0	1427.1		
废弃资源综合利用业	11900.0			6500.0	5400.0		
电力、热力生产和供应业	881552.4	690687.0		183525.4	7340.0		
燃气生产和供应业	957126.9	490817.5	1737.5	462811.2	1760.7		
水的生产和供应业	128201.9	107201.9		21000.0			

主要经济指标（三）

单位：万元

营业收入	主营业务收入	营业成本	税金及附加	销售费用	管理费用	研发费用	财务费用
26367354.2	**25783466.9**	**22606083.5**	**591726.8**	**269130.3**	**1033352.3**	**593528.3**	**814270.0**
4438417.7	4244534.9	3561349.0	221885.6	22162.6	424246.0	72437.8	311370.4
17503.2	16974.7	19636.6	140.8		2001.3		968.3
14004.8	13777.1	10624.4	94.0	1580.0	2204.6	98.6	−7.0
79214.6	77490.1	50366.7	12089.7	79.3	4477.8	532.3	−139.2
500899.3	500564.4	159258.9	237888.7	7544.0	54802.7	94.3	−5746.2
2842.4	2434.4	869.7	167.8		1957.2		0.4
41300.2	39307.5	29289.7	842.7	2872.4	6524.1		1122.4
138560.2	138347.5	98331.1	969.2	159.1	3349.9		−90.1
415870.7	414329.7	399871.7	2592.7	3898.1	68159.9	4974.0	74413.1
15023.4	15023.4	948.7	276.4	7622.5	4272.1	1025.1	−176.1
71141.2	70798.2	65794.6	1006.3	532.7	3360.9	1173.7	−131.0
281962.9	278130.3	257573.0	1855.3	4561.3	19685.9	5099.7	8870.1
12249866.6	12073180.0	10505335.3	70123.7	21402.2	161707.1	324300.4	147949.3
144911.7	144461.3	131429.4	237.4	596.7	4004.5	4053.2	3158.5
14484.5	13100.5	10114.7	270.6	391.9	2651.3	890.0	69.0
296347.7	295326.6	241701.7	1623.4	9745.7	20053.8	15203.4	3364.1
1626018.4	1580479.4	1365694.8	9024.1	36597.4	71585.8	78127.7	63664.4
23175.4	22787.2	19851.7	137.7	1351.8	2719.6	975.5	326.3
836692.6	819242.7	680993.4	6492.1	18266.1	37969.4	35520.9	13922.8
146526.6	144875.4	130822.8	507.7	2756.3	7732.4	8258.6	−820.1
378444.0	370242.7	315870.7	1299.1	12015.0	10606.2	26094.8	899.1
120114.3	119718.8	90243.8	1011.7	4541.8	10608.7	5382.4	2352.4
480818.5	480815.4	503635.1	7717.6	2709.4	807.6	162.2	1417.0
1243072.4	1207188.7	1456634.5	6390.0	793.3	37024.6	4180.5	91456.1
2659079.5	2569690.7	2363899.4	5771.2	99272.9	51900.1	4943.2	88115.2
131061.4	130645.3	135942.1	1311.3	7677.8	18938.8		7940.8

8-5 国有控股工业企业

行 业	利息费用	利息收入	资产减值损失	其他收益
总 计	**855786.8**	**102234.2**	**356825.2**	**155516.4**
煤炭开采和洗选业	294429.0	15709.0	66275.0	7706.5
石油和天然气开采业	991.8	24.1	-72.4	376.5
食品制造业	7.0	2.6	-7.4	97.2
酒、饮料和精制茶制造业	103.0	245.4	0.8	247.7
烟草制品业		5750.7	5315.0	
纺织服装、服饰业				
印刷和记录媒介复制业	364.8	43.6	22.2	398.1
石油、煤炭及其他燃料加工业		101.1		147.9
化学原料和化学制品制造业	84203.0	11877.0	806.3	1171.9
医药制造业	30.1	207.2	67.3	
橡胶和塑料制品业		1.6	885.0	202.0
非金属矿物制品业	8974.0	210.8	659.5	1559.4
黑色金属冶炼和压延加工业	182113.0	29704.6	253182.4	8785.5
有色金属冶炼和压延加工业	3185.9	28.9	2935.1	425.5
金属制品业	51.9	0.7	12.7	25.6
通用设备制造业	3548.9	302.6	2272.9	208.8
专用设备制造业	67974.4	17931.1	5644.1	20315.8
汽车制造业	277.7	2.8	173.9	145.7
铁路、船舶、航空航天和其他运输设备制造业	15658.6	1424.9	1619.5	6347.3
电气机械和器材制造业	337.4	1137.0	5281.4	3075.3
计算机、通信和其他电子设备制造业	2575.1	1290.9	8102.9	10440.7
仪器仪表制造业	2121.1	60.9	1482.7	1313.4
废弃资源综合利用业	1406.6	5.2	90.5	193.7
电力、热力生产和供应业	88231.6	4288.6	90.0	64620.2
燃气生产和供应业	92319.8	11518.0	1908.3	27629.4
水的生产和供应业	6882.1	364.9	77.5	82.3

主要经济指标（四）

单位：万元

投资收益	公允价值变动收益	资产处置收益	营业利润	营业外收入	营业外支出	利润总额	所得税费用	应付职工薪酬	应交增值税
778193.4	**92.0**	**16970.6**	**1050986.4**	**80624.0**	**114497.8**	**1017112.2**	**200621.2**	**2397406.7**	**778805.6**
179338.8	10.6	13963.2	−41389.4	36169.8	50912.0	−56131.8	56342.8	1016851.2	277231.8
			−4794.8	0.3	7.9	−4802.7		2160.3	820.8
−16.9			−502.0	94.8	43.8	−451.0	59.7	5235.6	812.7
		12.4	12067.3	461.7	540.9	11988.0	3004.4	7684.0	3074.2
			41742.0	4011.5	4175.9	41577.7	18305.3	62377.5	46708.1
			−152.7	232.8		80.1		1224.0	450.6
36.2			1060.8	361.4	146.5	1276.3	233.8	10358.5	1227.2
			35988.9	15.5	19.7	35984.6	8954.2	4188.3	6859.3
−19.5			−137682.1	184.4	12366.2	−149864.0	166.4	37152.0	6968.9
			987.4	108.6	19.8	1076.1	0.9	1612.2	1789.6
		−1.3	−1280.4	127.2	713.5	−1866.6		7926.1	
460.7		10.8	−14194.9	725.1	126.4	−13596.1	481.1	26794.7	4439.0
603418.0	81.4	−5.3	1378145.7	3050.0	25703.4	1355492.4	69250.3	559853.0	256793.1
			−1077.6	2.1	90.0	−1165.5	−296.3	5337.4	−3554.8
			117.6	657.0	95.1	679.4	15.5	2843.2	542.1
118.7		4.4	2714.7	795.8	35.3	3475.4	86.4	30618.9	8994.4
−11641.6		245.7	4687.2	1980.9	2518.0	4150.0	1143.6	182417.9	43203.4
			−2215.8	6.7	61.3	−2270.4	48.4	4740.6	897.4
14438.3		−0.8	62586.7	16460.1	291.7	78754.8	11816.0	99501.8	23040.0
1065.7		1644.7	−2227.1	73.2	208.6	−2362.4	899.9	10555.2	856.4
−339.9		−4.1	13653.1	239.4	19.2	13873.4	1885.5	24853.2	3989.6
1801.2		1074.2	8679.2	165.1	180.8	8663.5	1258.7	14713.0	3068.4
			−35527.2	2117.9	22.3	−33431.6	3.4	959.5	61702.1
1182.8		−8.5	−287982.1	1381.8	15500.8	−302101.4	6407.0	132019.1	11150.8
−13090.5		35.2	56885.0	2990.5	537.2	59338.1	20576.0	99336.8	15039.4
1441.4			−39303.1	8210.4	161.5	−31254.1	−21.8	46092.7	2701.1

8–5　国有控股工业企业

行　业	平均用工人数（万人）	期末用工人数（万人）	从业人员期末人数（万人）	从业人员平均人数（万人）	亏损企业亏损总额	利税总额
总　计	**14.2**	**14.3**	**13.9**	**13.9**	**1101558.6**	**2387644.6**
煤炭开采和洗选业	6.1	6.2	5.9	5.8	394504.0	442985.6
石油和天然气开采业					4802.7	–3841.1
食品制造业	0.1	0.1	0.1	0.1	702.1	455.7
酒、饮料和精制茶制造业	0.1	0.1	0.1	0.1		27151.9
烟草制品业	0.1	0.1	0.1	0.1		326174.5
纺织服装、服饰业						698.5
印刷和记录媒介复制业	0.2	0.2	0.2	0.2		3346.2
石油、煤炭及其他燃料加工业						43813.1
化学原料和化学制品制造业	0.4	0.4	0.4	0.4	156190.2	–140302.4
医药制造业						3142.1
橡胶和塑料制品业	0.1	0.1	0.1	0.1	1866.6	–860.3
非金属矿物制品业	0.3	0.3	0.3	0.3	16888.2	–7301.8
黑色金属冶炼和压延加工业	2.3	2.2	2.2	2.3	47686.6	1682409.2
有色金属冶炼和压延加工业					2304.9	–4482.9
金属制品业	0.1	0.1	0.1	0.1		1492.1
通用设备制造业	0.3	0.3	0.3	0.3	2886.6	14093.2
专用设备制造业	1.2	1.2	1.2	1.2	18167.7	56377.5
汽车制造业	0.1	0.1	0.1	0.1	3667.5	–1235.3
铁路、船舶、航空航天和其他运输设备制造业	0.6	0.6	0.5	0.5	8038.3	108286.9
电气机械和器材制造业	0.1	0.1	0.1	0.1	4599.9	–998.3
计算机、通信和其他电子设备制造业	0.2	0.2	0.3	0.2		19162.1
仪器仪表制造业	0.1	0.1	0.1	0.1	3630.1	12743.6
废弃资源综合利用业					33445.3	35988.1
电力、热力生产和供应业	0.7	0.7	0.7	0.7	345599.4	–284560.6
燃气生产和供应业	0.8	0.8	0.8	0.8	23493.2	80148.7
水的生产和供应业	0.3	0.3	0.3	0.3	33085.3	–27241.7

主要经济指标（五）

单位：万元

应交税金及附加	营业收入利润率（%）	资产负债率（%）	总资产贡献率（%）	人均营业收入（元/人）	流动资产周转率（次/年）	每百元资产实现的营业收入（元）	产成品存货周转天数（天）	应收账款平均回收期（天）	成本费用利润率（%）
1571153.6	**3.9**	**72.8**	**6.2**	**1858989.8**	**1.4**	**51.7**	**19.0**	**52.3**	**4.0**
555460.2	-1.3	94.4	5.1	733453.0	0.8	31.2	7.6	79.3	-1.3
961.6	-27.4	97.7	-1.8	931021.3	0.4	10.7	33.5	695.1	-21.2
966.4	-3.2	62.1	3.3	162657.4	1.2	100.5	0.6	108.2	-3.1
18168.3	15.1	54.4	27.7	955544.0	1.9	81.2	11.1	20.4	21.7
302902.1	8.3	24.3	60.2	5547057.6	1.4	94.2	47.3	17.7	19.3
618.4	2.8	110.4	16.0	168189.3	0.8	65.1			2.8
2303.7	3.1	64.0	3.4	270466.3	0.8	38.7	8.7	62.5	3.2
16782.7	26.0	10.1	56.4	5520326.7	7.1	178.8	1.4	0.3	35.4
9728.0	-36.0	88.1	-3.3	1075156.9	1.2	20.2	24.4	34.4	-27.2
2066.9	7.2	13.8	13.1	667706.7	0.9	66.2	115.4	67.7	7.9
1006.3	-2.6	98.5	-0.7	557532.9	2.9	59.6	29.1	56.8	-2.6
6775.4	-4.8	68.9	0.3	1066829.0	1.4	48.5	41.2	115.1	-4.6
396167.1	11.1	52.4	14.2	5372512.9	4.2	94.9	11.5	7.0	12.1
-3613.7	-0.8	62.0	-1.3	2904042.1	2.4	137.1	20.4	31.2	-0.8
828.2	4.7	29.1	2.1	263834.2	0.3	19.7	233.7	202.1	4.8
10704.2	1.2	74.9	3.4	861225.5	0.9	58.8	46.9	90.0	1.2
53371.1	0.3	71.4	2.3	1384081.0	0.5	35.7	103.3	181.5	0.3
1083.5	-9.8	73.5	-3.4	438928.0	1.1	82.4	72.7	133.9	-9.0
41348.1	9.4	48.2	5.8	1438604.9	0.6	39.3	46.4	209.8	10.0
2264.0	-1.6	70.4	-0.3	1265342.0	0.3	20.7	112.2	432.1	-1.6
7174.2	3.7	79.6	3.2	1670834.4	0.8	60.0	45.5	81.2	3.8
5338.8	7.2	45.1	4.4	1067682.7	0.7	35.4	23.5	185.8	7.7
69423.1	-7.0	121.3	33.0	35096240.9	7.2	424.1	0.2	11.0	-6.6
23947.8	-24.3	70.7	-4.1	1720753.6	0.7	25.4	3.9	92.2	-19.0
41386.6	2.2	79.4	3.0	3308547.3	1.6	49.5	9.8	40.5	2.3
3990.6	-23.8	61.9	-3.5	402646.4	0.8	22.0		91.0	-18.3

8-6　集体工业企业

行　业	企业单位数（个）	亏损企业	工业总产值（当年价格）	年初存货	产成品
总　计	7	1	40707.1	1282.6	335.5
煤炭开采和洗选业	1		18306.1	65.9	65.9
化学原料和化学制品制造业	1		2505.6	288.9	269.6
有色金属冶炼和压延加工业	2		17558.0	67.9	
金属制品业	1				
通用设备制造业	2	1	2337.4	859.9	

8-6　集体工业企业

行　业	累计折旧	本年折旧	固定资产净额	在建工程	无形资产	土地使用权	负债合计
总　计	4942.1	551.9	2067.7	886.3			23129.4
煤炭开采和洗选业	75.8	75.8	313.1	840.0			5274.8
化学原料和化学制品制造业	869.7	203.0					2493.7
有色金属冶炼和压延加工业	1124.3	65.6	512.8	46.3			12242.7
金属制品业							
通用设备制造业	2872.3	207.5	1241.8				3118.2

主要经济指标（一）

单位：万元

资产总计	流动资产合计	应收账款	存货	产成品	长期股权投资	固定资产原价	房屋和构筑物	机器设备
28725.3	24064.7	7893.4	1408.1	227.5		8273.6	1619.2	6125.9
5701.4	4201.9	348.6				388.9		388.9
2886.2	1622.5	79.0	231.5	227.5		2133.4	1397.9	735.5
16830.3	16271.1	6365.1	417.9			1637.1	221.3	887.3
3307.4	1969.2	1100.7	758.7			4114.2		4114.2

主要经济指标（二）

单位：万元

流动负债合计	应付账款	所有者权益合计	实收资本	国家资本	集体资本	法人资本	个人资本	港澳台资本	外商资本	营业收入
20573.4	12930.3	5595.7	744.0		464.0	200.0	80.0			40327.7
5274.8	1455.1	426.5	200.0			200.0				18306.1
2463.7	–225.8	392.4	80.0				80.0			2505.6
12242.7	11458.3	4587.6	330.0		330.0					17178.6
592.2	242.7	189.2	134.0		134.0					2337.4

8-6 集体工业企业

行 业	主营业务收入	营业成本	税金及附加	销售费用	管理费用	研发费用	财务费用	利息费用
总 计	40327.7	38887.3	159.9	145.1	1004.1	103.9	6.7	11.4
煤炭开采和洗选业	18306.1	17822.5	18.6		159.4		-8.5	
化学原料和化学制品制造业	2505.6	2198.5	16.5	122.6	22.1		-1.9	
有色金属冶炼和压延加工业	17178.6	16901.4	97.1		549.2		-4.1	
金属制品业								
通用设备制造业	2337.4	1964.9	27.7	22.5	273.4	103.9	21.2	11.4

8-6 集体工业企业

行 业	应付职工薪酬	应交增值税	平均用工人数（万人）	期末用工人数（万人）	从业人员期末人数（万人）	从业人员平均人数（万人）	亏损企业亏损总额	利税总额
总 计	1599.7	1590.8					52.0	2688.8
煤炭开采和洗选业	201.3	254.1						586.6
化学原料和化学制品制造业	337.6	325.6						568.1
有色金属冶炼和压延加工业	594.1	809.7						1357.0
金属制品业								
通用设备制造业	466.7	201.4					52.0	177.1

主要经济指标（三）

单位：万元

利息收入	资产减值损失	其他收益	投资收益	公允价值变动收益	资产处置收益	营业利润	营业外收入	营业外支出	利润总额	所得税费用
-2.1						20.3	958.9	41.1	938.1	100.5
-8.5						313.9			313.9	75.9
2.3						147.6	80.6	2.2	226.0	5.0
4.1						-364.9	854.0	38.9	450.2	19.6
						-76.3	24.3		-52.0	

主要经济指标（四）

单位：万元

应交税金及附加	营业收入利润率（%）	资产负债率（%）	总资产贡献率（%）	人均营业收入（元/人）	流动资产周转率（次/年）	每百元资产实现的营业收入（元）	产成品存货周转天数（天）	应收账款平均回收期（天）	成本费用利润率（%）
1851.2	2.3	80.5	9.4	1237046.0	1.7	140.4	2.1	70.5	2.3
348.6	1.7	92.5	10.4	5384147.1	4.4	321.1		6.9	1.7
347.1	9.0	86.4	19.6	659368.4	1.5	86.8	37.3	11.4	9.7
926.4	2.6	72.7	8.0	1137655.6	1.1	102.1		133.4	2.6
229.1	-2.2	94.3	5.7	226932.0	1.2	70.7		169.5	-2.2

8-7 私营工业企业

行 业	企业单位数（个）	亏损企业	工业总产值（当年价格）	年初存货	产成品
总 计	**501**	**90**	**6437506.9**	**591847.9**	**195571.8**
煤炭开采和洗选业	45	4	1178080.6	122270.5	22029.2
黑色金属矿采选业	7	3	71749.8	5874.3	2438.6
非金属矿采选业	1		2117.0	1406.8	
开采专业及辅助性活动	1		32096.6	666.7	
农副食品加工业	7	1	51997.5	3473.3	1303.8
食品制造业	6	1	120761.3	8651.9	2815.5
酒、饮料和精制茶制造业	1		8555.1	1418.4	1375.9
纺织服装、服饰业	1		4159.6	4079.1	
家具制造业	3		8625.6	2506.5	172.2
造纸和纸制品业	5	2	17101.6	2119.7	1034.4
印刷和记录媒介复制业	3	1	19034.0	3398.8	332.4
石油、煤炭及其他燃料加工业	3	1	41818.8	3423.6	2376.1
化学原料和化学制品制造业	20	2	284073.3	23152.3	10880.7
医药制造业	8	2	106113.4	16147.3	7029.9
化学纤维制造业	1		2584.9	429.8	34.9
橡胶和塑料制品业	13	3	64985.1	12692.2	9121.8
非金属矿物制品业	107	37	869259.3	74877.1	15845.7
黑色金属冶炼和压延加工业	12		182600.8	47760.3	29882.3
有色金属冶炼和压延加工业	9	1	84461.5	13486.5	8140.4
金属制品业	45	5	230525.0	39423.6	16517.5
通用设备制造业	35	2	141904.8	14077.9	6835.4
专用设备制造业	53	8	318667.4	88022.1	17304.5
汽车制造业	5	1	641014.8	9374.7	4072.4
铁路、船舶、航空航天和其他运输设备制造业	4		52174.6	9672.2	2289.9
电气机械和器材制造业	36	2	171885.5	22019.4	10834.7
计算机、通信和其他电子设备制造业	38	10	1256122.6	40388.6	17829.4
仪器仪表制造业	14		90481.4	15545.8	4504.9
废弃资源综合利用业	9	3	308408.7	1683.2	220.3
金属制品、机械和设备修理业	5	1	23154	2348.9	169.2
电力、热力生产和供应业	4		52992.3	1456.4	179.8

主要经济指标（一）

单位：万元

资产总计	流动资产合计	应收账款	存货	产成品	长期股权投资	固定资产原价	房屋和构筑物
8925168.7	6422444.6	3156382.6	798422.0	268663.6	450602.8	2412378.7	615633.7
2613311.8	1535402.4	133413.9	213966.5	32241.3	317660.1	891609.1	246613.0
100270.3	66234.0	1709.1	10734.7	3246.6		61331.8	7664.1
13265.7	10721.2	7867.1	1131.5	922.0		6139.8	
18253.5	15569.0	11588.4	317.9			3543.8	
24323.0	18738.0	3170.4	4390.6	2664.8	285.0	4617.4	1800.9
165606.2	85169.6	16462.6	9246.2	1985.5	3133.8	89830.0	56000.7
10855.4	9715.1	15.1	2466.3	2356.5		1801.4	1181.3
2110.4	1151.6	−171.2	1275.2			594.7	204.3
24335.8	10868.1	3422.5	2917.4	213.8		8547.9	5220.3
14921.2	10111.0	5647.4	2074.3	1381.5		3765.1	947.3
12876.2	7112.5	1589.8	3366.8	941.7		10421.6	
14832.5	10007.7	2584.7	1403.7	627.0		9522.7	2701.1
210156.0	150965.2	68855.7	26367.1	11178.5	10382.8	45711.1	2627.4
135414.8	63760.2	14649.5	19023.7	8393.8	2481.2	57233.0	29565.0
2376.2	1563.7	77.2	1292.0	42.0		1144.4	
60619.7	50863.2	28049.9	15930.5	9206.0	2025.0	11807.5	1486.3
1524091.7	1197457.1	904666.8	90063.6	22662.8	18420.9	488666.9	67962.3
90940.3	81022.7	14425.6	53542.2	29279.0	40.0	28975.5	60.0
55894.7	36501.6	7756.9	13644.2	10031.0	1170.0	28792.0	8522.4
220742.6	171491.3	80976.2	50415.1	20363.3	12774.3	51136.6	7019.4
178096.9	133988.8	55179.9	19893.8	5124.2	6731.1	35928.3	11847.7
441489.1	329115.2	145532.8	51090.7	18742.0	13715.7	125886.9	52474.8
667973.1	514247.1	433322.6	44997.0	3538.2	33.1	73352.0	26868.6
100129.6	79461.6	19255.0	18258.3	4484.8	10987.5	24857.5	3240.7
210288.6	179510.5	112935.4	22259.0	9494.4	4544.4	28652.3	1475.4
1289274.6	1228359.9	1015525.8	46890.6	24506.2	16545.5	39421.6	8608.7
211132.2	157238.8	67954.5	21988.2	6146.4	11740.9	44089.3	34658.6
86143.3	55069.7	−24779.1	44216	38141.3		16000.8	739.4
17982.6	14444.8	7344.5	3244.4	207.2		7076.2	1387
407460.7	196583	17353.6	2014.5	541.8	17931.5	211921.5	34757

8-7 私营工业企业

行业	机器设备	累计折旧	本年折旧	固定资产净额	在建工程
总 计	**772184.7**	**960697.5**	**144832.3**	**1363469.6**	**209096.4**
煤炭开采和洗选业	161452.6	280200.1	45340.5	552418.8	15830.5
黑色金属矿采选业	6051.8	34469.9	2788.2	22495.4	5586.5
非金属矿采选业		4674.9		1464.8	147.0
开采专业及辅助性活动		1569.4			710.0
农副食品加工业	2607.8	711.5	355.1	3905.9	60.6
食品制造业	27759.7	29264.7	4549.3	60565.2	5607.1
酒、饮料和精制茶制造业	443.7	693.1	129.7	1108.3	
纺织服装、服饰业	104.5	343.3	29.4	251.4	
家具制造业	1904.8	4578.8	276.4	3269.2	
造纸和纸制品业	1714.0	2302.5	302.2	1462.6	636.6
印刷和记录媒介复制业	9984.0	4892.0	621.9	5529.4	
石油、煤炭及其他燃料加工业	3864.8	7016.1	913.4	2506.6	
化学原料和化学制品制造业	4487.2	19049.1	5127.3	26322.0	12179.7
医药制造业	25395.4	14810.4	3508.9	42422.5	8900.7
化学纤维制造业	1144.4	361.3		783.0	29.4
橡胶和塑料制品业	5696.4	6749.4	1182.2	5050.4	2165.9
非金属矿物制品业	241151.4	237007.2	37767.0	237592.9	25085.6
黑色金属冶炼和压延加工业	999.2	19583.5	642.5	6971.5	468.3
有色金属冶炼和压延加工业	5457.3	16972.0	1014.7	11819.6	3209.9
金属制品业	33168.6	23179.3	3969.1	26011.1	5181.0
通用设备制造业	15647.9	17256.9	2724.9	18518.7	14566.1
专用设备制造业	40887.8	67338.0	6373.9	57757.2	14836.9
汽车制造业	39797.6	24677.2	6197.6	48674.8	6636.9
铁路、船舶、航空航天和其他运输设备制造业	7834.6	16263.3	1363.5	8594.1	42.6
电气机械和器材制造业	8355.7	8471.3	1357.9	20146.2	3194.5
计算机、通信和其他电子设备制造业	12417.4	14942.7	2728.4	22503.5	7206.1
仪器仪表制造业	4435.6	10730.6	1747.4	33346.7	1566.3
废弃资源综合利用业	7364.2	2402.7	1957.5	13597.9	11229.4
金属制品、机械和设备修理业	4108.3	3670.4	256.1	2974.5	47.6
电力、热力生产和供应业	97948	86515.9	11607.3	125405.4	63971.2

主要经济指标（二）

单位：万元

无形资产	土地使用权	负债合计	流动负债合计	应付账款	所有者权益合计	实收资本	国家资本
259931.6	120111.2	6208646.1	5815101.6	3165055.0	2716517.0	1112630.9	4251.7
129023.1	23246.0	1477011.5	1405275.7	345305.8	1136299.7	223079.6	320.9
5949.3		72557.2	67057.2	30336.5	27713.1	5572.1	
932.7		8972.3	8972.3	482.3	4293.4	270.0	
		16482.8	15358.7	12598.6	1770.7	400.0	
543.0		18511.3	16717.4	5495.2	5811.6	4932.7	
6168.5	5693.3	77476.7	65620.1	15552.4	88129.5	21617.0	
		7822.8	7822.8	4120.2	3032.6	1502.4	
707.3	707.3	1411.4	1411.4	−272.1	699.0	500.0	
		9828.1	9448.1	1672.3	14507.6	1465.0	
2710.7	2066.4	11168.5	10779.5	5869.9	3752.4	3259.2	
		8375.4	8176.3	4643.6	4500.7	4100.0	
1302.2	1302.2	10669.2	10669.2	3529.4	4163.4	6100.0	
9007.4	2003.3	114783.7	111977.7	68139.3	95372.0	46836.4	
6642.1	5033.7	68018.1	46937.3	15323.9	67396.8	22151.2	
		1177.9	1177.9	43.8	1198.3	1045.0	
1427.3	1427.3	30443.2	29292.9	7468.5	30176.1	29731.0	
18926.3	15733.2	1267712.6	1243561.6	862358.6	256376.9	178645.5	2500.0
8.3		66329.1	66232.1	13365.9	24611.0	14660.2	
3393.1	1301.1	41329.0	40394.2	3004.4	14565.5	15146.5	
2703.2	2677.1	134341.4	127754.7	38078.5	86401.9	59729.2	
3548.9	43.8	121112.1	110522.6	37136.2	56984.7	45621.9	
21258.3	18222.9	250742.1	225317.8	81949.0	190746.7	117244.1	
32762.8	32756.8	654192.5	605710.0	420845.3	13780.5	10170.0	
775.7	332.0	45615.6	38115.2	13699.3	54514.0	38230.0	
1328.1	1214.6	102938.9	101987.2	58058.6	107349.3	82212.6	400.0
2388.5	182.8	1136275.0	1129375.9	1028674.1	152999.0	61539.5	
4184.5	2117.4	74728.5	67327.8	17939.8	136403.4	40417.8	910.8
2066.6	2049.6	57879.4	62731.5	14231.4	28263.8	26930.2	120
2.8		10381	9596.5	4803.4	7601.6	6513.8	
2170.9	2000.4	310358.8	169780	50600.9	97101.8	43008	

8-7 私营工业企业

行 业	集体资本	法人资本	个人资本	港澳台资本	外商资本	营业收入
总 计	**25517.1**	**504096.8**	**577737.1**			**7869434.5**
煤炭开采和洗选业	20457.6	152331.0	49969.9			2499640.1
黑色金属矿采选业		1800.0	3772.1			71119.7
非金属矿采选业		270.0				2851.1
开采专业及辅助性活动			400.0			40549.7
农副食品加工业		3388.6	1544.1			49319.3
食品制造业	2637.2	10881.4	8098.4			103846.1
酒、饮料和精制茶制造业		1502.4				7579.8
纺织服装、服饰业			500.0			4159.6
家具制造业			1465.0			8571.6
造纸和纸制品业		540.0	2719.2			17217.1
印刷和记录媒介复制业		2100.0	2000.0			18860.8
石油、煤炭及其他燃料加工业			6100.0			51182.0
化学原料和化学制品制造业		19599.8	27236.6			291012.5
医药制造业		10203.6	11947.6			80270.8
化学纤维制造业		1045.0				2584.9
橡胶和塑料制品业		12058.4	17672.5			50274.4
非金属矿物制品业		84207.3	90910.8			865799.4
黑色金属冶炼和压延加工业		7847.5	6812.7			184647.9
有色金属冶炼和压延加工业		2521.0	12625.5			92421.0
金属制品业	1472.3	12585.0	45671.8			243661.3
通用设备制造业		13933.7	31688.2			143666.5
专用设备制造业		32020.0	85224.1			319241.0
汽车制造业		2060.0	8110.0			687984.8
铁路、船舶、航空航天和其他运输设备制造业	200.0	27903.6	10126.4			38418.6
电气机械和器材制造业	350.0	20405.7	61056.9			187326.9
计算机、通信和其他电子设备制造业	400.0	23712.5	37426.6			1264517.2
仪器仪表制造业		14421.3	25085.7			113461.9
废弃资源综合利用业		12155	14655.2			349262.7
金属制品、机械和设备修理业		2604	3909.8			23418.6
电力、热力生产和供应业		32000	11008			56567.2

主要经济指标（三）

单位：万元

主营业务收入	营业成本	税金及附加	销售费用	管理费用	研发费用	财务费用	利息费用
7783853.4	**6866320.5**	**64080.9**	**198211.3**	**207097.9**	**102733.3**	**49925.2**	**27361.4**
2479242.0	2095399.9	40296.3	64885.2	31475.4	1623.6	13829.0	1969.3
71119.7	46549.9	2505.5	1021.3	4320.2		-30.8	
2851.1	1784.1	207.2		811.7		-3.0	
40549.7	38210.1	18.9	561.6	759.0		-3.6	0.8
49219.2	46160.2	26.8	1239.0	1939.8	26.4	353.5	341.2
103455.7	69544.1	914.1	13370.7	7442.2	2924.9	2219.9	2236.2
7569.6	2458.1	1513.3	1289.3	902.2		247.3	
4159.6	3982.4	10.2	56.3	62.0	26.4	-0.3	
8571.6	6199.4	43.1	332.3	1103.3	492.7	49.2	
17093.9	16034.5	81.8	180.2	502.7		104.5	102.7
18783.4	16188.4	38.4	384.7	2039.2	355.5	114.6	40.6
51157.8	47208.1	270.3	1320.2	1246.0		749.9	483.2
289360.4	237765.7	811.4	12328.3	8837.9	11580.7	2805.0	781.1
79973.8	29773.2	1056.9	20661.2	12313.8	6016.6	395.2	575.3
2584.9	1975.6	1.3	199.6	90.5	201.6	14.0	9.4
49858.9	42048.1	205.0	1136.9	2380.0	1292.9	769.7	529.2
861474.2	781036.3	4000.2	29871.4	33919.0	8921.0	10289.9	7417.9
183303.8	165364.3	248.8	5398.0	2991.3	6459.6	330.9	156.2
91500.9	88696.5	153.4	481.2	2160.0	954.0	1681.9	1572.2
237096.0	219212.2	579.7	3228.2	9873.8	4482.7	1953.9	1032.0
143153.2	118705.9	699.4	4391.7	7298.3	5397.8	1197.2	769.9
312414.3	247638.8	2003.4	7921.5	22544.9	16115.1	4724.1	2070.0
685561.5	669352.7	1052.1	2896.5	9759.4	2339.7	1059.4	1114.7
38395.6	24755.4	203.9	1308.7	3274.7	2754.9	729.6	761.0
184981.5	158144.2	531.3	6016.6	8762.6	7486.5	755.2	616.1
1262103.1	1223980.5	621.4	4547.3	10283.0	12663.0	1236.5	520.1
104268.7	66122.7	731.6	9433.4	10043.5	8653.0	1707.2	1643.5
346091.8	348153.7	4777.5	2476.2	3228.1	3.9	24.7	4.7
22995.9	18695.1	166.7	796.1	3160.3	835.6	47.7	59.3
34961.6	35180.4	311	477.7	3573.1	1125.2	2572.9	2554.8

8-7 私营工业企业

行 业	利息收入	资产减值损失	其他收益	投资收益	公允价值变动收益	资产处置收益
总 计	**141.2**	**11565.3**	**30261.5**	**5139.2**		**-321.5**
煤炭开采和洗选业	57.2	-393.7	799.2	281.0		117.4
黑色金属矿采选业	-29.7					
非金属矿采选业						
开采专业及辅助性活动	-4.4					
农副食品加工业	1.0	20.1				
食品制造业	25.1	-166.4	1406.3	308.3		-2.6
酒、饮料和精制茶制造业						
纺织服装、服饰业	-0.3					
家具制造业	2.3		1.0			
造纸和纸制品业	-0.1					
印刷和记录媒介复制业	-5.2					
石油、煤炭及其他燃料加工业	0.1					
化学原料和化学制品制造业	-8.5	1549.1	662.6	381.4		
医药制造业	-68.1	205.1	962.4	94.3		
化学纤维制造业	4.6					
橡胶和塑料制品业	66.2	2837.3	83.8			133.7
非金属矿物制品业	7.5	716.9	625.5	2492.5		-581.0
黑色金属冶炼和压延加工业	2.7					
有色金属冶炼和压延加工业	54.2		818.9	33.1		241.3
金属制品业	27.3	4.4	59.8	18.6		
通用设备制造业	-79.3		6.6	10.5		
专用设备制造业	-5.6	194.7	1153.0	-316.8		-2.6
汽车制造业	-9.6		20036.5	16.0		-221.3
铁路、船舶、航空航天和其他运输设备制造业	-30.7	1086.1	12.0			
电气机械和器材制造业	-8.7	21.1	153.7	45.4		
计算机、通信和其他电子设备制造业	-1.3	445.8	2789.5	-50.6		0.8
仪器仪表制造业	74.0	4534.1	533.4	550.0		-7.2
废弃资源综合利用业	3.9		146.9			
金属制品、机械和设备修理业	14.2	509	10.4			
电力、热力生产和供应业	52.4	2		1275.5		

主要经济指标（四）

单位：万元

营业利润	营业外收入	营业外支出	利润总额	所得税费用	应付职工薪酬	应交增值税	平均用工人数（万人）
404560.1	**32710.4**	**13143.3**	**424124.1**	**75996.5**	**252011.4**	**210949.4**	**3.9**
253720.1	2361.7	5553.9	250527.9	52958.0	34041.0	85597.9	0.6
16753.3	67.8	1410.1	15410.7	3809.3	2786.1	5969.1	0.1
51.1	5.0	13.9	42.2	12.6	218.8	46.3	
1003.7	79.8	10.0	1073.5	274.6	397.7	315.5	
–446.7	812.8	0.8	364.1	9.5	1217.4	316.5	
9308.3	471.4	232.9	9546.9	1471.1	12670.2	3982.1	0.2
1169.5	61.0	20.9	1209.6	298.4	549.3	536.0	
22.7		5.1	17.7	0.4	202.4	90.5	
352.6	73.7	17.2	409.1	6.3	812.5	125.7	
313.4	42.2	0.1	355.4	26.8	500.4	186.5	
–260.2	138.0	61.2	–183.4	3.8	1164.4	121.9	
387.5	51.5	55.2	383.8	108.6	694.4	3118.7	
16377.4	838.2	488.8	16726.4	2663.5	10253.8	5657.1	0.1
10905.5	357.3	353.5	10909.5	1403.7	9979.5	3411.3	0.1
102.2	24.7	2.2	124.6	0.3	50.2		
–178.9	201.9	107.6	–85.1	29.0	3039.2	1347.2	0.1
–424.2	4249.7	2207.7	1619.1	2415.3	51219.9	23545.1	0.9
3854.4	243.3	127.9	3969.7	41.9	4433.1	968.3	0.1
–613.2	132.8	70.9	–551.2	26.6	3931.0	860.8	0.1
4404.0	1279.2	459.6	5222.6	450.9	15427.1	3390.2	0.3
5991.6	1163.3	315.2	6839.8	575.4	10379.9	5336.6	0.2
18930.2	1453.7	551.6	19831.8	2440.7	28599.5	11955.7	0.4
21356.2	760.5	339.5	21777.1	–3.1	8133.3	1626.5	0.1
4317.2	458.3	194.2	4581.3	480.1	7852.3	3554.0	0.1
5807.8	764.1	81.6	6490.4	363.5	8166.4	3526.5	0.1
13478.0	2661.5	279.5	15860.0	2057.8	14959.2	3896.6	0.2
13312.7	2092.2	58.0	15346.9	1494.3	14083.7	4365.1	0.1
–9254.9	9203.3	79	–130.7	103.5	880.1	37244.5	
–781.1	68.7	7.2	–720.2	30.7	3541	1176.3	
14599.9	2592.8	38	17154.6	2443	1827.6	–1319.1	

8-7 私营工业企业

行 业	期末用工人数（万人）	从业人员期末人数（万人）	从业人员平均人数（万人）	亏损企业亏损总额	利税总额
总 计	**3.9**	**4.0**	**4.0**	**34158.9**	**699154.4**
煤炭开采和洗选业	0.6	0.6	0.6	1543.8	376422.1
黑色金属矿采选业	0.1		0.1	984.0	23885.3
非金属矿采选业					295.7
开采专业及辅助性活动					1407.9
农副食品加工业				1.5	707.4
食品制造业	0.2	0.2	0.2	2209.5	14443.1
酒、饮料和精制茶制造业					3258.9
纺织服装、服饰业					118.4
家具制造业					577.9
造纸和纸制品业				76.5	623.7
印刷和记录媒介复制业				313.1	–23.1
石油、煤炭及其他燃料加工业				15.3	3772.8
化学原料和化学制品制造业	0.2	0.2	0.1	1356.3	23194.9
医药制造业	0.1	0.1	0.1	1325.3	15377.7
化学纤维制造业					125.9
橡胶和塑料制品业	0.1	0.1	0.1	505.1	1467.1
非金属矿物制品业	0.9	0.9	0.9	15725.0	29164.4
黑色金属冶炼和压延加工业	0.1	0.1	0.1		5186.8
有色金属冶炼和压延加工业	0.1	0.1	0.1	1606.4	463.0
金属制品业	0.2	0.2	0.3	451.3	9192.5
通用设备制造业	0.2	0.2	0.2	359.0	12875.8
专用设备制造业	0.4	0.4	0.4	3392.5	33790.9
汽车制造业	0.2	0.2	0.1	291.9	24455.7
铁路、船舶、航空航天和其他运输设备制造业	0.1	0.1	0.1		8339.2
电气机械和器材制造业	0.1	0.1	0.1	100.5	10548.2
计算机、通信和其他电子设备制造业	0.2	0.2	0.2	1757.3	20378.0
仪器仪表制造业	0.1	0.1	0.1		20443.6
废弃资源综合利用业				820.3	41891.3
金属制品、机械和设备修理业				1324.3	622.8
电力、热力生产和供应业					16146.5

主要经济指标（五）

单位：万元

应交税金及附加	营业收入利润率（%）	资产负债率（%）	总资产贡献率（%）	人均营业收入（元/人）	流动资产周转率（次/年）	每百元资产实现的营业收入（元）	产成品存货周转天数（天）	应收账款平均回收期（天）	成本费用利润率（%）
351026.8	**5.4**	**69.6**	**8.1**	**1993523.6**	**1.2**	**88.2**	**14.1**	**144.4**	**5.7**
178852.2	10.0	56.5	14.5	4347200.2	1.6	95.7	5.5	19.2	11.4
12283.9	21.7	72.4	23.9	1317031.5	1.1	70.9	25.1	8.7	29.7
266.1	1.5	67.6	2.2	559039.2	0.3	21.5	186.0	993.4	1.6
609.0	2.6	90.3	7.7	7798019.2	2.6	222.1		102.9	2.7
352.8	0.7	76.1	4.3	1188416.9	2.6	202.8	20.8	23.1	0.7
6367.3	9.2	46.8	10.1	481884.5	1.2	62.7	10.3	57.1	10.0
2347.7	16.0	72.1	30.0	1114676.5	0.8	69.8	345.1	0.7	24.7
101.1	0.4	66.9	5.6	611705.9	3.6	197.1		–14.8	0.4
175.1	4.8	40.4	2.4	422246.3	0.8	35.2	12.4	143.7	5.0
295.1	2.1	74.8	4.9	1238640.3	1.7	115.4	31.0	118.1	2.1
164.1	–1.0	65.0	0.2	977243.5	2.7	146.5	20.9	30.3	–1.0
3497.6	0.7	71.9	28.7	3064790.4	5.1	345.1	4.8	18.2	0.8
9132.0	5.7	54.6	11.4	1945270.7	1.9	138.5	16.9	85.2	6.1
5871.9	13.6	50.2	11.8	722509.5	1.3	59.3	101.5	65.7	15.8
1.6	4.8	49.6	5.5	516980.0	1.7	108.8	7.7	10.8	5.0
1581.2	–0.2	50.2	3.2	872819.4	1.0	82.9	78.8	200.9	–0.2
29960.6	0.2	83.2	2.4	943136.6	0.7	56.8	10.4	376.2	0.2
1259.0	2.1	72.9	5.9	2615409.3	2.3	203.0	63.7	28.1	2.2
1040.8	–0.6	73.9	3.5	1327887.9	2.5	165.3	40.7	30.2	–0.6
4420.8	2.1	60.9	4.6	824015.2	1.4	110.4	33.4	119.6	2.2
6611.4	4.8	68.0	7.7	938996.7	1.1	80.7	15.5	138.3	5.0
16399.8	6.2	56.8	8.1	867974.4	1.0	72.3	27.2	164.1	6.6
2675.5	3.2	97.9	3.8	6399858.6	1.3	103.0	1.9	226.7	3.2
4238.0	11.9	45.6	9.1	443121.1	0.5	38.4	65.2	180.4	14.0
4421.3	3.5	49.0	5.3	1540517.3	1.0	89.1	21.6	217.0	3.6
6575.8	1.3	88.1	1.6	5846126.7	1.0	98.1	7.2	289.1	1.3
6591.0	13.5	35.4	10.4	798465.2	0.7	53.7	33.5	215.6	16.0
42126		67	49	10779713	6.3	405.4	39.4	–25.5	
1374	–3	58	4	799269.6	1.6	130.2	4	112.9	–3.1
1435	30	76	5	1688573.1	0.3	13.9	5.5	110.4	40

8-8　外商投资和港澳台商

行　业	企业单位数（个）	亏损企业	工业总产值（当年价格）	年初存货	产成品	资产总计
总　计	28	3	10557020.9	733003.3	268544.6	9438738.9
煤炭开采和洗选业	1		2148.3	4473.6	4473.6	29019.4
农副食品加工业	1	1	58092.7	5368.7		89176.5
食品制造业	4		438640.7	26924.7	9980.5	348341.4
酒、饮料和精制茶制造业	2		103745.2	12146.0	8539.7	89275.5
石油、煤炭及其他燃料加工业	2		138560.2	2195.1	340.6	185411.4
化学原料和化学制品制造业	2	1	36790.8	5569.9	2699.5	43826.8
非金属矿物制品业	1		129092.2	9838.3	4541.0	152689.2
黑色金属冶炼和压延加工业	1	1	488.9	813.5	813.5	1187.0
金属制品业	1		532098.8	23171.9	3702.5	126543.8
通用设备制造业	2		27576.5	2666.8	2015.7	18469.8
专用设备制造业	3		27374.5	7501.2	3167.6	30162.0
铁路、船舶、航空航天和其他运输设备制造业	2		144399.8	67525.2	2075.6	366691.5
计算机、通信和其他电子设备制造业	2		8754741.8	562383.8	225977.3	7602515.2
废弃资源综合利用业	1		24452.0	637.8	217.5	43469.3
电力、热力生产和供应业	2		125017.9	512.7		293519.9
燃气生产和供应业	1		13800.6	1274.1		18440.2

8-8　外商投资和港澳台商

行　业	在建工程	无形资产	土地使用权	负债合计	流动负债合计	应付账款
总　计	113311.2	80113.0	57665.7	6529937.1	6215383.1	2726870.0
煤炭开采和洗选业		830.9		23151.5	21936.5	6610.1
农副食品加工业	5152.7	12194.9	12194.9	64475.2	16899.5	1528.6
食品制造业	9776.7	15377.3	14940.3	127902.4	112849.9	24888.0
酒、饮料和精制茶制造业	112.0	517.7		36801.5	36741.2	4172.1
石油、煤炭及其他燃料加工业	1223.2			56402.7	7827.4	2662.4
化学原料和化学制品制造业	1121.4	5.2		5418.8	4508.5	2277.0
非金属矿物制品业	88943.8	7781.9	7370.5	139875.2	139875.2	28621.7
黑色金属冶炼和压延加工业	31.4			993.8	993.8	6.0
金属制品业	2592.2	5068.6	5068.6	64893.1	57421.3	1333.6
通用设备制造业	1.0	1114.2	1114.2	7986.2	7986.2	3903.5
专用设备制造业	63.1			6290.5	6290.5	3195.3
铁路、船舶、航空航天和其他运输设备制造业	37.0	1531.1		193840.4	129854.6	57657.5
计算机、通信和其他电子设备制造业	2387.8	22680.6	14636.4	5591563.7	5591563.7	2583979.9
废弃资源综合利用业	735.7	2146.6	2131.6	3262.1	3262.1	369.9
电力、热力生产和供应业		10628.2		195311.8	65752.4	1195.0
燃气生产和供应业	1133.2	235.8	209.2	11768.2	11620.3	4469.4

投资工业企业主要经济指标（一）

单位：万元

流动资产合计	应收账款	存货	产成品	长期股权投资	固定资产原价	房屋和构筑物	机器设备	累计折旧	本年折旧	固定资产净额
8173767.3	2140213.5	524742.5	73542.2	104132.2	2004271.6	302847.1	950539.2	1105901.9	130906.4	808346.2
25647.4	4921.7	3270.6	2151.6		4934.1			2393.1	243.3	2541.0
39837.9	1584.1	13737.1	6041.9		32184.6	18917.3	12334.6	1314.0	1257.2	30870.6
182215.7	31835.4	29896.6	11513.0	3848.6	212185.6	53626.2	26042.2	83242.2	16355.4	128943.3
57942.9	5429.5	12061.7	9145.8		92092.1	6697.0	23830.8	61134.3	4445.5	30403.8
123157.9	1376.5	17779.7	374.3		335303.5	9911.4	240404.5	194545.8	13322.9	56636.2
24959.4	5134.3	5006.6	1912.7		35547.5	2408.7	26254.4	19833.3	2162.0	15712.8
53422.0	196.7	29836.1	19530.3		2551.0			364.5	315.5	2186.4
1061.4	1.3	679.1	679.1		1728.4		1728.4	1634.2	13.1	94.2
78390.0	2536.0	23618.2	4545.0		56293.9	15864.2	39850.3	16399.8	3742.4	39894.1
13878.5	1618.3	2474.1	1789.2		5739.9	4192.5	1056.3	2389.9	321.1	3349.9
21991.0	8329.0	8100.4	3585.6		28814.8	6322.8	21708.3	20924.1	1076.3	7890.6
312350.4	134243.9	72425.0	1613.5	31859.1	88702.6	71.7	87743.9	75430.0	2725.0	10466.8
7157381.1	1893660.5	303206.1	10257.0	65092.0	748290.2	152349.7	415034.0	520493.5	66748.2	226056.8
10282.0	1931.0	777.2	403.2		48244.8	28358.2	19440.5	17881.2	2425.1	30363.6
63274.1	47236.0	455.8		3332.5	299873.6	2823.8	34336.9	85350.5	15382.7	214522.6
7975.6	179.3	1418.2			11785.0	1303.6	774.1	2571.5	370.7	8413.5

投资工业企业主要经济指标（二）

单位：万元

所有者权益合计	实收资本	国家资本	集体资本	法人资本	个人资本	港澳台资本	外商资本	营业收入	主营业务收入	营业成本
2908801.6	1003351.2	129312.8	1530.0	56987.7	9800.0	376496.7	429224.0	11015115.7	10869808.2	10584339.8
5867.9	5000.0					5000.0		46710.1	44492.9	44700.9
24701.3	30000.0	4500.0			1500.0		24000.0	88057.4	87946.5	87651.8
220439.0	31990.0			21990.0	8000.0		2000.0	430748.7	418103.1	350739.7
52474.0	31456.6	6130.2					25326.4	107331.4	106992.1	76066.6
129008.7	40000.0	20000.0					20000.0	211258.9	138347.5	163174.0
38408.0	25272.2	2126.6				20932.1	2213.5	32299.3	32274.5	26761.7
12813.9	10000.0			9700.0	300.0			116463.0	116463.0	110196.3
193.2	1903.1					1903.1		10346.8	10346.8	10198.3
61650.8	50000.0	20000.0					30000.0	531256.4	530274.4	510085.4
10483.7	3399.7			232.0			3167.7	27804.9	27803.0	21815.8
23871.4	27485.7	385.0	1530.0	10065.7			15505.0	25847.8	25084.5	17934.6
172851.1	23571.4			15000.0			8571.4	146573.9	144573.7	93368.3
2010951.5	610401.5					311961.5	298440.0	9084074.5	9032770.5	8919060.6
40207.1	25000.0					25000.0		25030.1	25030.1	7057.5
98208.0	84871.0	73171.0				11700.0		115620.3	115505.0	133263.5
6672.0	3000.0	3000.0						15692.2	13800.6	12264.8

8-8 外商投资和港澳台商

行 业	税金及附加	销售费用	管理费用	研发费用	财务费用	利息费用
总 计	**21751.9**	**65975.9**	**100400.3**	**27064.9**	**–37633.6**	**42727.7**
煤炭开采和洗选业	70.3	8.9	651.1		73.4	
农副食品加工业	256.5	1134.8	1340.8		–241.9	288.6
食品制造业	900.0	21105.5	20714.9	1465.5	2424.4	1609.3
酒、饮料和精制茶制造业	809.1	24695.9	2377.0	32.2	–655.6	
石油、煤炭及其他燃料加工业	1351.6	1171.4	5945.9		–552.6	
化学原料和化学制品制造业	120.0	1808.0	1332.7		–261.1	
非金属矿物制品业	104.5	625.3	2865.2		1.1	3.0
黑色金属冶炼和压延加工业	1.4	23.6	218.6		0.3	
金属制品业	812.3	3681.8	1710.0	1128.0	1689.4	1398.8
通用设备制造业	150.7	2658.2	826.3	162.5	–48.8	17.6
专用设备制造业	210.0	1422.6	2494.5	1674.2	–93.1	16.0
铁路、船舶、航空航天和其他运输设备制造业	1010.9	4479.8	5992.9	6112.8	1575.6	3290.3
计算机、通信和其他电子设备制造业	14714.0	1844.1	42721.4	16489.7	–48304.1	29348.4
废弃资源综合利用业	456.5	383.4	7971.4		–13.1	
电力、热力生产和供应业	763.5		2583.3		6749.0	6710.9
燃气生产和供应业	20.6	932.6	654.3		23.5	44.8

8-8 外商投资和港澳台商

行 业	应付职工薪酬	应交增值税	平均用工人数（万人）	期末用工人数（万人）	从业人员期末人数（万人）	从业人员平均人数（万人）
总 计	**653404.1**	**49096.2**	**7.0**	**4.9**	**4.9**	**6.9**
煤炭开采和洗选业	418.7	369.3				
农副食品加工业	6316.7					
食品制造业	13013.3	1608.9	0.2	0.2	0.2	0.2
酒、饮料和精制茶制造业	13917.3	4210.3	0.1	0.1	0.1	0.1
石油、煤炭及其他燃料加工业	4188.3	6859.3				
化学原料和化学制品制造业	3734.6	1046.0				
非金属矿物制品业	2461.5					
黑色金属冶炼和压延加工业	78.0	–8.2				
金属制品业	4695.0	2384.9				
通用设备制造业	1509.1	205.1				
专用设备制造业	4835.8	1058.3				
铁路、船舶、航空航天和其他运输设备制造业	13500.8	7822.0	0.1	0.1	0.1	0.1
计算机、通信和其他电子设备制造业	576405.2	20568.9	6.4	4.3	4.3	6.4
废弃资源综合利用业	2689.8	280.4				
电力、热力生产和供应业	4779.2	2189.9				
燃气生产和供应业	860.8	501.1				

投资工业企业主要经济指标（三）

单位：万元

利息收入	资产减值损失	其他收益	投资收益	公允价值变动收益	资产处置收益	营业利润	营业外收入	营业外支出	利润总额	所得税费用
67618.7	11451.7	31472.7	20223.1	304.4	−1191.9	292812.8	2889.9	6290.6	289412.0	37087.3
						1205.5		1.2	1204.3	325.8
540.1	2.0	14.0	49.3	−3.9		−2027.2	11.9		−2015.3	
−237.4	7.2	1555.8				34947.0	523.5	1299.9	34170.7	2088.4
−381.2	279.3	347.0				4073.9	257.0	38.0	4293.1	1108.9
101.1		147.9				40316.6	20.5	264.0	40073.0	8954.2
−263.1		0.2			6.4	2784.5	68.1	29.2	2823.4	942.8
−1.8						2670.4	0.7	31.5	2639.6	390.0
						−95.4			−95.4	
−57.8	1636.7					10512.8	393.6	12.8	10893.6	2164.6
−70.4	51.4	38.4	0.1		0.1	2227.5	74.7	1.3	2300.9	512.0
0.9	21.9	5.4				2188.5	44.8	31.4	2201.8	257.7
160.1	−107.6	13.1	10736.5			44890.9	825.1	65.1	45650.9	4441.4
67663.4	9044.7	1415.8	7589.4	308.3	−1198.4	136619.5	560.5	4499.6	132680.3	13857.1
	336.6					8837.7	15.9	5.0	8848.6	2199.6
138.9		27928.5	1847.8			2037.2	84.8	11.6	2110.4	−582.4
25.9	179.5	6.6				1623.4	8.8		1632.1	427.2

投资工业企业主要经济指标（四）

单位：万元

亏损企业亏损总额	利税总额	应交税金及附加	营业收入利润率（%）	资产负债率（%）	总资产贡献率（%）	人均营业收入（元/人）	流动资产周转率（次/年）	每百元资产实现的营业收入（元）	产成品存货周转天数（天）	应收账款平均回收期（天）	成本费用利润率（%）
2919.1	360260.1	107935.4	2.6	69.2	3.6	1584430.0	1.3	116.7	2.5	69.9	2.7
	1643.9	765.4	2.6	79.8	5.7	5912670.9	1.8	161.0	17.3	37.9	2.7
2015.3	−1758.8	256.5	−2.3	72.3	−2.3	5210497.0	2.2	98.7	24.8	6.5	−2.2
	36679.6	4597.3	7.9	36.7	11.1	2590190.6	2.4	123.7	11.8	26.6	8.6
	9312.5	6128.3	4.0	41.2	10.9	937392.1	1.9	120.2	43.3	18.2	4.2
	48283.9	17165.1	19.0	30.4	26.0	4684232.8	1.7	113.9	0.8	2.3	23.6
808.4	3989.4	2108.8	8.7	12.4	9.7	1058993.4	1.3	73.7	25.7	57.2	9.5
	2744.1	494.5	2.3	91.6	1.8	3685538.0	2.2	76.3	63.8	0.6	2.3
95.4	−102.2	−6.8	−0.9	83.7	−8.6	6897866.7	9.7	871.7	24.0		−0.9
	14090.8	5361.8	2.1	51.3	12.3	12074009.1	6.8	419.8	3.2	1.7	2.1
	2656.7	867.8	8.3	43.2	14.9	3658539.5	2.0	150.5	29.5	21.0	9.1
	3470.1	1526.0	8.5	20.9	11.6	807743.8	1.2	85.7	72.0	116.0	9.4
	54483.8	13274.3	31.1	52.9	15.7	2645738.3	0.5	40.0	6.2	329.7	40.9
	167963.2	49140.0	1.5	73.5	1.7	1427146.8	1.3	119.5	0.4	75.0	1.5
	9585.5	2936.5	35.4	7.5	22.1	1775184.4	2.4	57.6	20.6	27.8	57.5
	5063.8	2371.0	1.8	66.5	4.0	9798330.5	1.8	39.4		147.1	1.5
	2153.8	948.9	10.4	63.8	11.8	2037948.1	2.0	85.1		4.1	11.8

8-9 大中型工业企业

行 业	企业单位数（个）	亏损企业	工业总产值（当年价格）	年初存货	产成品
总 计	**109**	**25**	**37330902.4**	**3938446.8**	**1370418.5**
煤炭开采和洗选业	22	6	3293334.8	360639.5	145140.3
农副食品加工业	1	1	30810.8	3514.0	49.0
食品制造业	7	2	291564.3	18770.4	4956.4
酒、饮料和精制茶制造业	2		137189.4	10347.4	8023.5
烟草制品业	1		506865.5	56617.6	19882.0
印刷和记录媒介复制业	2		20757.0	3276.7	707.7
石油、煤炭及其他燃料加工业	3		2797010.9	107547.5	3370.6
化学原料和化学制品制造业	4	1	528173.0	40685.4	22917.0
医药制造业	2		69542.5	13613.7	7063.2
橡胶和塑料制品业	1	1	67003.7	12700.4	8096.4
非金属矿物制品业	5	2	301662.6	29201.8	13396.0
黑色金属冶炼和压延加工业	6	1	11699040.7	944171.7	327382.1
有色金属冶炼和压延加工业	1		118070.8	11297.6	3495.4
金属制品业	4		578311.7	30407.5	7910.7
通用设备制造业	3		306731.2	150886.3	34176.8
专用设备制造业	9	1	1561825.9	1042033.5	391121.2
汽车制造业	3		647487.6	12239.1	4762.3
铁路、船舶、航空航天和其他运输设备制造业	10	2	840709.3	255782.1	52582.0
电气机械和器材制造业	1		131619.5	43159.1	25799.2
计算机、通信和其他电子设备制造业	7		10950795.9	594057.2	235205.8
仪器仪表制造业	2		19242.5	5240.5	1422.5
电力、热力生产和供应业	5	4	803616.7	96743.2	
燃气生产和供应业	6	2	1512466.0	82616.8	52958.4
水的生产和供应业	2	2	117070.1	12897.8	

主要经济指标（一）

单位：万元

资产总计	流动资产合计	应收账款	存货	产成品	长期股权投资	固定资产原价	房屋和构筑物	机器设备
63093789.3	**29640488.1**	**6548149.3**	**4441556.0**	**1303002.7**	**8575666.1**	**29877543.5**	**8961864.1**	**14765662.8**
16547284.6	6926466.2	1032729.8	347290.4	73871.4	3656926.0	6112110.8	3093369.3	1810347.5
51885.8	13767.7	3351.8	2890.1	102.9	2363.8	37190.1	28798.8	5784.4
331560.7	125742.5	25634.0	21966.9	5946.0	4116.8	229835.1	107823.4	52101.9
103064.4	43999.9	2353.6	10025.0	9058.4	110.0	50780.9	2510.5	2422.1
531906.9	365539.6	24627.6	63738.6	20925.1	100.0	264687.4	101680.7	144525.0
80673.6	38323.8	4261.8	3436.0	688.3	384.4	44260.6	4488.5	20380.8
3007664.2	986526.9	50835.1	339717.7	39098.6	22605.3	1753928.4	779166.9	713141.5
2138098.8	381717.0	56085.2	53615.4	30801.9	17941.7	1367397.0	560447.8	771543.7
111259.5	58390.2	7249.6	14340.0	7254.5	4595.1	48590.6	21588.8	23783.3
119446.2	24409.9	11221.7	9474.6	5326.6		151137.1	63882.0	86125.9
399270.9	174268.2	67218.7	51744.3	32316.2	6422.2	148688.2	47795.4	78349.7
13301966.6	3110496.3	321735.6	1085085.2	381186.7	3755116.7	10464920.5	2565626.7	7596504.0
67915.9	33777.4	7223.7	13560.0	4922.8		66944.9	19284.5	46218.5
198068.8	128104.4	21419.7	32114.7	9846.8	2123.2	81960.2	25471.7	53226.7
456940.3	309810.1	61895.0	143537.1	28406.3	21079.0	90002.1	47575.7	38532.9
4312511.1	3186149.0	737707.0	1110311.4	386208.4	415470.0	697117.1	271203.6	356767.3
669052.2	516091.2	432522.4	47896.0	6746.5	2786.4	71683.5	28566.3	38372.9
2197429.1	1354564.9	494748.2	272150.2	86319.8	108292.2	726375.7	280011.3	363544.2
193314.1	118438.3	22643.0	46821.4	37757.5	2720.0	67352.0	36085.7	31266.3
9555247.9	8844594.0	2710514.8	536430.9	77788.6	79367.5	1054826.7	199738.1	608104.3
40353.8	24666.2	12861.3	4297.1	1410.6	3563.5	11565.8	9559.6	324.1
3628043.5	1376522.9	164114.0	139964.0		34908.5	3786045.9	371472.7	1415996.7
4525212.8	1354940.3	250797.1	90446.7	57018.8	408571.3	2069700.2	211105.4	411783.7
525617.6	143181.2	24398.6	702.3		26102.5	480442.7	84610.7	96515.4

8-9 大中型工业企业

行 业	累计折旧	本年折旧	固定资产净额	在建工程	无形资产
总 计	**13748415.9**	**1347849.4**	**15735570.7**	**2170275.9**	**3059402.1**
煤炭开采和洗选业	2843972.7	272874.4	3145893.9	457652.9	1561307.5
农副食品加工业	7894.2	939.2	2929.6	1266.5	5710.0
食品制造业	74258.1	12549.5	155577.0	15406.1	20645.7
酒、饮料和精制茶制造业	32733.1	2263.3	17493.8	37473.9	3688.1
烟草制品业	128715.1	15518.9	135972.3	5634.2	20552.0
印刷和记录媒介复制业	28806.4	1322.9	15454.1	23692.1	1433.9
石油、煤炭及其他燃料加工业	131039.7	90447.9	1622888.6	148446.1	186734.9
化学原料和化学制品制造业	167272.3	59878.1	1180710.6	478268.2	59573.7
医药制造业	17632.2	2933.0	30958.4	6242.5	1986.9
橡胶和塑料制品业	58868.1	5649.7	92267.8	214.9	1108.5
非金属矿物制品业	35817.7	6946.3	109749.0	101158.0	12349.1
黑色金属冶炼和压延加工业	6151497.8	340208.1	4222074.9	321742.4	826089.2
有色金属冶炼和压延加工业	20007.3	3160.3	31832.9	111.9	1612.7
金属制品业	26215.4	5226.7	55744.7	5657.4	5068.6
通用设备制造业	34608.7	4952.9	55393.4	46294.8	23094.3
专用设备制造业	336502.3	68710.3	360275.9	28510.6	77863.9
汽车制造业	25818.8	6782.5	45864.6	6582.4	33341.1
铁路、船舶、航空航天和其他运输设备制造业	274061.3	30205.9	449508.3	43314.2	127018.3
电气机械和器材制造业	9337.3	2914.3	58014.7	8401.8	5607.3
计算机、通信和其他电子设备制造业	614693.3	104913.0	424763.7	6826.4	30397.6
仪器仪表制造业	2317.2	310.6	9248.6	538.3	1449.0
电力、热力生产和供应业	1925846.2	184978.4	1854973.6	198028.6	25464.3
燃气生产和供应业	558329.1	101650.8	1419709.2	157290.0	23416.0
水的生产和供应业	242171.6	22512.4	238271.1	71521.7	3889.5

主要经济指标（二）

单位：万元

土地使用权	负债合计	流动负债合计		所有者权益合计	实收资本			
			应付账款			国家资本	集体资本	法人资本
1280167.2	45507696.8	35199089.4	11473114.2	17586092.4	8640160.2	3045197.0	76431.3	4339954.2
251109.1	14299652.6	10782309.6	2760303.6	2247631.7	2602569.7	1057629.3	20457.6	1271577.6
5325.0	56961.9	36746.8	22889.3	-5076.1	3667.0		3667.0	
19742.4	173614.4	152841.0	45320.4	157946.4	39273.5	1718.9		31678.4
3185.3	81836.5	67676.5	10765.4	21227.9	12112.8	9930.2		
19979.7	129084.2	126559.3	73218.6	402822.7	61319.6			61319.6
611.2	53964.6	48644.3	-2023.0	26709.1	13431.6	8500.0		4931.6
115357.3	2192785.8	1742745.5	832325.4	814878.4	230000.0			230000.0
46089.6	1863636.9	1520480.1	282204.3	274461.8	447466.6		2306.7	440252.4
738.8	51480.2	35472.5	4658.2	59779.4	27733.6			23233.6
915.6	117680.2	117022.1	105827.0	1766.0	30000.0	30000.0		
11934.9	323283.3	303610.9	108538.8	75987.5	81587.9		50000.0	25972.9
558254.0	7245616.6	5238834.3	942219.3	6056350.0	1435980.7	752467.9		473317.4
1611.4	35850.5	34935.6	1497.1	32065.4	3064.3			3064.3
5068.6	97901.9	80719.7	7318.6	100167.2	63075.2	27717.2		1979.8
22897.7	356109.4	307412.6	41680.9	100831.0	25418.6	20000.0		5418.6
21038.9	3096370.6	2531654.6	783737.6	1216140.5	573702.4	107799.9		452212.5
33314.1	651935.8	602839.1	422504.4	17116.4	9786.4	1661.3		2354.6
104155.7	1056215.5	826129.0	377584.9	1141213.4	588578.4	50890.0		522770.6
5602.6	112565.7	67177.2	32166.3	80748.4	5000.0	4250.0		
21434.5	7055200.4	7019729.6	3578897.1	2500047.4	1032652.5	35000.0		386000.0
1449.0	13845.7	12649.5	4459.9	26508.1	12550.0			10313.2
23236.0	2524538.1	1370093.0	704317.6	1103505.5	494230.4	478230.4		6000.0
3226.3	3596463.1	1952099.7	193398.5	928749.6	739757.1	352200.0		387557.1
3889.5	321102.9	220706.9	139304.0	204514.7	107201.9	107201.9		

8-9 大中型工业企业

行 业				营业收入	主营业务收入
	个人资本	港澳台资本	外商资本		
总 计	**529072.0**	**311961.5**	**335444.0**	**41687027.3**	**40998108.3**
煤炭开采和洗选业	250805.1			5823182.7	5621877.8
农副食品加工业				30810.3	30810.3
食品制造业	5876.2			316755.7	303608.0
酒、饮料和精制茶制造业			2182.6	122862.3	122613.2
烟草制品业				500899.3	500564.4
印刷和记录媒介复制业				27445.6	26131.8
石油、煤炭及其他燃料加工业				2862138.4	2828021.0
化学原料和化学制品制造业	4907.5			562398.2	560862.3
医药制造业	4500.0			55331.8	54560.3
橡胶和塑料制品业				71141.2	70798.2
非金属矿物制品业	5615.0			284513.6	284270.4
黑色金属冶炼和压延加工业	210195.3			13158501.9	12967327.2
有色金属冶炼和压延加工业				118798.3	118347.9
金属制品业	3378.2		30000.0	575671.9	574585.8
通用设备制造业				270598.3	269039.9
专用设备制造业	13690.0			1524966.2	1480422.7
汽车制造业	5770.5			694139.9	691331.1
铁路、船舶、航空航天和其他运输设备制造业	10096.4		4821.4	852289.3	834816.7
电气机械和器材制造业	750.0			75211.1	75211.1
计算机、通信和其他电子设备制造业	1251.0	311961.5	298440.0	11207050.2	11147674.7
仪器仪表制造业	2236.8			25325.0	20525.4
电力、热力生产和供应业	10000.0			841347.2	807040.2
燃气生产和供应业				1567998.8	1490423.8
水的生产和供应业				117650.1	117244.1

主要经济指标（三）

单位：万元

营业成本	税金及附加	销售费用	管理费用	研发费用	财务费用			资产减值损失
						利息费用	利息收入	
36538404.1	**644622.6**	**409223.3**	**1107197.1**	**690531.4**	**760471.5**	**877500.10**	**169914.50**	**319527.20**
4567524.9	262930.5	44717.1	434570.0	73743.6	321366.8	298151.60	15998.30	36888.70
27890.2	430.3	624.3	2186.9		1779.8	1792.80	14.40	14.60
252531.3	1679.6	22678.9	13917.9	4276.5	2923.9	3340.50	−198.80	−159.20
77716.8	8704.4	24129.1	4548.0	532.3	−192.1	103.00	14.00	279.30
159258.9	237888.7	7544.0	54802.7	94.3	−5746.2		5750.70	5315.00
19094.3	719.9	2824.5	4285.4		904.0	120.00	7.70	−8.80
2261130.1	4221.1	63977.0	39195.2	13681.8	29621.3	29826.00	−224.90	2662.90
518280.4	2913.9	8726.1	71253.2	10881.5	75838.7	84212.90	11874.30	806.30
18736.6	901.3	13099.0	10259.3	4842.4	−45.3	215.00	45.90	118.30
65794.6	1006.3	532.7	3360.9	1173.7	−131.0		1.60	885.00
255940.6	1000.7	11605.0	9786.1	4627.7	5226.9	3964.20	135.70	164.80
11327294.6	71830.2	25475.1	168999.5	356355.9	173700.4	207738.70	29789.80	252853.90
109353.3	161.5	501.1	2370.0	4053.2	1608.0	1630.00	22.70	−2.80
548844.3	1194.3	4444.6	4440.7	1704.7	1764.1	1488.10	−18.10	2193.30
223178.9	1685.0	7811.7	17556.9	12960.4	3274.8	3396.60	249.10	−31.30
1284172.5	8509.7	33315.6	60633.7	73552.6	63947.5	68010.90	17758.10	4195.10
672208.2	1128.0	4014.4	11445.1	1600.8	961.8	1002.90	−7.80	66.30
688800.6	6509.3	18957.6	37965.7	38043.8	14670.1	16419.60	1373.60	2697.00
63426.1	249.2	2047.5	5148.8	5684.9	119.0	247.40	136.40	
10864063.2	20364.8	18333.2	68708.1	78265.8	−54744.0	30779.80	75341.00	8572.70
16246.6	265.0	1571.7	2168.5	1888.3	150.7	165.10	27.80	628.60
1018720.9	4469.2	1571.1	29688.1	808.6	57806.7	59982.30	4218.50	861.30
1370389.2	4628.8	83044.2	32233.7	1758.6	59794.8	60079.70	7225.50	526.20
127807.0	1230.9	7677.8	17672.7		5870.8	4833.00	379.00	

8-9 大中型工业企业

行 业	其他收益	投资收益	公允价值变动收益	资产处置收益	营业利润
总 计	**160121.3**	**816000.5**	**-6706.1**	**13394.9**	**2199025.7**
煤炭开采和洗选业	8156.4	179576.0	10.6	13957.7	283141.6
农副食品加工业					-2115.8
食品制造业	2329.6	307.0		-1.2	21542.1
酒、饮料和精制茶制造业	347.0				7491.5
烟草制品业					41742.0
印刷和记录媒介复制业	265.3	36.2			-72.3
石油、煤炭及其他燃料加工业	667.3	-147.7		239.4	448408.1
化学原料和化学制品制造业	1767.6	-19.5			-124542.9
医药制造业	857.0	93.3			8370.5
橡胶和塑料制品业	202.0			-1.3	-1280.4
非金属矿物制品业	278.1	186.9			-3155.2
黑色金属冶炼和压延加工业	9187.5	603418.0	81.4	-5.3	1394673.8
有色金属冶炼和压延加工业	398.4				1152.4
金属制品业	1919.3			0.2	13005.4
通用设备制造业	1.5	136.1			4299.6
专用设备制造业	18075.3	-12159.2		373.9	2929.4
汽车制造业	20076.8	12.3		-221.3	22582.8
铁路、船舶、航空航天和其他运输设备制造业	6354.2	14438.3		-0.8	65330.5
电气机械和器材制造业	1618.5	1065.7			1219.8
计算机、通信和其他电子设备制造业	21109.3	20415.6	-6798.1	-1182.6	237030.9
仪器仪表制造业	459.4	82.1		222.8	3169.9
电力、热力生产和供应业	46548.3	1600.9		82.7	-224346.8
燃气生产和供应业	19457.6	5531.9		-69.3	39586.4
水的生产和供应业	44.9	1426.6			-41137.6

主要经济指标（四）

单位：万元

营业外收入	营业外支出	利润总额	所得税费用	应付职工薪酬	应交增值税	平均用工人数（万人）	期末用工人数（万人）	从业人员期末人数（万人）
85321.6	**138550.5**	**2145796.8**	**317362.8**	**3182716.4**	**787044.7**	**23.6**	**21.5**	**21.2**
38015.4	55157.0	265999.8	117898.3	1039130.6	348967.2	6.6	6.7	6.5
133.0	79.1	−2061.9		3281.0	1153.2	0.1		
1029.8	1509.8	21062.3	3181.6	24898.9	4905.9	0.4	0.4	0.4
683.7	566.5	7608.8	1902.3	15924.2	4408.3	0.1	0.2	0.2
4011.5	4175.9	41577.7	18305.3	62377.5	46708.1	0.1	0.1	0.1
356.1	41.3	243.0	61.8	7015.1	659.6	0.1	0.1	0.1
102.5	11037.9	437472.7	51792.9	36093.6	−20298.2	0.4	0.5	0.5
409.8	12476.6	−136609.8	2464.9	41441.9	9449.6	0.4	0.4	0.4
524.4	243.3	8651.6	890.2	7972.5	3885.6	0.1	0.1	0.1
127.2	713.5	−1866.6		7926.1		0.1	0.1	0.1
331.6	42.3	−2865.8	538.3	19343.6	4761.5	0.2	0.2	0.2
3566.4	27182.2	1371058.0	69237.5	576028.9	266378.2	2.6	2.5	2.5
2.1	15.1	1139.4	0.5	3894.0	−3554.8			
1070.2	34.8	14040.7	1814.1	16771.3	4961.8	0.2	0.2	0.2
415.7	30.3	4685.1	448.1	31309.8	8266.2	0.3	0.4	0.3
1114.1	2499.0	1544.5	433.3	171256.4	41608.5	1.1	1.1	1.1
516.5	315.8	22783.5	64.5	10903.4	1923.2	0.1	0.2	0.2
16884.3	414.8	81799.7	11992.0	100099.5	26347.8	0.6	0.6	0.6
	177.5	1042.3	155.9	5443.3	531.7	0.1	0.1	0.1
1239.1	7514.5	230755.4	24357.4	753690.2	14556.4	8.1	5.8	5.8
75.0	2.7	3242.2		7540.6	1173.2	0.1	0.1	0.1
3742.1	13236.5	−233841.5	165.1	118552.6	795.7	0.7	0.7	0.7
2760.7	925.9	41421.0	11658.8	77506.1	16754.9	0.6	0.7	0.7
8210.4	158.2	−33085.3		44315.3	2701.1	0.3	0.3	0.3

8-9 大中型工业企业

行 业	从业人员平均人数（万人）	亏损企业亏损总额	利税总额	应交税金及附加	营业收入利润率（%）
总 计	23.4	863001.5	3577464.1	1749030.1	5.1
煤炭开采和洗选业	6.4	351785.6	877897.5	729796.0	4.6
农副食品加工业	0.1	2061.9	-478.4	1583.5	-6.7
食品制造业	0.4	2424.7	27647.8	9767.1	6.6
酒、饮料和精制茶制造业	0.1		20721.5	15015.0	6.2
烟草制品业	0.1		326174.5	302902.1	8.3
印刷和记录媒介复制业	0.1		1622.5	1441.3	0.9
石油、煤炭及其他燃料加工业	0.4		421395.6	35715.8	15.3
化学原料和化学制品制造业	0.4	156190.2	-124246.3	14828.4	-24.3
医药制造业	0.1		13438.5	5677.1	15.6
橡胶和塑料制品业	0.1	1866.6	-860.3	1006.3	-2.6
非金属矿物制品业	0.2	5796.6	2896.4	6300.5	-1.0
黑色金属冶炼和压延加工业	2.6	47686.6	1709266.4	407445.9	10.4
有色金属冶炼和压延加工业			-2253.9	-3392.8	1.0
金属制品业	0.2		20196.8	7970.2	2.4
通用设备制造业	0.3		14636.3	10399.3	1.7
专用设备制造业	1.1	14367.6	51662.7	50551.5	0.1
汽车制造业	0.1		25834.7	3115.7	3.3
铁路、船舶、航空航天和其他运输设备制造业	0.6	8038.3	114656.8	44849.1	9.6
电气机械和器材制造业	0.1		1823.2	936.8	1.4
计算机、通信和其他电子设备制造业	8.1		265676.6	59278.6	2.1
仪器仪表制造业	0.1		4680.4	1438.2	12.8
电力、热力生产和供应业	0.7	234989.2	-228576.6	5430.0	-27.8
燃气生产和供应业	0.6	4708.9	62804.7	33042.5	2.6
水的生产和供应业	0.3	33085.3	-29153.3	3932.0	-28.1

主要经济指标（五）

单位：万元

资产负债率（%）	总资产贡献率（%）	人均营业收入（元/人）	流动资产周转率（次/年）	每百元资产实现的营业收入（元）	产成品存货周转天数（天）	应收账款平均回收期（天）	成本费用利润率（%）
72.1	**6.8**	**1765883.2**	**1.4**	**66.1**	**12.8**	**56.5**	**5.4**
86.4	7.0	885736.0	0.8	35.2	5.8	63.8	4.9
109.8	2.5	569506.5	2.2	59.4	1.3	39.2	-6.3
52.4	9.4	761249.0	2.5	95.5	8.5	29.1	7.1
79.4	20.2	829030.4	2.8	119.2	42.0	6.9	7.1
24.3	60.2	5547057.6	1.4	94.2	47.3	17.7	19.3
66.9	2.2	225518.5	0.7	34.0	13.0	55.9	0.9
72.9	15.0	6718634.7	2.9	95.2	6.2	6.4	18.2
87.2	-2.4	1261265.3	1.5	26.3	21.4	35.9	-19.9
46.3	12.2	690784.0	0.9	49.7	139.4	47.2	18.5
98.5	-0.7	557532.9	2.9	59.6	29.1	56.8	-2.6
81.0	1.7	1406394.5	1.6	71.3	45.5	85.1	-1.0
54.5	14.2	5083446.7	4.2	98.9	12.1	8.8	11.4
52.8	-1.0	3077676.2	3.5	174.9	16.2	21.9	1.0
49.4	11.0	2631041.6	4.5	290.6	6.5	13.4	2.5
77.9	3.9	777357.9	0.9	59.2	45.8	82.3	1.8
71.8	2.4	1392154.6	0.5	35.4	108.3	174.2	0.1
97.4	4.0	5282647.6	1.3	103.7	3.6	224.3	3.3
48.1	5.9	1364973.3	0.6	38.8	45.1	209.0	10.2
58.2	1.0	1030289.0	0.6	38.9	214.3	108.4	1.4
73.8	2.3	1378040.3	1.3	117.3	2.6	87.1	2.1
34.3	11.9	352715.9	1.0	62.8	31.3	182.8	14.7
69.6	-4.8	1221468.1	0.6	23.2		70.2	-21.1
79.5	2.6	2617694.2	1.2	34.7	15.0	57.6	2.7
61.1	-4.7	379761.5	0.8	22.4		74.7	-20.8

第9篇

交通运输和邮电

资料整理、审核

刘 阳 陈 娟

9-1　民用汽车拥有量

单位：辆

指　标	2021 年	2020 年	比 2020 年增长（%）
总　计	2004227	1845105	8.62
一、汽车	1929212	1794427	7.51
＃载客汽车	1759947	1644335	7.03
载货汽车	159415	141738	12.47
其他汽车	9850	8354	17.91
＃个人汽车	1695563	1585272	6.96
二、电车	75	78	−3.85
三、摩托车	47527	25864	83.76
四、拖拉机	7982	7881	1.28
五、挂车	19412	16835	15.31
六、其他类型	19	20	−5.00

9-2　公路运输线路长度

单位：公里

指标	2021 年	2020 年
公路线路里程	**6865.79**	**7243.08**
#等级公路	6842.77	7217.20
#晴雨通车里程	6850.21	7224.63
#高速公路	292.75	292.75
小 店 区	652.26	696.39
迎 泽 区	161.71	168.22
杏花岭区	256.88	256.46
尖草坪区	397.86	667.55
万柏林区	445.37	510.37
晋 源 区	555.50	562.87
清 徐 县	1275.74	1288.16
阳 曲 县	1287.13	1258.41
娄 烦 县	809.83	809.83
古 交 市	1023.51	1024.83
每百平方公里平均里程	**99.37**	**104.84**

9-3 旅客运输量

指 标	2021年	2020年	比2020年增长（%）
旅客发送量总计（万人）			
铁路	2242.15	1822.31	23.04
民航	999.53	901.32	10.90

9-4 货物运输量

指 标	2021年	2020年	比2020年增长（%）
货物运输量总计（万吨）			
铁路	4390.02	4125.93	6.40
民航	5.56	5.08	9.45

9-5 公路通车里程

单位：万吨

指 标	单 位	2021年	比2020年增长（%、百分点）
公路通车里程	**公里**	**6865.79**	**-5.2**
按隶属关系分			
国道	公里	624.72	
省道	公里	258.73	
县公路	公里	1138.33	14.8
乡公路	公里	1625.24	-4.3
村道	公里	3188.06	-10.9
专用公路	公里	30.70	-67.4
按等级分			
等级里程	公里	6842.77	-5.2
高速	公里	292.75	
一级	公里	233.06	-5.2
二级	公里	897.45	-4.6
三级	公里	1177.30	-10.0
四级	公里	4242.21	-4.2
等外里程	公里	23.02	-11.1
等级公路占总里程比重	%	99.66	
按铺装质量分			
有铺装路面里程	公里	6394.88	-4.9
占总里程比重	%	93.14	0.4
简易铺装路面里程	公里	289.75	-9.7
占总里程比重	%	4.22	-4.8
未铺装路面里程	公里	181.16	-9.9
占总里程比重	%	2.64	-5.0
百平方公里公路网密度	公里	99.37	-5.2

9-6　公路绿化里程

指　标	单位	2021年	比2020年增长（%、百分点）
公路绿化里程	**公里**	**2973.054**	**2.14**
国道	公里	412.609	
省道	公里	173.144	
县公路	公里	1120.873	14.68
乡公路	公里	825.561	-2.17
村道	公里	413.095	-2.09
专用公路	公里	27.772	-66.10
县级以下公路绿化率	**%**	**39.91**	**9.16**
县公路	%	98.47	-0.13
乡公路	%	50.80	2.18
村道	%	12.96	9.85
专用公路	%	90.45	3.89

9-7　乡镇、村通公路、通油路情况

指　标	单位	数量
乡镇总数	**个**	**46**
通油路乡镇数	个	46
乡镇通油路率	%	100
行政村总数	**个**	**634**
通公路行政村数	个	634
行政村通公路率	%	100
通硬化路行政村数	个	634
行政村通油路率	%	100

9-8 2021年太原局铁路线路里程

线路名称	起始地点	营业里程(公里)	延展里程(公里)
京包	郭磊庄	155.5	432.507
太焦	修文	190.7	251.064
南同蒲	榆次客	478.29	1292.44
侯西	侯马站	76.597	218.007
侯月	侯马北	150.29	434.396
太中	太原南	219.645	516.548
瓦日	瓦塘	499.779	1115.458
北同蒲	大同	334.65	1137.04
京原	灵丘	174.744	258.66
石太	赛鱼	105.24	429.655
口泉	平旺	9.73	100.496
宁岢	宁武	95.371	170.199
忻河	忻州	39.942	58.138
兰村	太原北六场	12.657	17.059
太北Ⅰ－Ⅵ场联	太原北一场		1.957
介西	介休	46.907	118.573
二峰山	翼城东	4.323	7.485
礼垣	礼元	44.28	53.431
大秦	韩家岭	652	1827.264
韩原	韩家岭	153.309	331.486
太兴	太原北六场	164.297	319.645
吕临	173线路所	37.956	46.019
朔准	店坪南	212.396	260.617
西南环	皇后园	57.854	155.668
秦皇岛进出港	南大寺	1.566	9.96
湖大	湖东	21.762	64.81
孝柳	孝西	115.968	191.56
大秦四期煤码头	柳村站	0.448	68.514
秦东联络	秦东上联线路所	14.42	79.89
大秦津蓟上联	蓟县西	5.098	5.098
大秦津蓟下联	蓟县西		5.103
义万联	义棠		5.294
皇太联络	皇后园		5.767
太北Ⅴ－Ⅵ场联	太原北		1.562
榆联	榆次客	1.8	0.698
介休洗选	义棠		11.701
洗选介西	介休工业		1.658
南联	东信号所	2.324	1.228
龙联	分解场	2.609	10.293
大包下发	大西二场		5.713
大包上引	大同北		3.43
薛梅	薛孤		8.782
大同北环	大西二场		15.681
同蒲大秦上联	西韩岭线路所	0.228	6.909
同蒲大秦下联	西韩岭线路所	5.75	5.813
云岗大秦上联	小站线路所		21.042
云岗大秦下联	云岗		15.604
汾太疏解	太原北六场		3.791
茶高联	茶坞	5.946	2.947
大段上联	大石庄	5.876	6.652

9-8　续表 1

线路名称	起始地点	营业里程（公里）	延展里程（公里）
大段下联	大石庄	5.545	6.26
大秦三期煤码头	柳村站		67.057
侯北南环	侯马北		3.113
榆次联 1	榆次客		1.237
榆次联 2	榆次客		3.235
东港	滦南	49.278	164.651
高曲联	高显		17.055
迁曹	迁安北站		7.412
迁曹	迁安北	121.2	287.816
京唐港	葡萄线路所	9.112	17.647
滦菱	滦县	7.932	18.325
滦菱	滦县		1.291
太原南立折	鸣李		1.953
曹港	闫武营线路所	3.133	3.213
燕大上行联络	大同东		0.757
古大联络	大同东		19.282
白彪疏解	白彪线路所		8.029
货联	榆编Ⅳ场		21.646
义万疏解	四公里线所		1.824
石太动车	太原南		4.854
大西动车	太原南		4.852
太南动车走行	太原南		47.835
运城北动车走行左	运城北		2.73
运城北动车走行右	运城北		3.621
侯西联络	侯马北	4.029	7.796
白文疏解	白文东		4.143
白文北疏解	白文东		4.189
吕临货联	173 线路所		5.307
吕临客联	西属巴	5.513	2.212
曹西	曹妃甸北	18.388	237.278
北东联络	陡泉右线路所		1.411
东北联络	三交东		5.776
东南联络	陡泉左线路所		1.224
岗樊联络	岗上线路所	4.427	9.319
太北Ⅳ－Ⅵ场联	太原北		2.713
西三下联	西张	5.028	5.439
西三上联	西张		4.116
太善村下联	太善村线路所	2.678	2.818
太善村上联	太善村线路所		3.422
大同南动走左	大同南		17.658
大同南动走右	大同南		0.905
刘家堡疏解	刘家堡线路所	4.237	10.319
石太客专	长风线路所	3.613	9.536
石太客专	东凌井－太原东	10.5	20.967
大西高速	樊家庄线路所	524.372	1130.367
大西高速	西涧河线路所	11.257	76.258
郑太客专	鸣李	8.457	29.62
郑太客专	襄垣东	163.827	339.802
张大客专	怀安	133.923	284.075
云岗	大西四场		0.924
玉门沟	太原西	12.934	42.738
邱家坡联络	店坡	1.022	0.351
中鼎联络	榆编Ⅱ场	14.244	6.879

9-9　邮电局（所）邮电线路及通信工具拥有量

指　标	单位	2021 年	2020 年	比 2020 年增长 %
邮路总条数	条	473	361	31.0
邮路总长度	公 里	98498	113021	-12.8
函件	万件	408.03	411.24	-0.8
包裹	万件	5.39	5.12	5.3
快递	万件	32177.63	22621.27	42.2
汇兑业务	万笔	4.85	7.71	-37.1
订销报纸	万份	12545.94	9673.4	29.7
订销杂志	万份	348.32	338.21	3.0
软交换接入设备容量	门	770491	817224	-5.7
IMS 网络	门	3590000	170000	2011.8

9-10　邮电业务量

指　标	单位	2021 年	2020 年	比 2020 年增长 %
邮电业务总量	**万 元**	**1280561**	**1060855**	**20.71**
邮政业务总量	万 元	442300	331700	33.34
电信业务总量	万 元	838261.40	729154.5181	14.96
全市电话用户	**户**	**8438398**	**9794343**	**-13.84**
固定电话用户	户	696449	677201	2.84
# 公用电话	户	72322	10367	597.62
移动电话用户	户	7741949	9117142	-15.08
#3G 用户	户	271591	104927	158.84
4G 用户	户	4820307	6181148	-22.02
互联网用户	**户**	**6235289**	**5886415**	**5.93**
# 宽带用户	户	2756408	2418251	13.98

注：1. 邮政业务总量由太原市邮政管理局提供，因使用新的不变单价计算，所以同时对 2020 年邮政业务总量数据进行修订。
2. 电信业务总量数据由太原联通、太原移动、太原电信、长城宽带等电信企业提供后加总计算，因 2021 年报表采用上年不变价计算，所以同时对 2020 年电信业务总量数据进行了修订。
3. 互联网用户数由太原联通、太原移动、太原电信、长城宽带等电信企业提供数据后加总计算，今年开始互联网用户数包括宽带用户数和移动互联网用户数两部分，因统计口径变化，对表中 2020 年互联网用户数进行修订。

第10篇

国内外贸易和旅游

资料整理、审核

李红令　董永新　刘文婷

张　媛　郭亚斐

10-1　社会消费品零售总额

单位：万元

指　标	2021 年	2020 年	比上年增长 %
社会消费品零售额	18739018.1	16551130.7	13.2
一、按销售地区分			
城镇	17411769.7	15745176.4	10.6
# 城区	13300790	12255314	8.5
乡村	1327248.4	805954.3	64.7
二、消费形态分			
餐饮收入	1070188.7	841673	27.2
商品零售	17668829.4	15709457.7	12.5

10-2 批发和零售业、住宿和餐饮业连锁经营情况

	单位	2021 年	2020 年
门店总数	个	4994	4253
营业面积	平方米	1948693	1404052
经营餐饮业务餐位数	个	19264	16752
从业人数	人	34139	30827
商品购进总额	万元	2672608	1703082
# 统一配送商品购进额	万元	1599259	1009047
商品销售额	万元	2541121	2269913
# 零售额	万元	2541121	2260522
营业额	万元	112018	92856
餐费收入	万元	109365	91717

10-3 限额以上批发零售业

指 标	法人企业数（个）	从业人员期末人数（人）	商品购进额	进口
总计	1990	87010	83317184.0	1605838.1
一、批发业	1318	39878	74764111.2	1378957.4
农、林、牧、渔产品批发	12	1586	92037.0	4509.2
谷物、豆及薯类批发	3	88	8390.3	
种子批发	2	164	18953.6	
畜牧渔业饲料批发	4	18	19772.0	4509.2
棉、麻批发	1	13	22989.4	
林业产品批发	1	1267	19188.9	
其他农牧产品批发	1	36	2742.8	
食品、饮料及烟草制品批发	90	4652	1659625.7	13.2
米、面制品及食用油批发	8	252	123368.3	
糕点、糖果及糖批发	4	81	12324.2	
果品、蔬菜批发	4	106	326889.9	
肉、禽、蛋、奶及水产品批发	12	319	52442.0	
盐及调味品批发	9	476	71307.4	
营养和保健品批发	2	95	12486.7	
酒、饮料及茶叶批发	35	1630	460586.0	
烟草制品批发	1	749	480028.5	
其他食品批发	15	944	120192.7	13.2
纺织、服装及家庭用品批发	48	2108	1493875.2	
纺织品、针织品及原料批发	1	1	12538.9	
服装批发	13	929	95402.6	
鞋帽批发	1	82	6331.4	
化妆品及卫生用品批发	5	125	32007.5	
厨具卫具及日用杂品批发	7	269	32111.4	
灯具、装饰物品批发	1	32	3430.3	
家用视听设备批发	4	254	245833.8	
日用家电批发	14	259	1063049.9	
其他家庭用品批发	2	157	3169.4	
文化、体育用品及器材批发	38	1254	888258.5	
文具用品批发	15	338	292638.0	

法人企业商品购进、销售和库存

单位：万元

商品销售额	批发额	出口	零售额	期末商品库存额
87263486.1	77106484.3	611856.7	10138036.4	3291117.4
77493459.5	76474363.4	568798.1	1000130.7	2267275.5
194259.3	194259.3			81615.4
8957.4	8957.4			11431.6
20707.4	20707.4			24439.7
20046.7	20046.7			1222.1
29217.6	29217.6			
86391.3	86391.3			44270.7
28938.9	28938.9			251.3
2023189.2	1964669.0	47794.5	58520.2	238075.9
118874.6	109960.2		8914.4	11423.6
13217.5	12179.5		1038.0	1272.6
332925.9	329348.1		3577.8	8249.1
52872.9	50934.7		1938.2	2100.9
89417.1	84023.4		5393.7	4723.1
16352.3	16352.3			821.5
566990.1	534210.1	47794.5	32780.0	179848.6
689175.9	689175.9			20086.9
143362.9	138484.8		4878.1	9549.6
1536150.6	1251170.7	23714.4	284979.9	93229.4
12543.6	12543.6			
119546.9	108013.2		11533.7	23875.8
6868.6	6790.5		78.1	1.0
26251.9	25670.0		581.9	3022.6
41599.2	38154.3	19202.0	3444.9	11349.6
4132.3	4132.3			196.4
257751.5	233478.4		24273.1	45507.3
1061049.6	817818.6	4512.4	243231.0	7773.3
6407.0	4569.8		1837.2	1503.4
994709.7	968876.6	75769.7	25833.1	61673.1
302899.8	294582.9		8316.9	28055.1

10-3　续表 1

指　标	法人企业数（个）	从业人员期末人数（人）	商品购进额	进口
体育用品及器材批发	5	308	135472.6	
图书批发	9	366	195624.8	
首饰、工艺品及收藏品批发	8	236	263480.8	
其他文化用品批发	1	6	1042.3	
医药及医疗器材批发	161	10023	4292054.0	6864.1
西药批发	47	5915	3148885.8	4324.6
中药批发	22	1549	311245.0	
动物用药品批发	2	21	4759.7	
医疗用品及器材批发	90	2538	827163.5	2539.5
矿产品、建材及化工产品批发	697	14689	61437505.1	1320603.9
煤炭及制品批发	262	8939	39659069.1	340742.3
石油及制品批发	31	1353	2921376.1	
非金属矿及制品批发	1	3	3804.7	
金属及金属矿批发	268	2388	13911086.3	979692.2
建材批发	69	905	1195778.0	
化肥批发	11	273	3047857.3	151.7
农药批发	1	43	20661.1	
其他化工产品批发	54	785	677872.5	17.7
机械设备、五金产品及电子产品批发	249	5152	2531445.0	17057.0
汽车及零配件批发	63	1011	530548.8	
摩托车及零配件批发	5	83	29037.9	
五金产品批发	26	412	556874.8	
电气设备批发	9	151	50413.3	
计算机、软件及辅助设备批发	28	750	242000.8	
通讯设备批发	15	412	318625.0	
其他机械设备及电子产品批发	103	2333	803944.4	17057.0
贸易经纪与代理	7	58	52570.1	29910.0
贸易代理	7	58	52570.1	29910.0
其他批发业	16	356	2316740.6	
再生物资回收与批发	2	7	13055.4	
宠物食品用品批发	1	43	6132.3	
互联网批发	6	89	2244081.3	
其他未列明批发业	7	217	53471.6	
内资企业	1311	39273	74629394.2	1363295.8
国有企业	2	844	779057.3	
集体企业	1	6	4672.0	77.6
股份合作企业	2	18	17626.7	
有限责任公司	249	17053	49163309.1	1238466.0

商品销售额	批发额	出口	零售额	期末商品库存额
158324.2	154707.9	73506.5	3616.3	14083.5
209388.9	205880.2		3508.7	6329.2
322979.2	312588.0	2263.2	10391.2	13199.9
1117.6	1117.6			5.4
4764195.1	4675599.7	43023.9	88595.4	377008.6
3421203.3	3351678.9	432.8	69524.4	262993.4
337560.2	337560.2			38563.9
5950.2	4550.2		1400.0	2487.3
999481.4	981810.4	42591.1	17671.0	72964.0
62819425.7	62494261.0	286826.3	306199.3	1174915.6
40249157.8	40019306.3	22213.3	229600.1	544481.7
3054926.7	3027197.8		27728.9	110735.2
4140.1	4140.1			3.3
14406653.2	14366220.2	228057.6	40433.0	417236.3
1274974.7	1257762.4		8436.2	57848.0
3076609.4	3076609.4	2246.6		13601.1
23517.1	23517.1			
729446.7	719507.7	34308.8	1.1	31010.0
2732322.9	2498123.5	77732.5	234199.4	230451.5
550683.8	511775.2	17097.9	38908.6	47713.9
31046.1	28426.4		2619.7	5426.7
573735.0	547309.4	13635.9	26425.6	13150.6
56620.1	51208.5		5411.6	1925.6
264627.4	248103.4		16524.0	35283.9
350619.9	324845.6		25774.3	16000.8
904990.6	786455.0	46998.7	118535.6	110950.0
54650.1	52926.0	12927.7	1724.1	6055.0
54650.1	52926.0	12927.7	1724.1	6055.0
2374556.9	2374477.6	1009.1	79.3	4251.0
15883.8	15883.8			532.8
7074.7	6995.5		79.2	602.2
2292930.3	2292930.2	1009.1	0.1	1005.9
58668.1	58668.1			2110.1
77321205.4	76339711.9	522903.8	962528.1	2247735.1
1020122.9	1020122.9			20086.9
4528.7	4528.7			311.9
23300.9	23300.9			23.0
50094060.9	49479357.0	127948.2	614703.9	1100386.1

10-3　续表 2

指　标	法人企业数（个）	从业人员期末人数（人）	商品购进额	进口
国有独资公司	24	1375	6090032.8	875032.8
其他有限责任公司	225	15678	43073276.3	363433.2
股份有限公司	8	1762	6261552.8	
私营企业	1049	19590	18403176.3	124752.2
私营有限责任公司	1033	19150	18198371.2	124752.2
私营股份有限公司	16	440	204805.1	
港、澳、台商投资企业	2	340	22507.5	
与港澳台商合资经营企业	1	54	6096.5	
港澳台商独资企业	1	286	16411.0	
外商投资企业	5	265	112209.5	15661.6
中外合资经营企业	3	243	70079.9	15661.6
外资企业	1	2	3111.7	
外商投资股份有限公司	1	20	39017.9	
国有控股	148	14566	46840839.5	1226732.2
集体控股	8	255	910391.2	77.6
私人控股	1158	24695	26948243.4	152147.6
港澳台商控股	2	340	22507.5	
外商控股	2	22	42129.6	
独立门店	740	19214	33496639.8	1231993.7
连锁总店（总部）	5	66	15924.0	
连锁直营店	1	27	1354.7	
连锁加盟店	3	191	28186.3	
其他	569	20380	41222006.4	146963.7
大型	18	9169	18667908.3	
中型	314	20212	37193808.3	1238223.2
小型	690	9341	10488570.7	124324.8
微型	296	1156	8413823.9	16409.4
城镇	1210	36523	71744799.6	1378957.4
其中：城区	1002	29658	47306506.7	1323682.7
乡村	108	3355	3019311.6	
港商投资	2	340	22507.5	
澳商投资	1	54	6096.5	
二、零售业	672	47132	8553072.8	226880.7
综合零售	47	11167	1252319.9	
百货零售	21	2452	267189.3	
超级市场零售	22	8045	856385.2	
便利店零售	3	658	127458.8	
其他综合零售	1	12	1286.6	
食品、饮料及烟草制品专门零售	85	3423	490407.0	68.7
粮油零售	9	231	14125.6	
糕点、面包零售	2	131	13883.4	

商品销售额	批发额	出口	零售额	期末商品库存额
6171189.5	6160493.6	763.6	10695.9	124550.0
43922871.4	43318863.4	127184.6	604008.0	975836.1
6306924.8	6306924.8			185753.4
19872267.2	19505477.6	394955.6	347824.2	941173.8
19577029.2	19217436.0	394955.6	340627.8	931245.1
295238.0	288041.6		7196.4	9928.7
45267.7	45267.7			4777.6
5337.7	5337.7			4777.6
39930.0	39930.0			
126986.4	89383.8	45894.3	37602.6	14762.8
77834.9	40232.3	34.0	37602.6	14762.7
3269.2	3269.2	3269.2		0.1
45882.3	45882.3	42591.1		
47716898.9	47526531.5	50624.5	190367.4	999704.1
979297.1	977103.1		2194.0	38467.6
28702844.3	27876309.6	472313.3	807569.3	1224326.1
45267.7	45267.7			4777.6
49151.5	49151.5	45860.3		0.1
35060192.7	34799076.0	127033.1	260865.3	1129195.4
17053.6	13087.9		3965.7	4299.4
1358.5	1358.5			0.4
30926.9	29548.8		1378.1	3688.4
42383927.8	41631292.2	441765.0	733921.6	1130091.9
19225390.8	19144980.6	47794.5	80410.2	466799.6
38313677.6	37898081.5	171334.2	415596.1	1116910.5
11311262.0	11113446.3	307733.4	197815.7	548421.7
8643129.1	8317855.0	41936.0	306308.7	135143.7
74288475.0	73291925.3	513405.4	977584.3	2153009.7
49185595.5	48321629.2	411692.6	863714.9	1758808.8
3204984.5	3182438.1	55392.7	22546.4	114265.8
45267.7	45267.7			4777.6
5337.7	5337.7			4777.6
9770026.6	632120.9	43058.6	9137905.7	1023841.9
1751854.5	7.2		1751847.3	209154.0
736441.7			736441.7	159933.7
868498.5	7.2		868491.3	44956.2
145559.4			145559.4	4165.2
1354.9			1354.9	98.9
522161.4	33349.9		488811.5	62703.6
14481.7	963.3		13518.4	3711.1
14352.6			14352.6	182.4

10–3 续表 3

指 标	法人企业数（个）	从业人员期末人数（人）	商品购进额	进口
果品、蔬菜零售	6	71	12716.2	
肉、禽、蛋、奶及水产品零售	7	908	47357.3	
营养和保健品零售	4	104	5527.8	
酒、饮料及茶叶零售	36	791	166879.7	68.7
烟草制品零售	2	100	3964.3	
其他食品零售	19	1087	225952.7	
纺织、服装及日用品专门零售	57	4049	343658.9	122.5
纺织品及针织品零售	1	146	21842.8	
服装零售	34	2751	220229.1	122.5
鞋帽零售	4	198	7279.6	
化妆品及卫生用品零售	7	609	46641.9	
厨具卫具及日用杂品零售	2	66	4740.3	
钟表、眼镜零售	4	212	34481.4	
自行车等代步设备零售	2	31	5037.1	
其他日用品零售	3	36	3406.7	
文化、体育用品及器材专门零售	29	995	114623.0	
文具用品零售	2	20	1053.4	
体育用品及器材零售	3	48	13918.2	
图书、报刊零售	5	408	33204.7	
音像制品、电子和数字出版物零售	1	10	1200.6	
珠宝首饰零售	10	426	52935.1	
工艺美术品及收藏品零售	1	12	1989.2	
乐器零售	6	67	8059.7	
照相器材零售	1	4	2262.1	
医药及医疗器材专门零售	36	9421	405429.5	
西药零售	27	9021	376142.9	
中药零售	5	327	16336.3	
动物用药品零售	2	33	7515.8	
医疗用品及器材零售	2	40	5434.5	
汽车、摩托车、零配件和燃料及其他动力销售	252	13598	4124389.3	221891.5
汽车新车零售	182	9433	3083466.7	221891.5
汽车零配件零售	11	166	17800.2	
摩托车及零配件零售	9	150	29324.9	
机动车燃油零售	46	3776	974508.0	
机动车燃气零售	3	67	19163.7	
机动车充电销售	1	6	125.8	
家用电器及电子产品专门零售	82	1969	744399.3	

商品销售额	批发额	出口	零售额	期末商品库存额
13742.5			13742.5	22.8
58565.0	3624.1		54940.9	1218.2
6515.9	5157.7		1358.2	2441.1
179242.1	19283.6		159958.5	34225.9
5011.9			5011.9	1280.4
230249.7	4321.2		225928.5	19621.7
447260.9	26957.0		420303.9	94026.8
29496.7			29496.7	13104.9
298451.6	13405.9		285045.7	68660.9
9043.5			9043.5	636.6
46595.0	2476.3		44118.7	8044.2
5973.9			5973.9	998.2
46754.0	5375.8		41378.2	1816.8
6852.3	3665.4		3186.9	410.6
4093.9	2033.6		2060.3	354.6
130012.6	10546.1		119466.5	30354.5
1156.2			1156.2	30.0
18713.8	2100.7		16613.1	1978.8
31379.9	25.9		31354.0	9607.6
1426.7	927.4		499.3	733.5
63934.6	6497.7		57436.9	12037.6
2079.0	258.2		1820.8	1270.4
9017.4	736.2		8281.2	4593.3
2305.0			2305.0	103.3
514829.5			514829.5	83774.0
480548.5			480548.5	77978.2
19044.0			19044.0	3670.8
7600.4			7600.4	823.4
7636.6			7636.6	1301.6
4531145.5	388814.4		4142331.1	446897.0
3444374.4	84400.6		3359973.8	382130.6
22998.3	6650.2		16348.1	2228.8
30798.8	3312.6		27486.2	9461.6
1010663.0	294451.0		716212.0	52480.5
21215.1			21215.1	416.1
1095.9			1095.9	179.4
761279.4	47833.4		713446.0	45382.4

10–3　续表 4

指　标	法人企业数（个）	从业人员期末人数（人）	商品购进额	进口
日用家电零售	29	933	542439.7	
计算机、软件及辅助设备零售	23	416	48320.8	
通信设备零售	23	542	143139.7	
其他电子产品零售	7	78	10499.1	
五金、家具及室内装饰材料专门零售	42	389	62949.2	19.2
五金零售	15	97	20183.9	19.2
灯具零售	1	6	2687.7	
家具零售	7	119	8163.8	
卫生洁具零售	1	3	1125.4	
木质装饰材料零售	5	14	3995.8	
陶瓷、石材装饰材料零售	5	96	12215.9	
其他室内装饰材料零售	8	54	14576.7	
货摊、无店铺及其他零售业	42	2121	1014896.7	4778.8
互联网零售	39	1885	983629.3	4778.8
生活用燃料零售	1	196	28009.8	
其他未列明零售业	2	40	3257.6	
内资企业	661	44964	7794896.2	176157.5
国有企业	3	107	16137.7	
集体企业	9	252	18912.3	
有限责任公司	128	14919	3179204.9	103691.0
国有独资公司	6	520	87670.2	1641.6
其他有限责任公司	122	14399	3091534.7	102049.4
股份有限公司	5	1482	361815.5	
私营企业	515	28190	4218511.0	72466.5
私营独资企业	7	141	6719.0	
私营有限责任公司	493	23230	3529971.1	72466.5
私营股份有限公司	15	4819	681820.9	
其他企业	1	14	314.8	
港、澳、台商投资企业	5	977	282789.9	38108.4
与港澳台商合资经营企业	1	167	100880.1	38108.4
港澳台商独资企业	4	810	181909.8	
外商投资企业	6	1191	475386.7	12614.8
外资企业	5	1139	461686.3	
其他外商投资企业	1	52	13700.4	12614.8
国有控股	35	8156	1087833.7	21123.1
集体控股	17	774	123622.6	2301.6
私人控股	608	36020	6583125.1	152732.8
港澳台商控股	6	1029	296490.3	50723.2
外商控股	5	1139	461686.3	
其他	1	14	314.8	
独立门店	523	26213	4579294.0	222434.0
连锁总店（总部）	28	10900	1881042.6	
连锁直营店	13	5682	749878.3	

商品销售额	批发额	出口	零售额	期末商品库存额
537431.7	11340.9		526090.8	15669.3
59803.4	9835.9		49967.5	7714.0
149602.4	23299.6		126302.8	20093.3
14441.9	3357.0		11084.9	1905.8
69032.7	5472.5		63560.2	10443.2
22989.2	3535.3		19453.9	1870.9
2978.8			2978.8	0.3
9769.3			9769.3	2940.5
953.0	953.0			277.2
5815.3	121.9		5693.4	990.0
12088.2	862.3		11225.9	1373.8
14438.9			14438.9	2990.5
1042450.1	119140.4	43058.6	923309.7	41106.4
1007764.0	107516.5	43058.6	900247.5	39622.9
30725.7	11623.9		19101.8	29.6
3960.4			3960.4	1453.9
9010732.5	539937.9	43058.6	8470794.6	969273.2
18223.9			18223.9	236.4
22417.6	1114.3		21303.3	1464.9
3522225.4	347432.4	40269.0	3174793.0	339042.4
80463.7	41660.4	40269.0	38803.3	9917.2
3441761.7	305772.0		3135989.7	329125.2
380257.1			380257.1	16641.5
5067023.7	191391.2	2789.6	4875632.5	611885.2
49695.2			49695.2	4918.0
4342641.7	185392.6	2789.6	4157249.1	576842.6
674686.8	5998.6		668688.2	30124.6
584.8			584.8	2.8
313284.4	375.9		312908.5	14063.1
110488.4			110488.4	8044.8
202796.0	375.9		202420.1	6018.3
446009.7	91807.1		354202.6	40505.6
431947.5	91807.1		340140.4	39375.7
14062.2			14062.2	1129.9
1253168.6	261353.5	40269.0	991815.1	179536.2
154740.6	1995.5		152745.1	14660.2
7602238.5	276588.9	2789.6	7325649.6	775074.0
327346.6	375.9		326970.7	15193.0
431947.5	91807.1		340140.4	39375.7
584.8			584.8	2.8
5617456.5	312901.0		5304555.5	685563.7
1968727.2	100068.1		1868659.1	136234.3
754727.3	1296.6		753430.7	33437.3

10-3　续表 5

指　标	法人企业数（个）	从业人员期末人数（人）	商品购进额	进口
连锁加盟店	7	114	7182.8	
其他	101	4223	1335675.1	4446.7
大型	23	21433	2464589.7	
中型	150	17283	3937076.0	190894.8
小型	303	7223	1366700.2	34677.0
微型	196	1193	784706.9	1308.9
有店铺零售	600	44678	7496799.4	222521.9
食杂店	16	145	20467.3	
便利店	6	1350	322811.8	
超市	27	2593	168984.2	
大型超市	10	6388	765078.0	
仓储会员店	1	10	890.7	
百货店	25	1654	220598.9	19.2
专业店	296	20325	3130192.1	81742.6
专卖店	182	9683	2626583.6	140760.1
家居建材商店	12	208	21822.4	
购物中心	12	1821	144653.3	
厂家直销中心	13	501	74717.1	
无店铺零售	72	2454	1056273.4	4358.8
邮购	2	33	5677.3	
网上商店	39	1878	985310.9	4358.8
电话购物	3	61	2954.6	
其他	28	482	62330.6	
有店铺零售	605	44832	7550605.7	222521.9
食杂店	17	158	22085.7	
便利店	8	1428	345282.0	
超市	30	2689	192276.0	
大型超市	11	6400	765078.0	
仓储会员店	1	10	890.7	
百货店	28	1706	222985.9	19.2
专业店	306	20647	3244823.0	81742.6
专卖店	193	10327	2660040.9	140760.1
家居建材商店	14	251	24238.4	
购物中心	15	1855	147302.8	
厂家直销中心	18	541	116540.9	
无店铺零售	85	3201	1215264.4	4778.8
邮购	2	33	5677.3	
网上商店	46	2504	1116483.0	4778.8
电话购物	3	61	2954.6	
其他	40	661	99857.5	338.7
城镇	633	44955	8048747.6	226880.7
其中：城区	527	38068	6246110.5	176228.1
乡村	39	2177	504325.2	
港商投资	4	928	278618.6	38108.4
澳商投资	2	521	178716.8	38108.4
台投资商	1	49	4171.3	

商品销售额				期末商品库存额
	批发额		零售额	
		出口		
9665.6	2105.9		7559.7	3894.4
1419450.0	215749.3	43058.6	1203700.7	164712.2
2794454.7	136424.9		2658029.8	180380.6
4639524.2	283942.3	40269.0	4355581.9	614552.5
1499922.4	122167.0	2789.6	1377755.4	176661.5
836125.3	89586.7		746538.6	52247.3
8675167.5	506929.2		8168238.3	967072.1
20573.5	7603.6		12969.9	5951.8
337369.3	2170.1		335199.2	17323.5
173977.0	7.2		173969.8	22062.6
784224.6			784224.6	31662.8
1116.1			1116.1	90.0
410047.4	3502.1		406545.3	38910.8
3408405.5	290933.0		3117472.5	296230.2
2962133.7	194676.5		2767457.2	376564.6
25519.1	1998.2		23520.9	4650.5
465568.5	2307.2		463261.3	159686.4
86232.8	3731.3		82501.5	13938.9
1094859.1	125191.7	43058.6	969667.4	56769.8
6857.7			6857.7	582.7
1011137.1	110304.2	43058.6	900832.9	41045.5
3636.1			3636.1	489.4
73228.2	14887.5		58340.7	14652.2
8729328.6	509716.9		8219611.7	975402.4
22346.9	7603.6		14743.3	6220.5
359252.6	2170.1		357082.5	22704.8
197211.4	581.9		196629.5	27659.7
784252.7			784252.7	31769.2
1116.1			1116.1	90.0
412493.7	4599.4		407894.3	41495.8
3522044.8	310208.7		3211836.1	312399.9
3018153.9	200051.3		2818102.6	384517.5
28218.9	1998.2		26220.7	5532.7
469208.3	2307.2		466901.1	159923.8
138320.9	6893.1		131427.8	20653.3
1261654.4	129908.7	43058.6	1131745.7	75376.4
6857.7			6857.7	582.7
1148472.2	110680.1	43058.6	1037792.1	51548.9
3636.1			3636.1	489.4
113825.3	19228.6		94596.7	24913.0
9230224.8	601387.1	43058.6	8628837.7	982352.1
7300731.2	383948.6	2789.6	6916782.6	856251.7
539801.8	30733.8		509068.0	41489.8
308153.3	375.9		307777.4	13148.6
207578.3			207578.3	8276.0
5131.1			5131.1	914.5

10-4　限额以上住宿业和

指　标	法人企业数（个）	从业人员期末人数（人）	营业额
总计	**455**	33184	636728.6
一、住宿业	162	10766	190588.6
旅游饭店	98	8015	138469.2
旅游饭店	98	8015	138469.2
一般旅馆	62	2703	50846.9
经济型连锁酒店	22	803	19260.2
其他一般旅馆	40	1900	31586.7
其他住宿业	2	48	1272.5
其他住宿业	2	48	1272.5
内资企业	162	10766	190588.6
国有企业	9	3392	41292.3
集体企业	1	32	215.2
有限责任公司	26	3426	62022.6
国有独资公司	4	912	14803.5
其他有限责任公司	22	2514	47219.1
私营企业	126	3916	87058.5
私营独资企业	4	60	2424.9
私营有限责任公司	122	3856	84633.6
国有控股	22	5388	83071.0
集体控股	1	32	215.2
私人控股	138	4797	102615.3
其他	1	549	4687.1
独立门店	126	9828	165931.4
连锁直营店	3	149	4385.9
连锁加盟店	30	601	17094.2
其他	3	188	3177.1
大型	1	1191	14870.7
中型	13	4449	74241.2
小型	131	5020	96066.4
微型	17	106	5410.3
五星	4	2319	30549.3
四星	12	870	19934.6
三星	20	1696	27228.3
二星	4	133	2109.0
其他	122	5748	110767.4
城镇	160	10653	188466.8
城区	145	9882	168921.5
乡村	2	113	2121.8

餐饮业经营情况（一）

单位：万元

客房收入	其中：通过公共网络实现的客房收入	其中：通过非自营平台实现的客房收入	餐费收入
133649.7	19355.8	6970.7	457720.1
107204.3	16661.0	6308.6	53790.5
73193.9	10579.5	3640.7	44114.5
73193.9	10579.5	3640.7	44114.5
32738.9	6007.5	2667.9	9675.0
13413.7	2025.8	328.2	4090.7
19325.2	3981.7	2339.7	5584.3
1271.5	74.0		1.0
1271.5	74.0		1.0
107204.3	16661.0	6308.6	53790.5
12882.7	762.2	327.9	21388.5
41.3			
24366.5	874.9	458.7	21032.5
3532.7	120.2		6756.6
20833.8	754.7	458.7	14275.9
69913.8	15023.9	5522.0	11369.5
2006.4			337.1
67907.4	15023.9	5522.0	11032.4
25053.5	623.7	35.3	35556.3
41.3			
80022.9	15744.7	5980.7	15892.8
2086.6	292.6	292.6	2341.4
84644.9	10882.1	5466.2	53272.2
4267.9			71.9
16323.7	5739.7	842.4	105.5
1967.8	39.2		340.9
4728.4	395.1		8554.0
22798.6	498.9	292.6	31584.1
74498.0	13748.8	4878.0	13527.6
5179.3	2018.2	1138.0	124.8
11372.0	687.7	292.6	16050.2
9960.3	1173.5	569.7	3595.2
11471.0	1896.0	949.9	9326.9
1733.2	342.1		186.4
72667.8	12561.7	4496.4	24631.8
106294.6	16492.1	6139.7	53352.8
92919.8	14600.0	5237.6	48742.0
909.7	168.9	168.9	437.7

10–4 续表 1–1

指 标	法人企业数（个）	从业人员期末人数（人）	营业额
二、餐饮业	293	22418	446140.0
正餐服务	278	14108	308613.5
正餐服务	278	14108	308613.5
快餐服务	4	7386	116884.4
快餐服务	4	7386	116884.4
饮料及冷饮服务	5	199	8521.3
咖啡馆服务	1	74	2967.1
其他饮料及冷饮服务	4	125	5554.2
餐饮配送及外卖送餐服务	1	19	1424.0
餐饮配送服务	1	19	1424.0
其他餐饮业	5	706	10696.8
小吃服务	2	41	1033.2
其他未列明餐饮业	3	665	9663.6
内资企业	289	15666	336898.6
国有企业	3	147	1446.1
股份合作企业	1	41	398.0
有限责任公司	42	2890	70662.5
国有独资公司	2	183	4031.5
其他有限责任公司	40	2707	66631.0
私营企业	243	12588	264392.0
私营独资企业	15	354	5223.2
私营合伙企业	1	14	479.9
私营有限责任公司	225	12179	257176.4
私营股份有限公司	2	41	1512.5
港、澳、台商投资企业	1	1660	30623.9
港澳台商独资企业	1	1660	30623.9
外商投资企业	3	5092	78617.5
中外合资经营企业	1	30	1200.7
外资企业	2	5062	77416.8
国有控股	10	1002	17891.6
私人控股	280	14694	320207.7
港澳台商控股	1	1660	30623.9
外商控股	2	5062	77416.8
独立门店	255	13326	272087.0
连锁总店（总部）	6	7205	118862.3
连锁直营店	6	174	8179.2
连锁加盟店	3	64	1545.8
其他	23	1649	45465.7
大型	3	7010	117614.3
中型	32	6489	132587.8
小型	216	8701	184177.3
微型	42	218	11760.6
城镇	292	22388	445663.3
其中：城区	259	20824	415593.8
乡村	1	30	476.7
港商投资	1	1660	30623.9

客房收入	其中：通过公共网络实现的客房收入	其中：通过非自营平台实现的客房收入	餐费收入
26445.4	2694.8	662.1	403929.6
26445.4	2694.8	662.1	271804.5
26445.4	2694.8	662.1	271804.5
			113395.8
			113395.8
			8209.8
			2744.3
			5465.5
			10519.5
			1033.2
			9486.3
26445.4	2694.8	662.1	297139.9
407.3	104.8		966.3
75.8			260.0
7155.6	369.2		59709.3
1056.9	241.9		1999.4
6098.7	127.3		57709.9
18806.7	2220.8	662.1	236204.3
171.5	2.8		5051.7
			477.1
18635.2	2218.0	662.1	229163.0
			1512.5
			28172.4
			28172.4
			78617.3
			1200.7
			77416.6
5643.5	396.4		10603.9
20801.9	2298.4	662.1	287736.7
			28172.4
			77416.6
24990.1	2588.2	662.1	234812.1
201.5			115971.1
			7956.4
			1545.8
1253.8	106.6		43644.2
			115162.8
12164.9	1493.0	540.4	114495.0
14279.7	1201.8	121.7	162858.1
0.8			11413.7
26036.2	2694.8	662.1	403862.1
24987.0	2692.0	662.1	374887.1
409.2			67.5
			28172.4

10-4　限额以上住宿业和

指　标	其中：通过公共网络实现的餐费收入	其中：通过非自营平台实现的餐费收入	商品销售额收入
总计	**42743.0**	**6558.4**	**3969.5**
一、住宿业	**1002.5**	**442.9**	**452.5**
旅游饭店	596.6	37.6	129.8
旅游饭店	596.6	37.6	129.8
一般旅馆	405.9	405.3	322.7
经济型连锁酒店			52.2
其他一般旅馆	405.9	405.3	270.5
其他住宿业			
其他住宿业			
内资企业	1002.5	442.9	452.5
国有企业	5.6	5.6	54.3
集体企业			
有限责任公司	345.0		20.2
国有独资公司	345.0		
其他有限责任公司			20.2
私营企业	651.9	437.3	378.0
私营独资企业			4.0
私营有限责任公司	651.9	437.3	374.0
国有控股	345.0		59.1
集体控股			
私人控股	651.9	437.3	393.4
其他	5.6	5.6	
独立门店	1002.5	442.9	234.7
连锁直营店			
连锁加盟店			210.2
其他			7.6
大型			
中型	248.9	5.6	10.9
小型	672.4	418.8	434.8
微型	81.2	18.5	6.8
五星	5.6	5.6	
四星			4.8
三星	464.8	3.0	50.0
二星			12.3
其他	532.1	434.3	385.4
城镇	998.3	438.7	452.5
城区	586.6	27.3	419.7
乡村	4.2	4.2	

餐饮业经营情况（二）

单位：万元

其他收入	客房数（间）	床位数（个）	餐位数（位）	年末餐饮营业面积（平方米）
41389.3	**25004**	**40234**	**193059**	**1013728.0**
29141.3	**19538**	**31253**	**26580**	**368126.0**
21031.0	13009	20753	18849	263227.0
21031.0	13009	20753	18849	263227.0
8110.3	6292	10156	7581	93899.0
1703.6	2262	3390	2136	43467.0
6406.7	4030	6766	5445	50432.0
	237	344	150	11000.0
	237	344	150	11000.0
29141.3	19538	31253	26580	368126.0
6966.8	1812	2970	5376	35271.0
173.9	48	96		
16603.4	4358	7422	8137	101673.0
4514.2	753	1274	2609	17949.0
12089.2	3605	6148	5528	83724.0
5397.2	13320	20765	13067	231182.0
77.4	411	788	880	6200.0
5319.8	12909	19977	12187	224982.0
22402.1	4284	7488	10455	109419.0
173.9	48	96		
6306.2	14858	23082	15125	253847.0
259.1	348	587	1000	4860.0
27779.6	15551	25227	25424	269343.0
46.1	690	1222	60	32200.0
454.8	2835	4021	654	61321.0
860.8	462	783	442	5262.0
1588.3	390	524	276	2000.0
19847.6	3137	5136	10980	88109.0
7606.0	14693	23474	14001	263130.0
99.4	1318	2119	1323	14887.0
3127.1	1329	1990	1866	37860.0
6374.3	1887	3083	4280	22447.0
6380.4	2525	4186	4666	50354.0
177.1	553	896	320	11572.0
13082.4	13244	21098	15448	245893.0
28366.9	19416	31040	26449	366850.0
26840.0	17565	28207	23675	331927.0
774.4	122	213	131	1276.0

10-4　续表 2-1

指　标	其中：通过公共网络实现的餐费收入	其中：通过非自营平台实现的餐费收入	商品销售额收入
二、餐饮业	41740.5	6115.5	3517.0
正餐服务	14780.7	6015.5	1097.7
正餐服务	14780.7	6015.5	1097.7
快餐服务	22983.5		2187.5
快餐服务	22983.5		2187.5
饮料及冷饮服务	2173.2		181.8
咖啡馆服务			103.6
其他饮料及冷饮服务	2173.2		78.2
餐饮配送及外卖送餐服务			
餐饮配送服务			
其他餐饮业	1803.1	100.0	50.0
小吃服务			
其他未列明餐饮业	1803.1	100.0	50.0
内资企业	18757.0	6115.5	2366.6
国有企业	26.0		
股份合作企业			
有限责任公司	2412.9		1255.6
国有独资公司	6.7		
其他有限责任公司	2406.2		1255.6
私营企业	16318.1	6115.5	1111.0
私营独资企业	243.2		
私营合伙企业			
私营有限责任公司	16074.9	6115.5	1111.0
私营股份有限公司			
港、澳、台商投资企业	22983.5		1150.4
港澳台商独资企业	22983.5		1150.4
外商投资企业			
中外合资经营企业			
外资企业			
国有控股	32.7		20.4
私人控股	18724.3	6115.5	2346.2
港澳台商控股	22983.5		1150.4
外商控股			
独立门店	17266.7	5821.5	2263.0
连锁总店（总部）	23394.4		1150.4
连锁直营店	190.0		103.6
连锁加盟店			
其他	889.4	294.0	
大型	22983.5		1150.4
中型	1743.3	677.1	1676.6
小型	15075.1	5431.6	690.0
微型	1938.6	6.8	
城镇	41740.5	6115.5	3517.0
其中：城区	40327.1	6108.7	3517.0
乡村			
港商投资	22983.5		1150.4

其他收入	客房数（间）	床位数（个）	餐位数（位）	年末餐饮营业面积（平方米）
12248.0	5466	8981	166479	645602.0
9265.9	5466	8981	145858	562013.0
9265.9	5466	8981	145858	562013.0
1301.1			19131	62819.0
1301.1			19131	62819.0
129.7			123	1850.0
119.2			4	30.0
10.5			119	1820.0
1424.0				
1424.0				
127.3			1367	18920.0
			60	520.0
127.3			1307	18400.0
10946.7	5466	8981	148707	585131.0
72.5	215	409	520	2180.0
62.2	24	51	300	2000.0
2542.0	1465	2284	14585	96441.0
975.2	204	315	940	10347.0
1566.8	1261	1969	13645	86094.0
8270.0	3762	6237	133302	484510.0
	87	164	3640	14854.0
2.8			60	118.0
8267.2	3675	6073	129038	466338.0
			564	3200.0
1301.1			5129	19857.0
1301.1			5129	19857.0
0.2			12643	40614.0
			12	510.0
0.2			12631	40104.0
1623.8	973	1563	4954	26140.0
9322.9	4493	7418	143765	559501.0
1301.1			5129	19857.0
0.2			12631	40104.0
10021.8	5061	8250	121805	500065.0
1539.3	70	110	23596	88321.0
119.2			321	2488.0
			154	1912.0
567.7	335	621	20603	52816.0
1301.1			18264	63679.0
4251.3	1406	2231	35806	184733.0
6349.5	3974	6582	105009	379181.0
346.1	86	168	7400	18009.0
12248.0	5301	8699	165879	635152.0
12202.7	4905	8011	149973	569820.0
	165	282	600	10450.0
1301.1			5129	19857.0

10-5 限额以上批发和零售业

指标名称	法人企业数（个）	执行《2006年企业会计准则》企业数（个）	一、年初存货	二、期末资产负债
				流动资产合计
总计	1990	1289	2530712.4	31724696.8
一、批发业	1318	838	1854403.1	28372361.6
农、林、牧、渔产品批发	12	8	76019.8	275543.1
谷物、豆及薯类批发	3	3	11312.4	12776.4
种子批发	2	2	14095.4	45052.0
畜牧渔业饲料批发	4	1	597.0	2835.2
棉、麻批发	1	1	2.5	3063.0
林业产品批发	1	1	49832.3	211189.6
其他农牧产品批发	1		180.2	626.9
食品、饮料及烟草制品批发	90	65	204916.2	848123.8
米、面制品及食用油批发	8	4	1243.6	20434.9
糕点、糖果及糖批发	4	3	1072.2	7049.8
果品、蔬菜批发	4	4	13664.9	98591.2
肉、禽、蛋、奶及水产品批发	12	9	1657.1	18388.4
盐及调味品批发	9	7	4365.2	50269.0
营养和保健品批发	2	2	365.5	8165.1
酒、饮料及茶叶批发	35	24	150760.0	393453.5
烟草制品批发	1	1	19181.5	195166.1
其他食品批发	15	11	12606.2	56605.8
纺织、服装及家庭用品批发	48	33	104301.4	781984.5
纺织品、针织品及原料批发	1			
服装批发	13	13	40893.0	57450.3
鞋帽批发	1	1	26.2	4618.8
化妆品及卫生用品批发	5	3	2774.9	9149.2
厨具卫具及日用杂品批发	7	2	3106.9	16363.2
灯具、装饰物品批发	1	1	166.0	1277.4
家用视听设备批发	4	2	44832.3	147179.0
日用家电批发	14	9	11173.2	542714.1
其他家庭用品批发	2	2	1328.9	3232.5
文化、体育用品及器材批发	38	24	64097.7	417384.1
文具用品批发	15	7	21132.0	93635.8
体育用品及器材批发	5	4	12131.7	62382.4
图书批发	9	8	9443.6	239791.8
首饰、工艺品及收藏品批发	8	4	21386.9	21350.3
其他文化用品批发	1	1	3.5	223.8
医药及医疗器材批发	161	113	370573.3	2952150.6
西药批发	47	38	257356.7	1957582.6
中药批发	22	14	39829.6	270187.4
动物用药品批发	2	1	2227.5	6884.6
医疗用品及器材批发	90	60	71159.5	717496.0
矿产品、建材及化工产品批发	697	437	817954.6	21624460.6
煤炭及制品批发	262	185	330593.3	17684924.3
石油及制品批发	31	23	92013.3	775511.0
非金属矿及制品批发	1	1	0.2	159.7
金属及金属矿批发	268	158	288835.7	1907613.0
建材批发	69	39	59266.0	549606.1
化肥批发	11	7	28204.5	381055.1
农药批发	1			54845.7
其他化工产品批发	54	24	19041.6	270745.7
机械设备、五金产品及电子产品批发	249	141	210463.8	1145641.9
汽车及零配件批发	63	40	39117.3	252495.1
摩托车及零配件批发	5	1	3819.2	7240.6
五金产品批发	26	16	8116.5	101104.6
电气设备批发	9	5	714.8	49565.8
计算机、软件及辅助设备批发	28	15	35013.3	110570.6
通讯设备批发	15	7	9083.9	37689.8
其他机械设备及电子产品批发	103	57	114598.8	586975.4

法人企业财务状况（一）

单位：万元

应收账款	存货	固定资产原价	累计折旧	本年折旧
5481998.5	3019628.7	1601089.1	706538.5	103198.2
4969883.3	2267762.2	972441.2	400956.8	60989.2
68181.6	82228.3	22563.1	9095.4	632.7
270.1	11398.5	7520.3	2743.7	189.0
4890.8	25054.6	5158.1	3331.9	212.9
692.5	1222.1	221.6	34.1	19.4
1185.6	4.6	3082.8		
61027.1	44297.2	6570.8	2985.4	211.1
115.5	251.3	9.5	0.3	0.3
128865.7	223792.3	109974.8	61378.1	3096.6
6668.4	9052.2	2583.3	1926.0	274.2
2387.2	1570.8	2146.3	1158.2	57.3
51674.8	9578.4	32231.0	11236.2	920.5
11725.4	1972.1	571.9	321.6	85.0
7507.9	6010.7	12716.0	8440.8	322.7
6712.5	410.6	1280.6	1107.1	48.5
10240.1	168124.3	10405.8	7781.1	542.2
	17840.0	46533.4	28345.6	658.0
31949.4	9233.2	1506.5	1061.5	188.2
444931.1	87756.6	9261.3	5254.3	407.6
18698.0	22513.9	2146.8	1524.4	130.5
3469.1	26.5	378.5	256.3	23.9
3105.4	2683.2	69.4	59.2	14.1
4349.1	2696.5	1156.9	704.8	38.1
69.2	196.4	19.0	18.1	0.1
4083.4	44075.2	2075.7	551.1	99.4
410750.4	12982.8	3340.5	2081.5	95.5
406.5	2582.1	74.5	58.9	6.0
59816.2	60416.0	47707.0	24943.5	1795.1
23238.0	25284.7	4052.1	2576.3	180.3
8750.2	14107.1	3346.3	2362.4	215.9
24976.7	8452.4	31476.5	13198.5	1171.1
2767.1	12566.4	8826.2	6805.7	227.8
84.2	5.4	5.9	0.6	
1437311.3	353552.4	259467.4	59732.4	13038.1
878527.7	245668.6	218037.1	33592.7	6572.2
94905.6	37630.1	19085.2	9844.2	2588.3
4009.1	2482.0	83.8	53.7	53.7
459868.9	67771.7	22261.3	16241.8	3823.9
2395683.4	1095697.8	389632.8	182684.3	26244.8
1381378.0	527436.9	197657.6	96887.2	12160.8
127530.4	107256.1	32950.8	21724.4	2423.1
116.2	3.0	46.1	3.6	3.6
366746.3	371005.0	102542.0	37049.9	6474.5
336823.9	51705.7	18951.3	11877.5	1875.9
86724.4	14655.0	17931.6	6205.9	1400.9
457.2		0.4	0.3	0.1
95907.0	23636.1	19553.0	8935.5	1905.9
350264.5	252893.7	128625.9	54606.7	14881.1
76493.7	44478.5	12131.1	6873.4	1726.3
1002.4	5237.5	1013.2	233.6	41.7
44034.5	13631.4	3311.2	2099.5	229.8
13920.2	1820.2	35163.4	19396.8	6026.4
34288.9	37231.2	3178.6	1713.4	349.9
9010.8	11901.0	2069.0	575.1	146.7
171514.0	138593.9	71759.4	23714.9	6360.3

10-5　续表 1-1

指　标	法人企业数（个）	执行《2006年企业会计准则》企业数（个）	一、年初存货	二、期末资产负债 流动资产合计
贸易经纪与代理	7	7	771.7	23417.5
贸易代理	7	7	771.7	23417.5
其他批发业	16	10	5304.6	303655.5
再生物资回收与批发	2	1	2561.5	1874.2
宠物食品用品批发	1		484.2	1788.0
互联网批发	6	6	919.5	283448.7
其他未列明批发业	7	3	1339.4	16544.6
内资企业	1311	832	1812400.8	28283644.8
国有企业	2	2	19181.5	653494.2
集体企业	1		149.2	3602.7
股份合作企业	2	1	19.5	3344.9
有限责任公司	249	224	945448.4	18274846.3
国有独资公司	24	23	130169.7	1647920.5
其他有限责任公司	225	201	815278.7	16626925.8
股份有限公司	8	8	110061.0	4018278.0
私营企业	1049	597	737541.2	5330078.7
私营有限责任公司	1033	586	724696.3	5267027.5
私营股份有限公司	16	11	12844.9	63051.2
港、澳、台商投资企业	2	2	31394.8	5955.9
合资经营企业（港或澳、台资）	1	1	14684.9	5381.3
港、澳、台商独资经营企业	1	1	16709.9	574.6
外商投资企业	5	4	10607.5	82760.9
中外合资经营企业	3	3	10607.5	50119.7
外资企业	1			1910.1
外商投资股份有限公司	1	1		30731.1
国有控股	148	145	814429.4	20086336.0
集体控股	8	5	27831.2	169822.2
私人控股	1158	685	980747.7	8077606.3
港澳台商控股	2	2	31394.8	5955.9
外商控股	2	1		32641.2
独立门店	740	476	1007379.3	14094846.7
连锁总店（总部）	5	3	6408.2	28375.4
连锁直营店	1	1	0.4	47604.5
连锁加盟店	3	3	2782.1	8597.0
其他	569	355	837833.1	14192938.0
大型	18	18	349158.6	13770378.3
中型	314	246	1003175.5	9989994.8
小型	690	408	383450.6	3188966.3
微型	296	166	118618.4	1423022.2
城镇	1210	766	1763575.7	27570646.4
其中：城区	1002	625	1434549.4	23024748.2
乡村	108	72	90827.4	801715.2
港商投资	2	2	31394.8	5955.9
澳商投资	1	1	14684.9	5381.3
二、零售业	672	451	676309.3	3352335.2
综合零售	47	33	47699.9	881416.6
百货零售	21	16	19458.7	571451.7
超级市场零售	22	16	24460.3	256463.5
便利店零售	3	1	3613.8	52450.6
其他综合零售	1		167.1	1050.8
食品、饮料及烟草制品专门零售	85	56	59559.7	199104.4
粮油零售	9	4	4328.2	14392.5
糕点、面包零售	2	2	465.0	2354.9
果品、蔬菜零售	6	6	272.6	1691.3
肉、禽、蛋、奶及水产品零售	7	6	479.3	19519.0
营养和保健品零售	4	1	2026.2	5252.1
酒、饮料及茶叶零售	36	21	28717.5	75187.3
烟草制品零售	2	2	1156.7	6038.6
其他食品零售	19	14	22114.2	74668.7
纺织、服装及日用品专门零售	57	39	85339.9	254465.1
纺织品及针织品零售	1	1	10952.4	23036.3
服装零售	34	24	62319.6	185945.6

应收账款	存货	固定资产原价	累计折旧	本年折旧
10942.3	2217.3	525.6	99.6	26.6
10942.3	2217.3	525.6	99.6	26.6
73887.2	109207.8	4683.3	3162.5	866.6
1438.1	338.9	208.5	118.2	23.2
710.0	551.5	0.8	0.1	0.1
67425.9	106331.7	189.3	33.9	27.7
4313.2	1985.7	4284.7	3010.3	815.6
4945692.6	2250174.7	960458.9	393487.9	60516.0
70.0	17840.1	46959.6	28704.8	682.9
2387.2	276.0	686.7	363.7	55.0
112.9	23.0	1747.6	1001.4	148.1
3032806.3	1086014.4	579012.2	212772.1	28764.7
110096.3	123856.4	74331.9	36846.2	2800.5
2922710.0	962158.0	504680.3	175925.9	25964.2
293321.2	166677.4	39880.7	18126.5	2101.2
1616995.0	979343.8	292172.1	132519.4	28764.1
1587355.8	968370.3	283682.9	129097.5	28404.4
29639.2	10973.5	8489.2	3421.9	359.7
1272.3	4228.0	7691.4	6122.4	118.1
818.9	4228.0	7662.0	6107.8	112.8
453.4		29.4	14.6	5.3
22918.4	13359.5	4290.9	1346.5	355.1
21048.3	13356.7	4168.3	1329.5	338.1
1870.1	2.8	4.7	2.2	2.2
		117.9	14.8	14.8
2429010.2	952368.4	410176.9	212145.6	22984.2
17037.9	39499.4	23060.2	10408.2	1360.7
2520692.8	1271663.6	531390.1	172263.6	36509.2
1272.3	4228.0	7691.4	6122.4	118.1
1870.1	2.8	122.6	17.0	17.0
2157706.4	1120851.4	452983.6	217792.5	29649.5
3301.7	7091.1	4891.8	3102.7	82.8
5531.9	0.4	9061.6	4853.4	390.0
899.9	3790.0	77.3	46.1	20.5
2802443.4	1136029.3	505426.9	175162.1	30846.4
1096033.0	442324.8	378754.4	122848.1	11401.2
2273319.2	1191359.6	404965.7	178718.3	30148.8
930075.8	485333.6	163391.6	87068.3	16584.4
670455.3	148744.2	25329.5	12322.1	2854.8
4735369.2	2146895.5	903848.7	368953.8	55412.4
3470151.7	1677730.9	614969.3	310960.0	42440.5
234514.1	120866.7	68592.5	32003.0	5576.8
1272.3	4228.0	7691.4	6122.4	118.1
818.9	4228.0	7662.0	6107.8	112.8
512115.2	751866.5	628647.9	305581.7	42209.0
22981.0	73415.7	159966.9	78306.2	8987.4
3299.4	22491.6	78058.1	40336.2	3830.7
15839.3	46836.9	73457.7	33076.5	4600.3
3842.3	3987.8	8451.1	4893.5	556.4
	99.4			
41135.8	66594.4	32368.6	15039.3	2027.7
2211.8	5167.1	8268.6	3037.4	152.6
1876.4	182.4	283.9	135.4	39.9
621.2	31.2	1008.6	227.7	124.2
14937.0	1071.0	1125.5	429.4	87.5
1893.3	2339.1	93.0	39.0	19.7
8289.4	36341.8	6310.9	2068.8	817.9
348.9	1199.8	1405.0	716.5	60.5
10957.8	20262.0	13873.1	8385.1	725.4
67815.6	89636.9	28723.5	18353.3	1386.3
8746.3	11597.3	5522.3	1383.7	192.7
52989.8	65825.1	17642.9	13405.0	487.0

10-5 续表 1-2

指 标	法人企业数（个）	执行《2006年企业会计准则》企业数（个）	一、年初存货	二、期末资产负债 流动资产合计
鞋帽零售	4	4	277.6	3072.1
化妆品及卫生用品零售	7	5	6842.1	11877.2
厨具卫具及日用杂品零售	2	1	973.9	3533.6
钟表、眼镜零售	4	3	1413.6	23503.8
自行车等代步设备零售	2		1764.0	506.9
其他日用品零售	3	1	796.7	2989.6
文化、体育用品及器材专门零售	29	10	21639.3	64303.5
文具用品零售	2		33.3	1267.1
体育用品及器材零售	3	1	2051.7	6358.4
图书、报刊零售	5	1	4119.4	20915.3
音像制品、电子和数字出版物零售	1		639.7	710.3
珠宝首饰零售	10	6	9469.8	23523.6
工艺美术品及收藏品零售	1		1164.1	2544.7
乐器零售	6	1	4127.0	7665.6
照相器材零售	1	1	34.3	1318.5
医药及医疗器材专门零售	36	22	68815.2	238287.5
西药零售	27	15	62359.9	215953.8
中药零售	5	4	4535.7	10492.4
动物用药品零售	2	1	800.6	4106.2
医疗用品及器材零售	2	2	1119.0	7735.1
汽车、摩托车、零配件和燃料及其他动力销售	252	194	322085.1	1208577.9
汽车新车零售	182	148	285224.9	968395.7
汽车零配件零售	11	5	3159.7	8754.3
摩托车及零配件零售	9	7	7477.9	13832.1
机动车燃油零售	46	31	25695.5	204832.2
机动车燃气零售	3	2	282.1	12003.2
机动车充电销售	1	1	245.0	760.4
家用电器及电子产品专门零售	82	56	36861.7	210358.9
日用家电零售	29	18	16910.7	105932.2
计算机、软件及辅助设备零售	23	15	7797.3	45894.2
通信设备零售	23	17	10117.8	45947.3
其他电子产品零售	7	6	2035.9	12585.2
五金、家具及室内装饰材料专门零售	42	17	7825.3	54231.9
五金零售	15	5	1408.9	18389.6
灯具零售	1		9.8	2484.9
家具零售	7	3	3090.2	9912.2
卫生洁具零售	1	1	64.0	519.7
木质装饰材料零售	5	2	548.4	3588.8
陶瓷、石材装饰材料零售	5	4	297.2	6982.8
其他室内装饰材料零售	8	2	2406.8	12353.9
货摊、无店铺及其他零售业	42	24	26483.2	241589.4
互联网零售	39	23	23323.6	196315.3
生活用燃料零售	1	1	1426.9	43387.7
其他未列明零售业	2		1732.7	1886.4
内资企业	661	442	651049.0	3188061.0
国有企业	3	1	81.7	3235.5
集体企业	9	5	1863.3	10966.1
有限责任公司	128	111	229888.1	1041219.3
国有独资公司	6	5	5834.4	43488.9
其他有限责任公司	122	106	224053.7	997730.4
股份有限公司	5	5	9399.8	317984.5
私营企业	515	319	409811.6	1814603.3
私营独资企业	7	5	4628.6	22101.8
私营有限责任公司	493	308	393881.8	1668866.7
私营股份有限公司	15	6	11301.2	123634.8

应收账款	存货	固定资产原价	累计折旧	本年折旧
776.2	550.1	189.4	167.9	26.6
1275.9	7665.6	2652.9	1437.0	302.7
203.3	912.7	143.8	19.5	14.7
2795.3	1749.3	2318.1	1746.4	308.1
−275.1	605.6	176.2	170.1	45.5
1303.9	731.2	77.9	23.7	9.0
9382.4	23002.8	21717.1	9046.3	676.6
584.0	28.8	2.5	2.5	2.5
1939.9	1978.8	577.1	240.5	26.7
1031.2	5787.1	7370.9	3743.8	222.4
−114.6	595.7	58.3	19.2	19.2
5131.9	8891.1	13391.3	4792.8	307.5
68.7	1274.5	70.6	70.6	
684.8	4355.4	246.4	176.9	98.3
56.5	91.4			
42416.6	80478.9	21399.8	13689.3	5479.1
34709.9	72696.1	20076.3	12790.5	5248.7
1501.6	5060.1	713.0	559.3	182.2
2579.7	823.4	215.5	97.7	31.5
3625.4	1899.3	395.0	241.8	16.7
117732.6	309149.6	311622.8	153730.2	20883.3
95011.1	272264.9	201057.6	101591.7	15489.4
1749.7	2131.1	542.2	346.5	130.9
1805.2	8492.4	1048.5	493.5	135.6
19034.9	23412.4	103095.5	48931.6	4754.9
131.7	2669.3	5007.2	2277.9	302.0
	179.5	871.8	89.0	70.5
68321.0	46708.3	9700.9	3732.3	451.5
26747.3	22938.6	6666.5	1920.3	9.9
19858.9	7582.5	1816.5	1070.2	266.6
13979.8	14083.6	837.3	548.1	148.7
7735.0	2103.6	380.6	193.7	26.3
24604.9	10372.2	1655.6	1038.5	248.2
11596.9	1642.8	634.5	355.5	130.4
1942.8	0.3			
2175.4	2939.7	467.9	341.8	47.3
111.5	245.3			
1659.0	894.2	69.7	34.3	16.4
2854.3	1344.1	163.4	123.8	15.8
4265.0	3305.8	320.1	183.1	38.3
117725.3	52507.7	41492.7	12646.3	2068.9
96863.3	50412.9	6397.7	2675.7	816.6
20574.0	618.9	35079.0	9955.2	1252.3
288.0	1475.9	16.0	15.4	
457786.9	727329.7	542886.6	259098.7	39340.3
7.3	2522.4	2182.4	1574.8	179.3
1968.8	1774.1	3596.2	1948.5	633.0
201273.0	252381.0	185416.5	82625.0	13156.8
1240.3	14435.6	19484.7	8937.9	434.5
200032.7	237945.4	165931.8	73687.1	12722.3
4104.2	12684.9	38414.8	16278.7	2362.5
250405.1	457964.5	312981.2	156625.6	23005.7
996.2	4924.7	5747.2	3869.8	558.7
236416.9	421120.3	258808.6	134270.8	20521.9
12992.0	31919.5	48425.4	18485.0	1925.1

10–5　续表 1–3

指　标	法人企业数（个）	执行《2006年企业会计准则》企业数（个）	一、年初存货	二、期末资产负债
				流动资产合计
其他企业	1	1	4.5	52.3
港、澳、台商投资企业	5	5	11973.8	82269.4
合资经营企业（港或澳、台资）	1	1	6432.8	16887.4
港、澳、台商独资经营企业	4	4	5541.0	65382.0
外商投资企业	6	4	13286.5	82004.8
外资企业	5	4	13286.5	78673.7
其他外商投资企业	1			3331.1
国有控股	35	29	76863.6	461778.2
集体控股	17	11	21733.5	36093.1
私人控股	608	401	552447.4	2690137.4
港澳台商控股	6	5	11973.8	85600.5
外商控股	5	4	13286.5	78673.7
其他	1	1	4.5	52.3
独立门店	523	355	503572.2	2060174.1
连锁总店（总部）	28	23	95163.0	748139.3
连锁直营店	13	10	16478.8	136917.1
连锁加盟店	7	4	2232.6	8135.4
其他	101	59	58862.7	398969.3
大型	23	22	116664.6	856324.8
中型	150	130	330473.2	1548459.2
小型	303	187	175232.8	643768.6
微型	196	112	53938.7	303782.6
有店铺零售	600	411	637918.1	3093770.7
食杂店	16	10	4936.0	22063.3
便利店	6	2	16234.3	99987.3
超市	27	19	17645.6	50114.4
大型超市	10	8	16970.2	243232.7
仓储会员店	1	1	169.6	923.7
百货店	25	17	11374.2	486034.8
专业店	296	190	221245.1	1059866.2
专卖店	182	140	293482.3	843843.8
家居建材商店	12	7	4490.8	19619.0
购物中心	12	9	36008.4	200629.1
厂家直销中心	13	8	15361.6	67456.4
无店铺零售	72	40	38391.2	258564.5
邮购	2	1	545.9	1797.2
网上商店	39	24	24722.8	197814.9
电话购物	3	1	489.7	2608.5
其他	28	14	12632.8	56343.9
有店铺零售	605	415	638895.2	3106135.1
食杂店	17	11	4936.0	23329.6
便利店	8	3	19503.9	107706.4
超市	30	20	20981.9	58355.3
大型超市	11	9	17122.1	245101.4
仓储会员店	1	1	169.6	923.7
百货店	28	19	13542.8	491745.1
专业店	306	196	232119.6	1106248.2
专卖店	193	146	299515.7	860212.3
家居建材商店	14	8	5038.6	22387.8
购物中心	15	12	38561.7	205761.3
厂家直销中心	18	12	22141.8	91264.7
无店铺零售	85	50	52974.5	289952.1
邮购	2	1	545.9	1797.2
网上商店	46	29	32139.5	213245.0
电话购物	3	1	489.7	2608.5
其他	40	22	21836.2	76662.5
城镇	79	45	47573.1	260349.7
其中：城区	47	21	17068.6	60204.4
乡村	6	5	5401.4	29602.4
港商投资	4	4	10649.3	80807.3
澳商投资	2	2	7807.2	73259.5
台投资商	1	1	1324.5	1462.1

单位：万元

		固定资产原价	累计折旧	
应收账款	存货			本年折旧
28.5	2.8	295.5	46.1	3.0
53626.4	13885.5	25939.3	17829.9	1183.0
8928.6	7215.5	9200.5	4671.7	763.6
44697.8	6670.0	16738.8	13158.2	419.4
701.9	10651.3	59822.0	28653.1	1685.7
637.7	9645.3	56715.7	28474.9	1507.6
64.2	1006.0	3106.3	178.2	178.1
67394.2	101112.8	116318.7	48222.5	8794.0
3732.0	15083.2	11936.2	7396.7	967.2
386632.2	611130.9	414336.2	203433.4	29576.1
53690.6	14891.5	29045.6	18008.1	1361.1
637.7	9645.3	56715.7	28474.9	1507.6
28.5	2.8	295.5	46.1	3.0
267878.2	525294.5	428906.3	205188.6	29717.1
105267.4	106473.2	129313.7	70818.6	8742.3
16970.3	35151.9	49068.7	19508.2	1855.9
1474.7	2950.0	148.6	120.8	9.3
120524.6	81996.9	21210.6	9945.5	1884.4
124422.4	145457.2	213323.4	108305.3	13920.0
158479.2	363969.4	320557.1	150060.4	18474.7
98569.5	180847.2	70585.4	37533.6	5792.8
130644.1	61592.7	24182.0	9682.4	4021.5
390906.6	686546.9	616519.4	300242.4	41244.4
9447.3	6873.4	2896.0	537.3	23.5
4766.6	16925.9	16965.3	10120.5	989.1
9452.1	19676.2	15702.2	7941.3	1687.4
9559.2	35547.1	81287.8	42860.0	4600.5
98.1	130.7	43.3	42.1	2.3
3894.4	16923.5	24771.9	16454.9	881.9
197341.1	265061.1	259816.9	120913.3	19738.7
91265.4	266825.0	156379.3	77422.0	10963.6
6385.6	5039.9	503.4	358.5	59.4
47747.3	41371.6	48079.2	19931.2	1860.6
10949.5	12172.5	10074.1	3661.3	437.4
121208.6	65319.6	12128.5	5339.3	964.6
21.0	545.0	131.3	7.0	2.2
96308.5	51657.3	5981.4	2786.4	758.7
353.2	483.0	160.7	124.4	29.6
24525.9	12634.3	5855.1	2421.5	174.1
391521.8	694858.1	617085.6	300549.2	41318.2
10365.9	7142.1	2901.7	542.9	23.5
4159.8	22401.2	17180.6	10141.5	994.2
8853.3	25265.6	15843.5	7990.9	1697.5
10213.4	35653.5	81293.7	42862.9	4602.3
98.1	130.7	43.3	42.1	2.3
5424.6	19481.9	26618.3	17853.7	939.6
197774.3	280889.1	261786.7	122294.1	19963.8
95030.7	274326.2	158132.5	78170.7	11158.4
7779.6	5820.7	614.7	449.0	70.9
48033.1	43262.6	48132.9	19954.0	1864.6
12846.1	19429.5	12631.4	4761.8	679.0
125853.2	81968.4	16276.5	7460.4	1324.8
21.0	545.0	131.3	7.0	2.2
99549.4	61930.1	7476.3	3204.4	860.6
353.2	483.0	160.7	124.4	29.6
27320.6	20935.4	8807.4	4367.4	459.0
107835.7	74562.4	14747.9	7049.3	1051.2
13789.9	22050.5	7716.6	3715.8	375.3
18017.5	7406.0	1528.6	411.1	273.6
53485.7	13027.2	25775.6	17714.7	1156.9
51872.9	8715.2	23281.7	16424.4	876.1
140.7	858.3	163.7	115.2	26.1

10-5　限额以上批发和零售业

指　标	固定资产净额	在建工程	资产总计	流动负债合计
总计	627921.8	207849.3	43389812.6	25616286.0
一、批发业	398315.1	172242.4	38483500.5	22409077.2
农、林、牧、渔产品批发	9642.6	5252.5	359490.3	132329.9
谷物、豆及薯类批发	4065.1	221.2	17774.1	11142.4
种子批发	1826.2	2061.4	53631.6	25906.6
畜牧渔业饲料批发	156.7		3024.8	1905.2
棉、麻批发			11729.7	4859.0
林业产品批发	3585.4	2969.9	272694.0	87910.8
其他农牧产品批发	9.2		636.1	605.9
食品、饮料及烟草制品批发	48329.1	35173.8	990638.4	569243.0
米、面制品及食用油批发	657.3		21204.9	17756.9
糕点、糖果及糖批发	987.9	34901.4	45187.0	39704.5
果品、蔬菜批发	20994.7	90.6	124331.9	119894.3
肉、禽、蛋、奶及水产品批发	250.1		18669.0	24330.3
盐及调味品批发	4275.0	96.0	87860.2	46689.7
营养和保健品批发	173.5		8338.6	3487.5
酒、饮料及茶叶批发	2553.3		406443.5	268584.6
烟草制品批发	18066.7		218308.9	11795.1
其他食品批发	370.6	85.8	60294.4	37000.1
纺织、服装及家庭用品批发	3564.4		816896.7	787605.9
纺织品、针织品及原料批发				
服装批发	596.4		60158.5	60819.2
鞋帽批发	122.2		4741.0	2879.4
化妆品及卫生用品批发	8.8		9507.9	5930.5
厨具卫具及日用杂品批发	120.9		16484.3	12046.1
灯具、装饰物品批发	0.9		1278.4	1003.1
家用视听设备批发	1524.6		148750.4	147306.1
日用家电批发	1175.0		572685.7	555322.4
其他家庭用品批发	15.6		3290.5	2299.1
文化、体育用品及器材批发	22732.3	1392.8	565661.9	331984.4
文具用品批发	1458.4		102806.1	77895.8
体育用品及器材批发	983.9		66828.5	56809.9
图书批发	18269.6	1392.8	359441.4	173774.5
首饰、工艺品及收藏品批发	2020.4		36362.0	23356.6
其他文化用品批发			223.9	147.6
医药及医疗器材批发	55500.2	18456.4	3190692.5	2311109.0
西药批发	40490.8	12198.1	2113050.8	1551619.6
中药批发	9240.7	6258.3	300844.6	232096.0
动物用药品批发	30.1		6916.5	5557.0
医疗用品及器材批发	5738.6		769880.6	521836.4
矿产品、建材及化工产品批发	185431.2	110354.1	30928110.9	17218299.0
煤炭及制品批发	86437.2	35948.9	25849859.7	13890516.7
石油及制品批发	7821.2	67135.4	1558086.6	761482.0
非金属矿及制品批发	42.4		202.2	125.8
金属及金属矿批发	63130.5	4206.8	2189526.4	1543196.7
建材批发	6655.0		567267.1	482519.9
化肥批发	10967.0	2985.9	406081.0	284785.6
农药批发	0.1		54845.8	35816.9
其他化工产品批发	10377.8	77.1	302242.1	219855.4
机械设备、五金产品及电子产品批发	71168.7	378.7	1278712.5	872369.9
汽车及零配件批发	5011.9		257067.6	217293.7
摩托车及零配件批发	767.4	214.2	8318.7	6104.4
五金产品批发	1049.0		102351.2	87311.7
电气设备批发	15624.2		68584.8	30024.6
计算机、软件及辅助设备批发	1464.7		112765.0	70693.2
通讯设备批发	1492.7		40055.4	27659.6
其他机械设备及电子产品批发	45758.8	164.5	689569.8	433282.7

法人企业财务状况（二）

单位：万元

应付账款	负债合计	所有者权益合计	实收资本	个人资本
5367894.9	31292758.4	12091766.9	7796630.9	636015.6
4640991.2	27176523.4	11305753.0	6982928.2	494954.8
62408.4	139351.1	220139.2	42547.6	24600.0
164.9	13868.6	3905.5	3207.3	
5619.1	28351.3	25280.3	20000.0	9100.0
162.9	1905.2	1119.6	622.0	500.0
1011.4	6709.3	5020.4	3718.3	
55404.7	87910.8	184783.2	15000.0	15000.0
45.4	605.9	30.2		
205518.3	594867.7	395770.7	162524.6	20959.2
6181.4	17756.9	3448.0	1529.0	269.0
7418.0	60477.9	-15290.9	2538.3	21.7
59193.7	119894.3	4437.6	17008.2	
15407.4	24330.3	-5661.3	2386.0	2126.0
24184.3	48356.6	39503.6	9988.0	1787.0
776.5	3633.5	4705.1	2000.0	
84874.3	270943.8	135499.7	115966.5	13455.0
	12420.7	205888.2	1683.8	
7482.7	37053.7	23240.7	9424.8	3300.5
460549.7	799785.6	16813.6	44922.5	10115.7
2842.3	71747.3	-11886.3	11804.8	4690.0
443.7	2879.4	1861.6	2000.0	2000.0
1066.3	5930.4	3577.5	3140.0	1000.0
4836.1	13297.6	3186.7	2358.0	1150.0
369.6	1003.1	275.3	100.0	
52996.1	147306.1	1444.3	3900.0	1000.0
397242.0	555322.6	17363.1	21119.7	275.7
753.6	2299.1	991.4	500.0	
161253.6	333253.5	232408.4	46079.6	10536.3
16810.5	78965.6	23840.5	8360.8	1910.0
44708.6	56809.9	10018.6	4300.0	300.0
101682.4	173973.8	185467.6	20650.0	500.0
-2040.7	23356.6	13005.4	12718.8	7826.3
92.8	147.6	76.3	50.0	
926921.5	2383001.1	807691.4	511978.6	51312.3
578610.0	1613423.2	499627.6	300433.0	25266.6
74085.0	239743.0	61101.6	74405.5	5883.0
2206.1	5557.0	1359.5	150.0	50.0
272020.4	524277.9	245602.7	136990.1	20112.7
2422568.6	21823053.2	9104131.1	4293126.9	300005.1
1831735.3	18171503.6	7677437.9	3408128.4	132430.9
115828.1	907824.6	650262.0	179242.4	12988.5
122.6	125.8	76.4		
261791.4	1642450.5	547075.9	507792.1	89632.4
81273.2	490976.9	76281.1	70631.4	39685.1
50649.7	333211.5	72869.5	59237.3	7321.0
22.6	35806.0	19039.8	20000.0	
81145.7	241154.3	61088.5	48095.3	17947.2
359351.7	917075.0	361637.5	1749541.5	64076.2
106092.0	226143.2	30924.4	1572184.9	10999.4
3588.0	6104.4	2214.3	366.0	158.0
50148.1	87011.6	15339.6	9312.8	2260.6
8556.6	35708.5	32876.3	4982.8	1176.0
22641.8	71517.0	41248.0	31089.4	11051.0
6777.8	27784.6	12270.8	6611.0	4396.0
161547.4	462805.7	226764.1	124994.6	34035.2

10-5　续表 2-1

指　标	固定资产净额	在建工程	资产总计	流动负债合计
贸易经纪与代理	426.0		29113.9	13676.9
贸易代理	426.0		29113.9	13676.9
其他批发业	1520.6	1234.1	324183.4	172459.2
再生物资回收与批发	90.3		1964.5	330.9
宠物食品用品批发	0.7		1788.7	704.8
互联网批发	155.3		300648.6	159602.6
其他未列明批发业	1274.3	1234.1	19781.6	11820.9
内资企业	393816.4	172242.4	38353460.1	22383747.8
国有企业	18133.7		1349852.1	377120.6
集体企业	323.0		3963.9	3325.1
股份合作企业	746.1	45.6	4136.8	4253.1
有限责任公司	207476.9	125322.0	25216791.2	14187724.3
国有独资公司	35315.6	26789.4	2233848.7	1398601.6
其他有限责任公司	172161.3	98532.6	22982942.5	12789122.7
股份有限公司	21754.2	31385.0	5942729.4	3488457.0
私营企业	145382.5	15489.8	5835986.7	4322867.7
私营有限责任公司	140316.9	15489.8	5750133.3	4273790.5
私营股份有限公司	5065.6		85853.4	49077.2
港、澳、台商投资企业	1569.0		17040.9	-3387.6
合资经营企业（港或澳、台资）	1554.2		16418.9	7947.9
港、澳、台商独资经营企业	14.8		622.0	-11335.5
外商投资企业	2929.7		112999.5	28717.0
中外合资经营企业	2826.7		54467.5	16805.3
外资企业			1912.7	1873.9
外商投资股份有限公司	103.0		56619.3	10037.8
国有控股	178093.8	112600.7	28224783.0	15191328.0
集体控股	12651.9	37982.5	302355.6	174539.0
私人控股	205897.4	21659.2	9880789.0	7034686.1
港澳台商控股	1569.0		17040.9	-3387.6
外商控股	103.0		58532.0	11911.7
独立门店	220854.0	62615.3	20274333.5	10267080.3
连锁总店（总部）	1789.0	34901.4	67953.5	60376.4
连锁直营店	3491.2		56411.7	50367.5
连锁加盟店	22.0		9953.2	4950.2
其他	172158.9	74725.7	18074848.6	12026302.8
大型	116163.2	77032.3	20982220.9	9849128.0
中型	205585.8	50561.5	12538314.0	8572268.7
小型	64099.7	9624.9	3440253.5	2650246.4
微型	12466.4	35023.7	1522712.1	1337434.1
城镇	362255.9	127615.9	37564804.4	21651355.2
其中：城区	272625.3	119860.4	31102041.7	18005073.0
乡村	36059.2	44626.5	918696.1	757722.0
港商投资	1569.0		17040.9	-3387.6
澳商投资	1554.2		16418.9	7947.9
二、零售业	229606.7	35606.9	4906312.1	3207208.8
综合零售	30120.8	4085.7	1505983.2	653626.4
百货零售	16952.7	3646.7	962481.1	520356.1
超级市场零售	9885.1	315.2	458778.4	65874.2
便利店零售	3283.0	123.8	83672.9	66481.1
其他综合零售			1050.8	915.0
食品、饮料及烟草制品专门零售	16572.7	3092.1	239999.1	155010.0
粮油零售	5231.2	24.7	21808.0	14606.1
糕点、面包零售	148.5		2503.4	2389.3
果品、蔬菜零售	777.4	31.5	2527.3	1372.5
肉、禽、蛋、奶及水产品零售	683.6		20260.5	18135.2
营养和保健品零售	54.0		5306.3	3976.1
酒、饮料及茶叶零售	3501.5	340.9	81501.1	48467.1
烟草制品零售	688.5		6965.1	455.1
其他食品零售	5488.0	2695.0	99127.4	65608.6
纺织、服装及日用品专门零售	10285.6	750.0	277244.4	171502.9
纺织品及针织品零售	4138.6		31502.3	13991.4
服装零售	4153.7		194901.4	130852.6

应付账款	负债合计	所有者权益合计	实收资本	个人资本
11528.6	13677.0	15436.9	15150.0	600.0
11528.6	13677.0	15436.9	15150.0	600.0
30890.8	172459.2	151724.2	117056.9	12750.0
−361.0	330.9	1633.6	1325.0	650.0
146.5	704.8	1083.9	180.0	
28570.4	159602.6	141046.0	111480.3	10000.0
2534.9	11820.9	7960.7	4071.6	2100.0
4628606.8	27151125.5	11201110.5	6914948.4	488658.5
5595.2	517719.5	832132.6	139483.2	
2025.4	3325.2	638.7	438.0	
2398.8	4253.1	−116.3	1505.0	1505.0
2898360.6	17959023.8	7257767.4	3613991.8	121832.5
181234.5	1448400.8	785447.9	484034.0	
2717126.1	16510623.0	6472319.5	3129957.8	121832.5
415719.8	4187187.5	1755541.9	660472.7	
1304507.0	4479616.4	1355146.2	2499057.7	365321.0
1289693.7	4424652.6	1324256.6	2480143.2	358072.0
14813.3	54963.8	30889.6	18914.5	7249.0
−10560.6	−3387.6	20428.5	12600.6	6296.3
1330.4	7947.9	8471.0	8888.8	6296.3
−11891.0	−11335.5	11957.5	3711.8	
22945.0	28785.5	84214.0	55379.2	
15237.9	16873.8	37593.7	9600.0	
1570.3	1873.9	38.8		
6136.8	10037.8	46581.5	45779.2	
2383667.0	19644728.2	8580054.8	3527887.3	81423.0
44889.9	199216.0	103139.6	72896.5	
2215287.8	7324055.1	2555509.8	3323764.6	407235.5
−10560.6	−3387.6	20428.5	12600.6	6296.3
7707.1	11911.7	46620.3	45779.2	
2055045.4	13759604.1	6512533.4	4337830.9	215657.0
12971.9	81182.9	−13229.4	6346.8	
	50727.2	5684.5	10001.0	
389.2	6006.6	3946.6	3000.0	500.0
2572584.7	13279002.6	4796817.9	2625749.5	278797.8
1402787.3	13505851.2	7476369.7	2349818.0	25000.0
1893911.1	9572175.4	2966138.6	2214186.0	213866.1
714360.2	2693269.7	746983.8	2251290.1	222384.9
629932.6	1405227.1	116260.9	167634.1	33703.8
4351868.8	26399668.0	11163912.3	5878057.4	467436.5
3473916.0	22392064.9	8708761.1	3844418.6	394598.0
289122.4	776855.4	141840.7	1104870.8	27518.3
−10560.6	−3387.6	20428.5	12600.6	6296.3
1330.4	7947.9	8471.0	8888.8	6296.3
726903.7	4116235.0	786013.9	813702.7	141060.8
158078.5	1363729.6	141781.9	190020.0	10204.6
85631.8	824647.7	137833.4	158810.0	10120.0
35288.6	471677.9	−13371.2	21835.0	84.6
36776.5	66489.0	17183.9	9375.0	
381.6	915.0	135.8		
68366.6	167210.1	72666.5	38375.4	5117.2
2213.3	17267.6	4540.4	6219.2	970.6
216.8	2389.3	114.1	11.0	11.0
768.2	1372.8	1032.0	915.0	710.0
7874.3	18733.5	1527.0	2961.7	
1134.2	3976.1	1330.2	775.8	61.5
13120.8	54679.9	26821.2	21790.5	2064.1
317.2	455.1	6510.0	400.5	
42721.8	68335.8	30791.6	5301.7	1300.0
35516.0	190873.6	86370.8	31291.8	5980.0
6457.3	17997.4	13504.9	5000.0	
33080.7	146758.5	48142.9	18960.0	5070.0

10-5 续表 2-2

指 标	固定资产净额	在建工程	资产总计	流动负债合计
鞋帽零售	21.5	750.0	3843.6	3246.0
化妆品及卫生用品零售	1215.8		14810.2	10580.9
厨具卫具及日用杂品零售	124.3		3664.0	2716.6
钟表、眼镜零售	571.5		24875.7	8134.1
自行车等代步设备零售	6.1		543.5	564.0
其他日用品零售	54.1		3103.7	1417.3
文化、体育用品及器材专门零售	12670.7	27.5	83392.8	58525.8
文具用品零售			1267.1	906.7
体育用品及器材零售	336.5		6842.8	5020.3
图书、报刊零售	3627.1	27.5	25693.5	22379.8
音像制品、电子和数字出版物零售	39.1		798.4	33.2
珠宝首饰零售	8598.5		37049.4	26554.9
工艺美术品及收藏品零售			2544.7	206.1
乐器零售	69.5		7878.4	2672.3
照相器材零售			1318.5	752.5
医药及医疗器材专门零售	6995.5		371543.0	257677.1
西药零售	6571.0		348592.6	243580.5
中药零售	153.7		10838.4	8926.6
动物用药品零售	117.8		4223.9	3821.2
医疗用品及器材零售	153.0		7888.1	1348.8
汽车、摩托车、零配件和燃料及其他动力销售	117941.2	19665.7	1843211.4	1437729.0
汽车新车零售	87199.7	10247.4	1259557.3	944955.7
汽车零配件零售	179.0	774.5	10040.8	7207.2
摩托车及零配件零售	543.5		14670.5	10162.3
机动车燃油零售	26507.0	8643.8	540718.6	470465.3
机动车燃气零售	2729.2		16681.0	3586.0
机动车充电销售	782.8		1543.2	1352.5
家用电器及电子产品专门零售	5677.7	165.0	233781.2	178459.0
日用家电零售	4491.2	81.0	125393.7	116621.7
计算机、软件及辅助设备零售	710.8		46889.3	23632.8
通信设备零售	288.8	83.3	48711.8	32518.8
其他电子产品零售	186.9	0.7	12786.4	5685.7
五金、家具及室内装饰材料专门零售	601.5		54936.1	43224.4
五金零售	268.5		18669.7	13060.9
灯具零售			2484.9	2272.6
家具零售	125.9		10122.8	7610.7
卫生洁具零售			519.7	448.7
木质装饰材料零售	35.4		3624.3	3262.2
陶瓷、石材装饰材料零售	35.0		7023.9	5918.8
其他室内装饰材料零售	136.7		12490.8	10650.5
货摊、无店铺及其他零售业	28741.0	7820.9	296220.9	251454.2
互联网零售	3616.6		214991.8	190727.2
生活用燃料零售	25123.8	7820.9	79342.1	60124.1
其他未列明零售业	0.6		1887.0	602.9
内资企业	217474.5	35453.4	4637981.6	2862398.0
国有企业	607.6		4319.2	1309.9
集体企业	1560.6	16.6	12799.8	3604.7
有限责任公司	96849.5	19114.6	1499397.9	984299.4
国有独资公司	10546.8	27.5	58509.9	37641.4
其他有限责任公司	86302.7	19087.1	1440888.0	946658.0
股份有限公司	21527.1	222.5	457767.9	365748.8
私营企业	96680.3	16068.2	2663395.1	1507406.2
私营独资企业	1873.9	6.4	24530.1	22325.6
私营有限责任公司	93236.7	16053.0	2390368.8	1457897.4
私营股份有限公司	1569.7	8.8	248496.2	27183.2

应付账款	负债合计	所有者权益合计	实收资本	个人资本
−1786.6	3246.0	597.6	240.0	200.0
−3925.0	10580.9	4229.3	2031.8	110.0
406.0	2716.6	947.4	374.0	
426.5	8148.3	16727.4	3100.0	100.0
415.6	564.0	−20.5	86.0	
441.5	861.9	2241.8	1500.0	500.0
21027.5	59725.2	23667.6	16772.2	6097.5
128.2	906.7	360.4	260.0	
3339.8	5100.4	1742.4	900.0	400.0
9105.4	22629.8	3063.7	2942.1	700.0
−553.6	33.2	765.2	668.5	
9637.2	26574.1	10475.3	6495.6	2308.0
4.5	206.1	2338.6	1000.0	201.5
−634.0	3522.4	4356.0	4006.0	1988.0
	752.5	566.0	500.0	500.0
87888.4	288858.6	82684.4	19329.5	4424.0
84265.2	274713.0	73879.6	15959.5	3574.0
2930.0	8975.6	1862.8	2920.0	500.0
444.0	3821.2	402.7	100.0	
249.2	1348.8	6539.3	350.0	350.0
187299.4	1543022.1	296720.3	422830.4	67440.1
157155.0	960581.5	295506.8	267749.1	60400.5
1648.8	7202.2	2838.6	2234.1	999.0
4654.6	10162.3	4508.2	4132.0	2433.5
23134.5	560137.4	−19418.8	137212.2	3607.1
353.4	3586.1	13094.9	11503.0	
353.1	1352.6	190.6		
55854.6	188858.4	44922.8	56205.3	27451.5
24788.3	125488.8	−95.1	23680.7	9012.0
13553.8	23748.8	23140.5	18039.7	11401.0
13521.8	33908.1	14803.7	9232.3	3020.5
3990.7	5712.7	7073.7	5252.6	4018.0
20678.5	43224.5	11711.6	6277.4	2528.3
6035.9	13060.9	5608.8	2793.8	1709.9
1644.0	2272.6	212.3		
1002.4	7610.8	2512.0	1918.4	818.4
0.1	448.7	71.0		
1822.9	3262.2	362.1	86.5	
3737.3	5918.8	1105.1	407.6	
6435.9	10650.5	1840.3	1071.1	
92194.2	270732.9	25488.0	32600.7	11817.6
85461.6	194923.3	20068.5	28290.7	9607.6
6716.5	75206.7	4135.4	3000.0	900.0
16.1	602.9	1284.1	1310.0	1310.0
704778.8	3747880.4	886038.0	790941.9	141060.8
653.5	1309.9	3009.3	2340.1	
1161.2	3604.7	9195.1	638.0	
294302.0	1186038.4	312887.8	267014.5	10369.6
8355.7	40798.5	17711.4	17964.2	
285946.3	1145239.9	295176.4	249050.3	10369.6
40075.9	421059.7	36708.2	22738.0	10000.0
368567.7	2135838.7	523964.9	498096.3	120681.2
788.2	22326.0	2081.6	1154.3	163.0
367287.6	1858467.7	528432.1	480003.3	113068.0
491.9	255045.0	−6548.8	16938.7	7450.2

10-5　续表 2-3

指　标	固定资产净额	在建工程	资产总计	流动负债合计
其他企业	249.4	31.5	301.7	29.0
港、澳、台商投资企业	8109.4	55.9	96207.5	41468.1
合资经营企业（港或澳、台资）	4528.8		23165.9	8856.1
港、澳、台商独资经营企业	3580.6	55.9	73041.6	32612.0
外商投资企业	4022.8	97.6	172123.0	303342.7
外资企业	1094.7	97.6	165844.9	299849.5
其他外商投资企业	2928.1		6278.1	3493.2
国有控股	67389.5	15157.6	856093.2	542952.8
集体控股	4451.7	923.8	45425.7	21897.6
私人控股	145383.9	19340.5	3736161.0	2297518.6
港澳台商控股	11037.5	55.9	102485.6	44961.3
外商控股	1094.7	97.6	165844.9	299849.5
其他	249.4	31.5	301.7	29.0
独立门店	186677.1	25986.5	3091031.4	1835347.6
连锁总店（总部）	30950.6	2043.3	1071750.5	980934.7
连锁直营店	1000.5	750.0	286834.6	44098.3
连锁加盟店	27.6		8285.0	6827.9
其他	10950.9	6827.1	448410.6	340000.3
大型	47233.6	9647.5	1539590.5	948601.3
中型	140497.7	17962.9	2294269.0	1466605.2
小型	31953.9	7813.2	748284.9	548714.9
微型	9921.5	183.3	324167.7	243287.4
有店铺零售	222927.5	35606.9	4622126.0	2970780.5
食杂店	2358.5	6.4	25629.9	19729.3
便利店	6844.8	1854.8	148371.1	108593.6
超市	7288.8	240.2	120426.5	46887.3
大型超市	7596.3	75.0	391801.5	83582.9
仓储会员店	1.2		966.7	249.0
百货店	8306.3	3583.0	728286.3	405171.4
专业店	103838.3	20561.3	1764863.7	1304339.7
专卖店	72238.6	7125.1	997639.9	777253.3
家居建材商店	134.3		19763.8	15790.4
购物中心	7907.7	830.3	341663.2	152268.3
厂家直销中心	6412.7	1330.8	82713.4	56915.3
无店铺零售	6679.2		284186.1	236428.3
邮购	124.3		1927.5	1095.4
网上商店	3089.8		216125.2	191550.7
电话购物	36.3		2749.8	1206.6
其他	3428.8		63383.6	42575.6
有店铺零售	223186.9	35606.9	4636119.8	2991655.1
食杂店	2358.6	6.4	26896.3	20888.2
便利店	6852.1	1854.8	156129.4	114085.0
超市	7380.5	240.2	128759.1	52510.3
大型超市	7599.3	75.0	393674.6	83930.6
仓储会员店	1.2		966.7	249.0
百货店	8753.9	3595.2	734457.4	409131.2
专业店	104427.2	20561.3	1813190.1	1359690.2
专卖店	73239.1	7125.1	1017697.3	793393.4
家居建材商店	155.1		22637.8	18057.1
购物中心	7934.4	945.6	346941.5	157566.7
厂家直销中心	7869.5	1330.8	108072.7	63448.3
无店铺零售	8506.4	68.1	318876.8	266255.1
邮购	124.3		1927.5	1095.4
网上商店	4154.0	55.9	233791.4	205105.7
电话购物	36.3		2749.8	1206.6
其他	4248.2	12.2	85284.0	62441.3
城镇	7389.5	68.1	285652.3	239155.6
其中：城区	3791.8	68.1	69470.8	56010.6
乡村	1116.9		33224.5	27099.5
港商投资	8060.9	55.9	92592.7	40022.5
澳商投资	6857.3		81866.5	34709.4
台投资商	48.5		3614.8	1445.6

应付账款	负债合计	所有者 权益合计	实收资本	个人资本
18.5	29.0	272.7	115.0	10.0
13083.8	57346.2	38861.3	16432.6	
3353.6	8856.1	14309.8	8000.0	
9730.2	48490.1	24551.5	8432.6	
9041.1	311008.4	−138885.4	6328.2	
8920.9	307502.9	−141658.0	3268.0	
120.2	3505.5	2772.6	3060.2	
103635.1	674152.5	181940.7	183223.3	2474.0
11191.8	25041.1	20384.6	7540.0	689.5
589933.4	3048657.8	683440.0	600063.6	137887.3
13204.0	60851.7	41633.9	19492.8	
8920.9	307502.9	−141658.0	3268.0	
18.5	29.0	272.7	115.0	10.0
423709.0	2385582.8	701507.9	630582.4	106569.1
175609.8	1080655.0	−8904.5	57183.4	13674.0
15140.4	304002.9	−17168.3	15840.2	210.0
1770.8	7360.2	924.8	1041.4	818.4
110673.7	338634.1	109654.0	109055.3	19789.3
246811.9	1471601.3	67989.2	143327.0	4574.0
187077.2	1800347.5	493921.5	453452.5	64214.7
155598.2	588103.0	160181.9	165051.9	55506.8
137416.4	256183.2	63921.3	51871.3	16765.3
621645.8	3873013.8	745049.0	761331.4	123314.7
12132.8	19729.5	5900.4	4454.9	1473.6
69644.7	109512.5	38858.6	9951.0	1109.0
24486.3	111960.8	8343.2	15771.6	584.6
34322.6	432555.3	−41225.5	26304.4	
16.9	249.0	717.7	500.0	
43520.5	620048.7	108237.6	126005.7	14344.9
200810.0	1461278.2	303622.1	353266.5	44909.3
142246.6	788001.7	206132.6	185423.0	59490.9
6356.8	16322.7	3441.1	2413.8	407.4
42806.6	248620.3	93042.9	29450.0	350.0
45302.0	64735.1	17978.3	7790.5	645.0
105257.9	243221.2	40964.9	52371.3	17746.1
430.1	1095.4	832.1	354.0	2.0
84484.5	195546.9	20578.3	33510.7	11607.6
216.6	1206.6	1543.2	1561.5	61.5
20126.7	45372.3	18011.3	16945.1	6075.0
621268.2	3893888.4	738168.2	766395.4	125058.7
12589.9	20888.4	6007.9	4454.9	1473.6
63699.2	114926.3	41203.1	12028.6	1109.0
18798.3	117583.8	11052.8	18091.6	584.6
34322.6	432903.0	−39700.1	28048.4	1744.0
16.9	249.0	717.7	500.0	
43912.0	624008.5	110448.9	128282.7	14344.9
202495.0	1516628.7	296598.0	356451.5	47548.3
147811.6	804884.8	209306.9	193074.4	62719.8
6780.5	18589.5	4048.3	2714.8	708.4
43946.3	253918.6	93022.9	29560.0	460.0
48160.1	71340.2	36732.5	15084.5	2889.0
111781.6	273946.3	44930.5	59615.2	17946.1
430.1	1095.4	832.1	354.0	2.0
89303.1	210077.8	23713.6	38228.2	11609.6
216.6	1206.6	1543.2	1561.5	61.5
22983.1	65160.4	20123.6	21981.5	8477.0
105471.9	245391.3	40261.0	55555.2	17186.1
11945.6	59450.3	10020.5	17534.4	5247.1
6309.7	28555.0	4669.5	4060.0	760.0
13016.5	55900.6	36692.1	14000.0	
12645.1	49811.5	32055.0	13000.0	
67.3	1445.6	2169.2	2432.6	

10-5 限额以上批发和零售业

指 标	三、损益及分配		
	营业收入	主营业务收入	营业成本
总计	77427052.3	76902437.8	74300632.2
一、批发业	68850156.9	68622862.2	66578187.9
农、林、牧、渔产品批发	168192.7	164926.1	92048.0
谷物、豆及薯类批发	9212.9	8937.4	8899.8
种子批发	21213.1	20707.4	14232.1
畜牧渔业饲料批发	18733.1	18733.1	18073.3
棉、麻批发	28003.8	27301.4	23638.7
林业产品批发	88136.0	86353.0	24712.7
其他农牧产品批发	2893.8	2893.8	2491.4
食品、饮料及烟草制品批发	1881321.4	1817833.3	1465375.3
米、面制品及食用油批发	109173.6	108830.2	100645.1
糕点、糖果及糖批发	12422.4	12422.4	10683.3
果品、蔬菜批发	309143.6	307133.6	296757.3
肉、禽、蛋、奶及水产品批发	48659.6	48146.5	44987.4
盐及调味品批发	79932.8	79406.9	68388.0
营养和保健品批发	14445.0	14445.0	9926.1
酒、饮料及茶叶批发	567209.6	510276.2	397167.7
烟草制品批发	610019.6	609890.1	426196.2
其他食品批发	130315.2	127282.4	110624.2
纺织、服装及家庭用品批发	1105750.8	1101846.0	1065874.9
纺织品、针织品及原料批发	11100.6	11100.6	11096.4
服装批发	107688.5	106450.7	93613.0
鞋帽批发	6868.6	6868.6	6331.2
化妆品及卫生用品批发	24758.7	23475.3	22418.8
厨具卫具及日用杂品批发	40545.3	39589.9	35366.3
灯具、装饰物品批发	3656.9	3656.9	3398.5
家用视听设备批发	228875.8	228464.5	217410.4
日用家电批发	676112.9	676096.0	671365.1
其他家庭用品批发	6143.5	6143.5	4875.2
文化、体育用品及器材批发	909328.5	904615.2	861033.4
文具用品批发	275824.1	274243.5	265821.2
体育用品及器材批发	148696.4	148566.4	135556.5
图书批发	197387.7	194385.0	176433.2
首饰、工艺品及收藏品批发	286431.3	286431.3	282286.6
其他文化用品批发	989.0	989.0	935.9
医药及医疗器材批发	4236476.2	4224646.0	3852012.6
西药批发	3035580.0	3025505.0	2821451.8
中药批发	299804.1	299063.5	266344.8
动物用药品批发	5946.6	5946.6	4460.4
医疗用品及器材批发	895145.5	894130.9	759755.6
矿产品、建材及化工产品批发	55970895.8	55851636.8	54894433.4
煤炭及制品批发	35829424.8	35768270.2	35119855.8
石油及制品批发	2745939.6	2739187.0	2690788.0
非金属矿及制品批发	3663.8	3663.8	3364.2
金属及金属矿批发	12802671.6	12786220.7	12602098.1
建材批发	1131786.9	1123095.6	1080346.9
化肥批发	2758891.7	2757607.8	2744459.3
农药批发	23517.1	23517.1	20661.1
其他化工产品批发	675000.3	650074.6	632860.0
机械设备、五金产品及电子产品批发	2494146.9	2473396.0	2314385.4
汽车及零配件批发	497774.3	494115.8	475090.0
摩托车及零配件批发	27962.9	27962.9	26250.8
五金产品批发	501734.3	501734.3	489640.5
电气设备批发	89251.5	88523.5	78428.9
计算机、软件及辅助设备批发	240774.4	239630.2	225549.1
通讯设备批发	307638.5	307474.0	281977.0
其他机械设备及电子产品批发	829011.0	813955.3	737449.1

法人企业财务状况（三）

单位：万元

税金及附加	其他业务利润	销售费用	管理费用
244344.0	186370.3	1355516.9	804085.6
217226.5	108867.0	787654.4	547605.2
243.9	1049.9	16940.1	6367.1
1.4		427.2	1149.5
59.6		1259.3	1662.2
9.2		47.5	241.3
15.6		3708.5	1074.1
152.4	1049.9	11350.4	2021.3
5.7		147.2	218.7
85767.9	15237.5	140214.2	47823.2
129.1	65.0	5310.6	1779.3
39.7	510.0	1173.6	290.4
431.1	8801.4	7363.5	2387.7
35.3	254.7	4285.4	829.0
283.5	374.2	6979.9	4530.8
44.4		2401.8	1415.6
1192.9	1908.2	90529.3	11556.8
83357.7	114.6	7367.8	21330.1
254.2	3209.4	14802.3	3703.5
1029.2	1439.4	23576.3	13112.0
2.3			8.3
369.5	4.9	9079.8	5249.9
8.4		620.5	51.6
31.0	5.0	1167.6	372.3
20.4	1426.5	3333.4	1588.6
6.8		125.8	77.6
231.4		5887.1	2320.8
345.6	3.0	3249.8	2376.7
13.8		112.3	1066.2
834.1	242.1	18038.8	18431.6
267.1	60.8	3824.4	3479.4
119.9		7981.9	3361.6
196.8	94.5	3869.1	10058.5
249.0	86.8	2314.7	1530.8
1.3		48.7	1.3
9748.6	10369.3	162437.4	102826.9
5624.1	5097.9	88774.7	49345.4
814.2	2983.9	15807.1	12266.4
21.8	-225.6	222.3	793.8
3288.5	2513.1	57633.3	40421.3
113677.3	75204.8	347560.8	292444.4
31053.2	65653.6	193862.2	209290.4
2190.8	1803.3	10561.5	15212.8
3.5		216.0	7.2
74589.1	6618.1	87985.3	37606.0
1287.1	257.6	24370.0	12396.4
3736.3		5592.2	3055.9
12.8		1301.3	39.5
804.5	872.2	23672.3	14836.2
3875.9	5064.8	74726.4	61636.8
335.9	2675.3	12948.3	6928.3
24.3		788.3	404.6
472.7	18.6	6058.2	4090.8
232.0	3.6	1873.0	4431.1
278.0	162.5	5443.8	6437.9
532.7	161.7	15181.9	6567.4
2000.3	2043.1	32432.9	32776.7

10–5　续表 3–1

指　标	三、损益及分配		
	营业收入	主营业务收入	营业成本
贸易经纪与代理	50723.9	50723.9	49475.2
贸易代理	50723.9	50723.9	49475.2
其他批发业	2033320.7	2033238.9	1983549.7
再生物资回收与批发	14081.3	14081.3	13799.7
宠物食品用品批发	6330.5	6330.5	5409.1
互联网批发	1959768.8	1959687.0	1916244.0
其他未列明批发业	53140.1	53140.1	48096.9
内资企业	68692115.9	68464832.5	66446064.8
国有企业	913753.9	913511.2	725225.1
集体企业	4321.0	4321.0	4029.9
股份合作企业	20620.3	20620.3	17333.7
有限责任公司	44337850.0	44185196.3	43392083.0
国有独资公司	5507949.2	5501086.3	5412897.2
其他有限责任公司	38829900.8	38684110.0	37979185.8
股份有限公司	5589846.6	5585334.8	5347290.5
私营企业	17825724.1	17755848.9	16960102.6
私营有限责任公司	17569310.7	17499815.0	16720238.3
私营股份有限公司	256413.4	256033.9	239864.3
港、澳、台商投资企业	40063.3	40060.0	35694.9
合资经营企业（港或澳、台资）	4723.7	4723.7	4548.6
港、澳、台商独资经营企业	35339.6	35336.3	31146.3
外商投资企业	117977.7	117969.7	96428.2
中外合资经营企业	69513.8	69505.8	58182.1
外资企业	3269.2	3269.2	3111.7
外商投资股份有限公司	45194.7	45194.7	35134.4
国有控股	42496552.6	42357900.4	41362042.0
集体控股	865210.2	865055.0	850247.8
私人控股	25399866.9	25311382.9	24291957.1
港澳台商控股	40063.3	40060.0	35694.9
外商控股	48463.9	48463.9	38246.1
独立门店	31362858.1	31219465.1	30269490.8
连锁总店（总部）	15258.4	15201.7	13517.3
连锁直营店	2642.4	1358.5	1696.2
连锁加盟店	30010.4	30010.4	25846.3
其他	37439387.6	37356826.5	36267637.3
大型	17073737.3	17018043.2	16306302.3
中型	34304002.8	34179484.1	33320679.7
小型	10154067.0	10138093.2	9713493.1
微型	7318349.8	7287241.7	7237712.8
城镇	65951440.5	65731763.2	63809712.7
其中：城区	43609661.7	43426935.0	41919808.2
乡村	2898716.4	2891099.0	2768475.2
港商投资	40063.3	40060.0	35694.9
澳商投资	4723.7	4723.7	4548.6
二、零售业	8576895.4	8279575.6	7722444.3
综合零售	1389367.8	1264909.5	1158430.8
百货零售	449817.6	424061.2	352179.2
超级市场零售	811330.9	713060.0	692422.3
便利店零售	126864.4	126433.4	112525.0
其他综合零售	1354.9	1354.9	1304.3
食品、饮料及烟草制品专门零售	467865.0	454755.7	416775.8
粮油零售	13664.3	13391.7	12233.6
糕点、面包零售	12701.3	12701.3	10046.1
果品、蔬菜零售	13922.0	11061.1	13683.3
肉、禽、蛋、奶及水产品零售	43426.2	43426.2	37687.3
营养和保健品零售	5975.6	5864.7	4635.1
酒、饮料及茶叶零售	159924.0	157722.9	140720.8
烟草制品零售	5075.5	5075.5	3984.9
其他食品零售	213176.1	205512.3	193784.7
纺织、服装及日用品专门零售	405726.0	399268.4	312920.4
纺织品及针织品零售	26249.7	26103.3	18154.6
服装零售	272865.3	267138.0	213538.1

税金及附加	其他业务利润	销售费用	管理费用
65.8		676.5	549.4
65.8		676.5	549.4
1983.8	259.2	3483.9	4413.8
3.5		54.2	82.4
17.4		242.9	469.8
1863.2	259.2	1427.8	1566.3
99.7		1759.0	2295.3
216718.1	108768.8	771022.3	543045.2
83725.4	227.8	7396.4	23366.4
13.1		29.7	104.4
59.8		2635.2	241.8
41122.8	55430.2	307134.9	239429.4
4636.6	6030.7	30259.1	31220.9
36486.2	49399.5	276875.8	208208.5
6424.7	2211.9	42506.7	63466.0
85372.3	50898.9	411319.4	216437.2
85014.0	48957.4	402195.5	212804.1
358.3	1941.5	9123.9	3633.1
264.0	90.1	3038.5	1174.2
6.9	86.8	716.9	253.5
257.1	3.3	2321.6	920.7
244.4	8.1	13593.6	3385.8
198.4	8.1	4908.1	3036.5
0.9		61.6	37.3
45.1		8623.9	312.0
122842.9	52214.0	261606.2	265703.5
731.8	513.5	3137.3	6184.2
93341.8	56049.4	511186.9	274194.0
264.0	90.1	3038.5	1174.2
46.0		8685.5	349.3
114207.8	78014.1	373094.9	273371.9
47.5	513.5	667.9	1118.5
162.5			346.5
50.8		1464.4	1854.7
102757.9	30339.4	412427.2	270913.6
101306.3	44795.9	149093.1	161484.8
99334.9	51992.3	403487.0	238662.9
11576.4	11169.4	197964.5	124061.1
5008.9	909.4	37109.8	23396.4
213918.6	89868.1	704087.5	521418.7
192913.7	84986.4	561433.5	438337.9
3307.9	18998.9	83566.9	26186.5
264.0	90.1	3038.5	1174.2
6.9	86.8	716.9	253.5
27117.5	77503.3	567862.5	256480.4
5977.9	26744.3	160085.6	51709.0
4633.5	13486.8	48242.4	31183.2
1117.8	12826.4	104577.9	17366.8
226.2	431.1	7261.5	3111.4
0.4		3.8	47.6
1143.5	1145.3	29407.9	15209.2
18.7		503.5	1306.3
55.5	133.9	965.2	1574.5
8.5	14.7	871.7	523.0
134.2		5149.7	318.2
11.4	17.9	620.1	551.6
417.7	115.8	7989.7	4416.8
12.4	28.0	292.6	1128.9
485.1	835.0	13015.4	5389.9
1660.9	7749.7	49489.6	27978.2
133.6		3921.6	2297.1
1157.0	6854.3	31924.5	21087.1

10-5　续表 3-2

指　标	三、损益及分配		
	营业收入	主营业务收入	营业成本
鞋帽零售	8286.4	8286.4	6511.9
化妆品及卫生用品零售	41586.4	41030.4	31151.3
厨具卫具及日用杂品零售	5297.5	5297.5	4353.5
钟表、眼镜零售	41730.5	41702.6	30587.9
自行车等代步设备零售	6087.5	6087.5	5594.0
其他日用品零售	3622.7	3622.7	3029.1
文化、体育用品及器材专门零售	117179.3	115784.9	98957.4
文具用品零售	1023.2	1023.2	921.1
体育用品及器材零售	17638.2	17638.2	13239.9
图书、报刊零售	28452.8	27665.6	22393.6
音像制品、电子和数字出版物零售	1262.6	1262.6	1062.5
珠宝首饰零售	56828.6	56268.6	50898.8
工艺美术品及收藏品零售	1945.5	1898.3	1700.4
乐器零售	7980.1	7980.1	6797.3
照相器材零售	2048.3	2048.3	1943.8
医药及医疗器材专门零售	481526.9	471390.6	383550.8
西药零售	449406.9	440371.7	357772.7
中药零售	18261.8	17160.7	14636.1
动物用药品零售	6364.0	6364.0	5733.3
医疗用品及器材零售	7494.2	7494.2	5408.7
汽车、摩托车、零配件和燃料及其他动力销售	4128818.5	4031645.1	3873018.0
汽车新车零售	3156635.3	3089906.8	2939308.2
汽车零配件零售	20507.1	20507.1	18772.9
摩托车及零配件零售	27408.8	27291.8	25041.4
机动车燃油零售	903440.6	873112.7	871514.9
机动车燃气零售	19734.6	19734.6	17681.7
机动车充电销售	1092.1	1092.1	698.9
家用电器及电子产品专门零售	542477.9	540376.2	504953.0
日用家电零售	325514.9	324348.8	314075.6
计算机、软件及辅助设备零售	57263.5	57184.7	48376.4
通信设备零售	146414.7	145667.3	131849.6
其他电子产品零售	13284.8	13175.4	10651.4
五金、家具及室内装饰材料专门零售	61340.2	61265.3	54526.1
五金零售	20580.5	20580.5	18264.5
灯具零售	2636.1	2636.1	2420.0
家具零售	8657.4	8657.4	6996.0
木质装饰材料零售	843.3	843.3	804.0
陶瓷、石材装饰材料零售	5146.4	5146.4	4905.1
其他室内装饰材料零售	10701.8	10701.8	9308.7
货摊、无店铺及其他零售业	12774.7	12699.8	11827.8
互联网零售	982593.8	940179.9	919312.0
生活用燃料零售	941840.2	908476.3	885089.4
其他未列明零售业	37238.8	28188.8	31060.2
内资企业	3514.8	3514.8	3162.4
国有企业	7897247.1	7617342.1	7068594.2
集体企业	16725.9	16641.7	14303.9
股份合作企业	20347.7	20347.7	15297.5
有限责任公司	3078491.3	2961531.4	2777582.6
国有独资公司	76769.0	75445.0	68989.0
其他有限责任公司	3001722.3	2886086.4	2708593.6
股份有限公司	310925.9	300791.4	277811.2
私营企业	4470177.7	4317451.3	3983083.2
私营独资企业	46966.2	43233.5	42642.8
私营有限责任公司	3812303.4	3718606.4	3409537.5
私营股份有限公司	610908.1	555611.4	530902.9

税金及附加	其他业务利润	销售费用	管理费用
22.2	45.4	950.0	644.3
117.8	850.0	7371.5	1862.3
12.0		396.5	306.0
203.0		4511.2	1063.2
3.6		290.5	479.5
11.7		123.8	238.7
1107.6	770.9	12318.6	4231.8
2.1		2.0	85.5
23.2		4328.5	558.8
57.3	710.6	4448.7	1566.0
0.8		4.6	116.0
1008.7	60.3	2805.0	1318.3
3.9		133.3	68.5
9.1		567.9	477.1
2.5		28.6	41.6
1105.9	5572.8	93577.9	22496.4
1015.3	4665.3	90647.4	20533.2
41.0	1185.2	2468.2	1143.2
16.8	−277.7	288.3	216.6
32.8		174.0	603.4
14514.1	34654.7	151834.9	102675.2
12589.8	33876.2	100867.7	65018.3
57.9	30.6	598.5	1082.3
26.7	19.2	675.2	1425.2
1820.2	728.7	48454.2	34754.3
18.0		1225.2	216.4
1.5		14.1	178.7
581.7	206.0	28014.1	14467.3
207.1	125.9	19180.9	6236.0
175.2	19.2	2332.8	3553.5
161.1	60.9	6077.6	3512.4
38.3		422.8	1165.4
131.4	153.0	1796.7	3269.2
58.9		48.6	1171.3
5.5			59.1
11.2	153.0	772.2	1109.7
1.5			13.0
6.0		40.3	108.6
25.5		688.7	460.8
22.8		246.9	346.7
894.5	506.6	41337.2	14444.1
853.1	506.6	38846.3	13358.4
36.9		2441.9	775.3
4.5		49.0	310.4
23844.6	69884.3	524917.7	242702.1
31.1	84.2	1390.8	397.2
89.8	28.0	765.1	2216.9
11046.5	17666.3	193925.8	90814.7
118.6	602.6	4598.9	3987.9
10927.9	17063.7	189326.9	86826.8
1087.4	788.9	24560.1	6357.2
11587.9	51316.9	304254.4	142907.7
114.0		1492.7	975.9
10666.6	51106.9	237397.8	130404.5
807.3	210.0	65363.9	11527.3

10–5　续表 3–3

指　标	三、损益及分配		
	营业收入	主营业务收入	营业成本
其他企业	578.6	578.6	515.8
港、澳、台商投资企业	283864.4	275130.8	238191.0
合资经营企业（港或澳、台资）	98368.1	94670.6	85197.0
港、澳、台商独资经营企业	185496.3	180460.2	152994.0
外商投资企业	395783.9	387102.7	415659.1
外资企业	383275.6	374855.2	404546.4
其他外商投资企业	12508.3	12247.5	11112.7
国有控股	1169400.9	1130516.6	1031240.7
集体控股	139082.7	137725.6	127425.5
私人控股	6588184.9	6348521.3	5909412.2
港澳台商控股	296372.7	287378.3	249303.7
外商控股	383275.6	374855.2	404546.4
其他	578.6	578.6	515.8
独立门店	4965992.5	4780207.0	4422840.6
连锁总店（总部）	1577889.3	1542358.3	1454131.5
连锁直营店	679841.5	621586.6	591889.3
连锁加盟店	8878.3	8878.3	7747.6
其他	1344293.8	1326545.4	1245835.3
大型	2545705.9	2411033.4	2241973.8
中型	3859207.5	3737658.4	3491796.3
小型	1386766.4	1376265.6	1258170.4
微型	785215.6	754618.2	730503.8
有店铺零售	7551339.3	7287854.1	6767850.6
食杂店	20009.1	20009.1	17897.5
便利店	305515.7	298678.0	277104.0
超市	168271.6	154525.1	139674.9
大型超市	727083.0	638282.3	625414.5
仓储会员店	1377.1	1076.2	1290.6
百货店	205520.5	194128.6	151429.2
专业店	2940268.7	2870496.3	2671753.1
专卖店	2708334.0	2655243.1	2500846.6
家居建材商店	22924.7	22924.7	19912.6
购物中心	374534.4	355420.5	296667.2
厂家直销中心	77500.5	77070.2	65860.4
无店铺零售	1025556.1	991721.5	954593.7
邮购	6137.3	6079.7	5394.7
网上商店	946731.7	913367.8	889264.5
电话购物	3264.4	3209.2	2606.5
其他	69422.7	69064.8	57328.0
有店铺零售	7601662.3	7337453.9	6812453.0
食杂店	21782.5	21782.5	19550.0
便利店	325228.6	318390.9	295132.2
超市	189079.0	175332.5	158415.8
大型超市	727111.1	638310.4	625438.5
仓储会员店	1377.1	1076.2	1290.6
百货店	213205.3	201659.9	158357.5
专业店	3044055.1	2972762.0	2767616.2
专卖店	2759982.0	2706733.0	2546701.7
家居建材商店	25314.0	25314.0	21683.5
购物中心	377787.6	358673.7	299079.5
厂家直销中心	123719.0	123202.6	102625.1
无店铺零售	1171391.0	1136613.0	1093860.5
邮购	6137.3	6079.7	5394.7
网上商店	1058777.4	1024486.6	996317.6
电话购物	3264.4	3209.2	2606.5
其他	113301.5	112811.9	98388.3
城镇	1108024.4	1105036.3	1040119.4
其中：城区	202611.1	202056.9	188389.4
乡村	63366.6	31576.7	53741.1
港商投资	278039.6	269460.4	233471.1
澳商投资	187172.8	178982.0	154863.1
台投资商	5824.8	5670.4	4719.9

税金及附加	其他业务利润	销售费用	管理费用
1.9		21.5	8.4
2793.3	6894.3	22017.1	9615.0
1903.4	1882.6	4006.7	1145.9
889.9	5011.7	18010.4	8469.1
479.6	724.7	20927.7	4163.3
407.0	482.6	20183.7	3399.7
72.6	242.1	744.0	763.6
4793.7	5330.5	105352.5	47531.9
539.1	1385.8	4090.5	5381.8
18509.9	63168.0	415453.2	189780.0
2865.9	7136.4	22761.1	10378.6
407.0	482.6	20183.7	3399.7
1.9		21.5	8.4
20459.5	61898.1	282301.2	161976.7
3127.1	11008.7	152036.6	42251.7
1257.1	2697.8	77879.1	10395.9
25.2	153.0	543.3	679.8
2248.6	1745.7	55102.3	41176.3
5542.6	22777.8	283869.5	79064.9
13959.4	46757.7	177907.3	121923.8
6489.4	7711.1	71904.5	44771.1
1126.1	256.7	34181.2	10720.6
26082.2	76741.7	521948.9	238500.0
75.2		484.6	1095.7
663.3		15746.5	6327.0
323.6	9457.4	25926.8	4861.3
1141.8	8196.0	92588.4	14785.1
0.5			103.6
2282.3	4718.5	24908.7	21747.9
8252.2	14776.6	224928.4	99464.9
10081.2	29726.8	98085.7	58831.2
41.5		1198.5	1551.1
3008.7	9866.4	31627.7	24822.1
211.9		6453.6	4910.1
1035.3	761.6	45913.6	17980.4
11.1	57.7	259.5	319.4
863.3	506.6	38863.2	13117.0
10.4	19.2	159.1	370.4
150.5	178.1	6631.8	4173.6
26151.3	76741.7	522283.4	242375.1
76.3		513.4	1175.1
721.3		16966.3	6719.4
345.4	9457.4	27391.7	5271.9
1142.5	8196.0	92598.6	14913.5
0.5			103.6
2292.6	4718.5	25353.8	21894.3
8381.4	15345.7	227081.2	104345.9
10219.6	29751.4	102193.0	60970.2
43.2	153.0	1807.5	1728.7
3010.6	10016.8	32041.1	25231.7
398.5	44.4	6664.2	5592.4
1216.6	761.6	51330.5	19993.0
11.1	57.7	259.5	319.4
974.7	564.3	42773.7	14387.5
10.4	19.2	159.1	370.4
238.9	235.8	8939.4	5123.3
1108.1	761.6	44116.4	17993.4
287.0	293.7	7790.1	4438.8
108.5		7214.1	1999.6
2763.5	6764.2	21307.8	9312.5
2576.6	6375.9	14656.0	7599.6
29.8	130.1	709.3	302.5

10-5　限额以上批发和零售业

指　标	财务费用	利息收入	利息费用	投资收益
总计	328280.9	177146.3	388067.4	539032.2
一、批发业	277158.0	167403.5	359814.9	535708.8
农、林、牧、渔产品批发	1079.5	514.7	991.3	2.7
谷物、豆及薯类批发	52.0	1.4		
种子批发	719.9	266.6	939.2	2.7
畜牧渔业饲料批发	49.1	0.4	36.5	
棉、麻批发	258.9	244.2	14.7	
林业产品批发	–0.8	1.5	0.7	
其他农牧产品批发	0.4	0.6	0.2	
食品、饮料及烟草制品批发	–4260.8	10200.3	1166.5	–396.0
米、面制品及食用油批发	476.1	0.7	14.4	
糕点、糖果及糖批发	25.7	0.1	15.9	
果品、蔬菜批发	2611.6	1.1	84.4	
肉、禽、蛋、奶及水产品批发	73.2	1.4	70.7	1.1
盐及调味品批发	349.7	158.5	113.0	33.8
营养和保健品批发	146.5	0.3	112.5	
酒、饮料及茶叶批发	–2020.9	3282.3	392.9	4.6
烟草制品批发	–6376.8	6396.1	18.0	
其他食品批发	454.1	359.8	344.7	–435.5
纺织、服装及家庭用品批发	2354.0	577.8	2994.8	2.7
纺织品、针织品及原料批发	0.3	0.1		
服装批发	5.0	–156.1	182.4	
鞋帽批发	–25.2	–32.1	5.6	
化妆品及卫生用品批发	207.3	5.3	195.2	
厨具卫具及日用杂品批发	39.4	24.1	16.2	
灯具、装饰物品批发	6.7		6.7	
家用视听设备批发	33.8	34.0	–28.6	
日用家电批发	2072.1	701.5	2601.7	
其他家庭用品批发	14.6	1.0	15.6	2.7
文化、体育用品及器材批发	692.9	1389.5	927.7	5874.9
文具用品批发	576.3	168.1	370.3	
体育用品及器材批发	217.5	80.4	9.8	
图书批发	–1104.5	1121.6	15.0	5685.5
首饰、工艺品及收藏品批发	1003.5	19.4	532.6	189.4
其他文化用品批发	0.1			
医药及医疗器材批发	31178.4	9582.1	32020.2	2172.5
西药批发	23297.9	8253.4	25464.7	2585.0
中药批发	3060.2	157.4	1548.5	–181.5
动物用药品批发	0.4	0.2		
医疗用品及器材批发	4819.9	1171.1	5007.0	–231.0
矿产品、建材及化工产品批发	237976.9	141215.6	318552.4	526439.9
煤炭及制品批发	164938.2	132951.5	285367.6	520980.8
石油及制品批发	3032.0	1081.7	3952.8	32.8
非金属矿及制品批发				
金属及金属矿批发	59351.1	4565.1	19654.4	5132.8
建材批发	5284.7	207.8	3154.9	408.8
化肥批发	2713.7	2198.1	4129.1	47.3
农药批发	1441.5	94.5	1480.2	
其他化工产品批发	1215.7	116.9	813.4	–162.6
机械设备、五金产品及电子产品批发	6927.2	3874.7	2067.0	1612.1
汽车及零配件批发	869.2	335.8	640.7	1.5
摩托车及零配件批发	49.7	0.3	48.7	
五金产品批发	427.1	25.1	70.8	114.4
电气设备批发	524.1	5.0	139.7	
计算机、软件及辅助设备批发	564.2	52.5	299.1	9.5
通讯设备批发	30.4	15.0	12.1	
其他机械设备及电子产品批发	4462.5	3441.0	855.9	1486.7

法人企业财务状况（四）

单位：万元

				四、人工成本及增值税
营业利润	营业外收入	利润总额	所得税费用	应付职工薪酬（本年贷方累计发生额）
722806.3	46537.8	725256.2	150873.9	688356.0
730723.5	25357.6	719848.4	126301.6	404040.8
47316.2	1245.5	48525.9	300.2	3482.7
−1122.4	973.1	−150.3	20.7	868.1
2138.2	206.4	2339.2		1251.7
312.6	2.0	314.2	15.5	113.5
−693.3	20.1	−678.3		60.7
46650.0	43.9	46670.0	262.8	1096.8
31.1		31.1	1.2	91.9
91436.4	3177.8	91863.9	25274.2	43145.0
692.3	32.2	723.5	73.2	968.9
185.1	96.9	269.8	7.0	346.8
−407.8	514.3	59.6	20.7	857.0
−1597.5	122.8	−1505.1	8.6	1790.6
−546.3	118.8	−433.8	291.7	4969.9
510.6	1.8	500.4	40.5	831.1
13841.7	271.4	14182.7	4364.7	13775.3
78227.1	5.4	78058.6	20278.7	14951.4
531.2	2014.2	8.2	189.1	4654.0
−2384.3	5442.8	1968.4	989.8	12172.9
−6.7		−6.8		3.6
−5797.2	4961.7	−1875.8	55.6	6213.9
−117.9		−117.9	1.8	232.2
556.6	20.5	573.8	18.3	617.2
210.3	193.8	404.1	10.8	835.8
41.5		41.5	1.0	119.8
5960.0	66.4	5995.9	878.5	2202.8
−3294.7	200.4	−3108.4	21.9	1235.4
63.8		62.0	1.9	712.2
15437.4	1058.3	16349.5	2621.3	11521.2
1230.2	103.8	1317.9	193.0	3423.8
1069.7	390.7	1454.5	250.1	2252.1
13795.0	546.2	14224.7	2134.7	4791.9
−659.3	17.6	−649.4	43.3	1023.8
1.8		1.8	0.2	29.6
79225.8	1239.6	79362.8	19627.5	83770.6
49394.3	371.6	49088.9	12599.6	54935.7
747.6	544.3	1086.0	731.0	9583.1
482.0		460.9	75.7	247.4
28601.9	323.7	28727.0	6221.2	19004.4
428976.1	10118.7	429137.6	61710.6	208433.1
400914.0	5591.1	399340.6	49622.2	159261.0
27242.7	481.8	27089.6	1525.8	15393.7
72.9		72.9	1.8	19.7
−11764.6	1511.7	−10836.3	8296.5	16705.5
11641.5	187.8	11492.4	1234.4	8500.8
−698.4	1684.4	95.4	143.5	2852.4
60.6		60.6		485.7
1507.4	661.9	1822.4	886.4	5214.3
30639.0	2545.5	12059.4	5595.2	38861.9
489.3	496.9	939.9	238.0	5309.1
445.0	3.8	432.7	28.7	193.5
1029.5	430.7	1550.7	233.4	2977.3
6161.3	353.4	6513.8	1147.5	2358.7
2422.0	656.1	2874.3	274.4	4673.7
2686.3	3.4	2689.0	588.0	3559.4
17405.6	601.2	−2941.0	3085.2	19790.2

10–5　续表 4–1

指　标	财务费用	利息收入	利息费用	投资收益
贸易经纪与代理	973.6	22.4	1022.2	
贸易代理	973.6	22.4	1022.2	
其他批发业	236.3	26.4	72.8	
再生物资回收与批发	23.8	–0.1	23.9	
宠物食品用品批发	13.1	2.5	15.6	
互联网批发	190.9	5.8	10.0	
其他未列明批发业	8.5	18.2	23.3	
内资企业	277329.6	167264.1	359814.6	535708.8
国有企业	–6925.5	6852.5	–247.4	
集体企业		0.3	0.3	
股份合作企业	380.5	0.4	380.5	
有限责任公司	186211.1	145325.3	301639.4	307317.2
国有独资公司	27160.3	9128.8	31040.4	25485.8
其他有限责任公司	159050.8	136196.5	270599.0	281831.4
股份有限公司	22512.9	12102.5	32970.3	230329.9
私营企业	75150.6	2983.1	25071.5	–1938.3
私营有限责任公司	73738.5	2933.6	23943.8	–1756.2
私营股份有限公司	1412.1	49.5	1127.7	–182.1
港、澳、台商投资企业	432.5			
合资经营企业（港或澳、台资）	432.3			
港、澳、台商独资经营企业	0.2			
外商投资企业	–604.1	139.4	0.3	
中外合资经营企业	–590.6	62.6	0.3	
外资企业	17.1			
外商投资股份有限公司	–30.6	76.8		
国有控股	180137.3	157857.5	314580.9	532623.4
集体控股	1436.3	235.9	709.6	1333.8
私人控股	95165.4	9233.3	44524.4	1751.6
港澳台商控股	432.5			
外商控股	–13.5	76.8		
独立门店	197496.2	41900.6	222263.9	269016.9
连锁总店（总部）	117.4	–2.3	13.0	
连锁直营店	879.4	0.6	880.0	46.0
连锁加盟店	340.5	6.8	247.4	
其他	78324.5	125497.8	136410.6	266645.9
大型	204778.6	41752.3	236860.1	480763.0
中型	31151.0	120989.0	94474.1	54341.0
小型	36738.1	1300.0	22168.3	542.7
微型	4490.3	3362.2	6312.4	62.1
城镇	266154.4	166338.1	356344.9	536198.2
其中：城区	227121.3	146290.6	317645.3	530478.5
乡村	11003.6	1065.4	3470.0	–489.4
港商投资	432.5			
澳商投资	432.3			
二、零售业	51122.9	9742.8	28252.5	3323.4
综合零售	19138.9	6008.6	12679.2	–2697.0
百货零售	15710.9	6145.8	12499.1	530.8
超级市场零售	3356.8	–26.4	89.1	
便利店零售	71.2	–110.8	91.0	–3227.8
其他综合零售				
食品、饮料及烟草制品专门零售	898.7	102.4	771.7	266.4
粮油零售	81.6	2.5	68.3	
糕点、面包零售	46.7	0.3	46.9	
果品、蔬菜零售	25.8	–0.8	6.9	
肉、禽、蛋、奶及水产品零售	346.1	5.9	351.9	
营养和保健品零售	7.2	0.3	4.4	
酒、饮料及茶叶零售	401.8	46.9	291.0	
烟草制品零售	6.8			
其他食品零售	–17.3	47.3	2.3	266.4
纺织、服装及日用品专门零售	1813.4	239.5	643.3	–1949.4
纺织品及针织品零售	347.8	6.4	333.2	
服装零售	1304.5	169.0	239.3	–1949.4

				四、人工成本及增值税
营业利润	营业外收入	利润总额	所得税费用	应付职工薪酬（本年贷方累计发生额）
-247.7	76.7	-173.2	74.6	298.6
-247.7	76.7	-173.2	74.6	298.6
40324.6	452.7	40754.1	10108.2	2354.8
117.8	13.0	130.6	3.9	41.8
178.2	9.8	187.9	2.2	424.1
39196.1	415.0	39601.8	10054.9	804.2
832.5	14.9	833.8	47.2	1084.7
726029.5	25350.1	715212.8	124847.3	397243.7
81058.2	20.7	80903.4	20278.7	16130.9
143.8		143.8	4.2	29.2
-3.8	7.6	3.8		73.7
205803.5	9726.5	210367.2	79605.4	224950.8
29391.0	1494.7	30783.7	10301.8	20347.7
176412.5	8231.8	179583.5	69303.6	204603.1
329921.5	1296.8	329929.7	5258.7	47380.5
109106.3	14298.5	93864.9	19700.3	108678.6
107528.3	13610.6	91639.0	19354.7	106205.7
1578.0	687.9	2225.9	345.6	2472.9
-453.9	7.5	-449.2		2178.7
-1147.7	1.1	-1146.6		211.2
693.8	6.4	697.4		1967.5
5147.9		5084.8	1454.3	4618.4
3779.7		3716.6	928.3	4420.4
40.4		40.4	1.2	27.9
1327.8		1327.8	524.8	170.1
557635.5	7992.0	560589.8	90372.6	241798.3
5316.3	1661.2	6938.9	1360.1	3003.3
166857.4	15696.9	151400.7	34042.9	156862.5
-453.9	7.5	-449.2		2178.7
1368.2		1368.2	526.0	198.0
228913.6	14508.5	234983.6	76939.4	189092.2
299.3	108.4	392.2	95.7	646.3
-396.2	86.6	-311.9		145.0
450.9	28.7	477.2	217.2	302.0
501455.9	10625.4	484307.3	49049.3	213855.3
618799.1	929.7	618452.8	65982.9	147775.6
100141.3	11952.3	102799.7	49303.9	195100.1
7606.4	10925.3	13996.1	10541.0	54201.9
4176.7	1550.3	-15400.2	473.8	6963.2
719668.6	21867.5	708087.9	124204.3	382693.5
620071.4	18717.2	610169.9	92616.1	313117.8
11054.9	3490.1	11760.5	2097.3	21347.3
-453.9	7.5	-449.2		2178.7
-1147.7	1.1	-1146.6		211.2
-7917.2	21180.2	5407.8	24572.3	284315.2
2658.3	4260.0	4433.8	5790.2	61736.6
9822.1	765.8	9801.7	4914.0	14924.5
-7604.3	3286.0	-5903.0	301.4	42683.6
441.7	119.8	447.9	570.5	4098.1
-1.2	88.4	87.2	4.3	30.4
5588.6	3386.3	8910.6	2818.0	16278.5
-479.5	781.4	259.4	6.8	684.9
146.9		146.2	1.8	1077.4
-1200.3	1207.5	-4.2	2.7	351.7
-246.9	67.9	-219.1	2.3	3351.5
28.9	21.3	124.4	5.1	236.8
6136.9	933.7	7051.5	2220.3	4933.7
-322.1	1.5	-320.6	1.9	532.6
1524.7	373.0	1873.0	577.1	5109.9
10949.2	529.9	11056.1	2485.3	21570.0
1522.5	1.9	1510.7	254.7	1423.3
2429.4	323.8	2522.4	496.8	13159.8

10-5　续表 4-2

指　标	财务费用	利息收入	利息费用	投资收益
鞋帽零售	-2.5		-4.1	
化妆品及卫生用品零售	110.1	21.4	16.0	
厨具卫具及日用杂品零售	13.3	13.1	-0.2	
钟表、眼镜零售	23.9	29.3	51.8	
自行车等代步设备零售	8.7			
其他日用品零售	7.6	0.3	7.3	
文化、体育用品及器材专门零售	582.7	43.1	68.1	23.1
文具用品零售	7.6	0.5	7.3	
体育用品及器材零售	101.2		3.2	
图书、报刊零售	-15.2	32.7	1.8	6.3
音像制品、电子和数字出版物零售	0.7	0.2	0.5	
珠宝首饰零售	381.8	7.2	5.5	16.8
工艺美术品及收藏品零售	2.8	1.6		
乐器零售	100.7	0.8	46.8	
照相器材零售	3.1	0.1	3.0	
医药及医疗器材专门零售	1600.8	1377.0	1802.8	405.1
西药零售	1417.6	1378.6	1676.3	401.7
中药零售	132.5	1.0	126.4	3.4
动物用药品零售	0.6	-0.3	0.1	
医疗用品及器材零售	50.1	-2.3		
汽车、摩托车、零配件和燃料及其他动力销售	20036.9	1599.1	9194.2	7106.3
汽车新车零售	13790.4	1372.6	8071.9	5303.7
汽车零配件零售	40.0	1.3	28.5	
摩托车及零配件零售	17.1	0.4	6.5	
机动车燃油零售	6125.3	188.2	1033.2	1802.6
机动车燃气零售	64.3	36.3	54.0	
机动车充电销售	-0.2	0.3	0.1	
家用电器及电子产品专门零售	1995.5	193.3	248.2	-71.5
日用家电零售	1307.1	143.5	61.6	0.1
计算机、软件及辅助设备零售	94.1	19.3	54.3	-13.4
通信设备零售	531.4	30.2	114.6	-46.5
其他电子产品零售	62.9	0.3	17.7	-11.7
五金、家具及室内装饰材料专门零售	147.5	12.7	67.9	1.3
五金零售	73.0	0.6	4.6	
灯具零售	-0.1	0.1		
家具零售	19.9	8.0	13.0	
木质装饰材料零售	0.1		0.1	0.3
陶瓷、石材装饰材料零售	12.8	-0.1	12.7	
其他室内装饰材料零售	36.6	3.1	32.1	
货摊、无店铺及其他零售业	5.2	1.0	5.4	1.0
互联网零售	4908.5	167.1	2777.1	239.1
生活用燃料零售	3058.9	131.0	880.9	239.1
其他未列明零售业	1833.4	36.1	1880.8	
内资企业	16.2		15.4	
国有企业	49096.7	9400.4	28111.0	3320.5
集体企业	6.3	0.8	7.1	
股份合作企业	87.5	0.3	56.7	
有限责任公司	16135.6	2209.3	8112.7	-15.6
国有独资公司	-11.6	87.0		
其他有限责任公司	16147.2	2122.3	8112.7	-15.6
股份有限公司	5441.4	45.9	3877.3	-3237.8
私营企业	27419.0	7144.1	16050.3	6573.9
私营独资企业	1045.4			
私营有限责任公司	25935.6	7115.7	16048.0	6357.8
私营股份有限公司	438.0	28.4	2.3	216.1

				四、人工成本及增值税
营业利润	营业外收入	利润总额	所得税费用	应付职工薪酬（本年贷方累计发生额）
206.4	22.1	181.0	16.0	861.9
1298.9	122.1	1295.6	362.5	2981.9
215.9	9.0	224.9	9.6	207.9
5352.3	10.0	5360.3	1337.2	2662.1
−287.8	11.0	−280.4	4.1	140.3
211.6	30.0	241.6	4.4	132.8
575.4	693.4	1175.6	37.8	7171.4
4.9	20.0	24.9	1.3	53.6
−32.5	375.1	291.0	20.0	251.1
13.9	237.2	242.2	1.2	4290.6
51.8	9.0	60.8	1.6	44.9
444.1	8.6	420.0	8.1	2089.5
36.6	0.3	36.9	0.9	107.2
27.9	33.2	61.1	3.7	321.5
28.7	10.0	38.7	1.0	13.0
7408.0	1286.9	8264.0	2415.7	51681.6
6808.3	1258.9	7686.8	2387.4	49805.1
−357.7	19.8	−380.5	1.1	1348.3
−267.6	3.0	−264.7	6.0	158.0
1225.0	5.2	1222.4	21.2	370.2
−24517.1	5772.4	−22233.5	10118.9	102592.7
33830.8	4726.8	37127.0	9375.8	65216.8
−14.1	171.1	148.9	20.5	1024.5
223.1	67.4	286.1	26.1	887.9
−59284.8	807.1	−60519.1	602.6	34888.0
528.9		524.6	93.9	549.2
199.0		199.0		26.3
−10130.2	1559.4	−9260.8	600.4	11173.3
−13533.3	871.8	−12917.6	24.2	5423.2
1290.8	456.2	1333.9	101.9	2761.1
1539.1	181.7	1708.3	448.2	2482.5
573.2	49.7	614.6	26.1	506.5
1622.7	332.1	1926.1	178.5	1692.0
964.4	77.6	1023.4	126.9	455.2
151.6	8.1	159.7	10.2	24.7
−98.4	109.1	10.3	1.7	468.9
25.0	0.1	25.1	1.4	12.5
73.5	16.3	87.3	5.4	67.1
180.4	72.3	245.5	8.8	365.9
326.2	48.6	374.8	24.1	297.7
−2072.1	3359.8	1135.9	127.5	10419.1
−2810.9	3306.1	343.4	125.7	8775.1
766.5	42.2	808.7		1411.5
−27.7	11.5	−16.2	1.8	232.5
30021.2	20788.9	44228.7	21338.8	265052.5
596.5	8.5	596.5	42.9	785.7
−4.2	16.4	12.2	21.8	1181.0
22158.5	5753.0	26810.6	10832.4	107957.8
−503.7	815.1	267.8	2.0	5168.1
22662.2	4937.9	26542.8	10830.4	102789.7
−7516.7	167.2	−8707.4	569.1	10323.7
14773.1	14843.8	25502.8	9871.9	144752.8
695.6	184.7	819.0	7.0	1215.9
13375.8	11238.3	22381.0	9803.9	115128.4
701.7	3420.8	2302.8	61.0	28408.5

10–5 续表 4–3

指 标	财务费用	利息收入	利息费用	投资收益
其他企业	6.9		6.9	
港、澳、台商投资企业	63.0	269.0	89.1	2.9
合资经营企业(港或澳、台资)	−100.3	132.2	0.1	
港、澳、台商独资经营企业	163.3	136.8	89.0	2.9
外商投资企业	1963.2	73.4	52.4	
外资企业	1928.8	53.0	1.4	
其他外商投资企业	34.4	20.4	51.0	
国有控股	7171.7	1736.6	5058.6	2197.4
集体控股	300.6	85.9	207.6	16.4
私人控股	41617.5	7577.9	22837.9	1106.7
港澳台商控股	97.4	289.4	140.1	2.9
外商控股	1928.8	53.0	1.4	
其他	6.9		6.9	
独立门店	38367.9	7564.0	20955.8	5679.8
连锁总店(总部)	9134.4	1799.5	6080.9	−2572.8
连锁直营店	2337.6	18.5	283.8	
连锁加盟店	11.5	0.2	11.5	
其他	1271.5	360.6	920.5	216.4
大型	10168.5	1692.7	2368.4	−2439.4
中型	34155.4	7234.6	22937.8	5547.2
小型	5916.6	763.3	2555.3	255.6
微型	882.4	52.2	391.0	−40.0
有店铺零售	47863.7	9582.3	27295.4	3097.6
食杂店	25.4	−0.1	22.8	
便利店	6.8	−83.0	91.1	−2962.0
超市	2537.4	0.1	17.6	0.5
大型超市	1321.6	16.1	78.4	
仓储会员店	4.6			
百货店	9703.7	6058.8	7038.6	447.1
专业店	17082.9	2029.3	7888.4	7846.7
专卖店	9666.8	1344.9	5791.5	−384.5
家居建材商店	38.5	3.9	32.4	
购物中心	6621.8	204.2	5602.5	−1878.0
厂家直销中心	854.2	8.1	732.1	27.8
无店铺零售	3259.2	160.5	957.1	225.8
邮购	14.4	13.1		
网上商店	3062.2	131.1	878.8	239.2
电话购物	3.4	3.6		
其他	179.2	12.7	78.3	−13.4
有店铺零售	49876.1	9583.0	27296.1	3097.6
食杂店	25.3		22.8	
便利店	−89.8	−75.7	−13.0	−2962.0
超市	2441.4	7.4	−85.8	0.5
大型超市	1320.9	16.8	78.4	
仓储会员店	4.6			
百货店	9710.3	6061.2	7047.6	447.1
专业店	19150.7	2042.2	7910.2	7847.0
专卖店	9927.2	1360.5	5841.7	−384.5
家居建材商店	55.8	11.1	42.7	
购物中心	6646.7	204.3	5624.1	−1878.0
厂家直销中心	848.9	30.2	733.7	28.3
无店铺零售	3345.1	224.7	1000.7	226.1
邮购	14.4	13.1		
网上商店	3151.2	131.1	898.3	239.2
电话购物	3.4	3.6		
其他	199.0	77.0	118.8	−13.0
城镇	2532.7	221.0	300.2	226.1
其中:城区	99.4	92.9	64.5	0.3
乡村	812.4	3.7	700.5	
港商投资	−106.8	269.6	11.6	
澳商投资	−226.2	269.6	11.6	
台投资商	169.8	−0.6	77.5	2.9

				四、人工成本及增值税
营业利润	营业外收入	利润总额	所得税费用	应付职工薪酬（本年贷方累计发生额）
14.0		14.0	0.7	51.5
11563.9	177.2	11592.5	3019.3	7823.6
6584.7	22.0	6618.4	1691.8	2437.6
4979.2	155.2	4974.1	1327.5	5386.0
–49502.3	214.1	–50413.4	214.2	11439.1
–49283.3	201.2	–50207.0	214.2	11032.5
–219.0	12.9	–206.4		406.6
5377.8	2575.2	6524.4	5192.6	67485.1
1152.3	128.6	1263.3	97.1	4166.5
23477.1	18085.1	36427.0	16048.4	193349.4
11344.9	190.1	11386.1	3019.3	8230.2
–49283.3	201.2	–50207.0	214.2	11032.5
14.0		14.0	0.7	51.5
53224.8	13088.4	63091.2	19391.2	146751.0
–58398.1	1669.1	–59470.0	4047.7	69963.4
–3779.2	2854.4	–2472.0	6.8	33178.8
24.3	20.8	39.4	2.6	386.0
1011.0	3547.5	4219.2	1124.0	34036.0
–48314.8	5394.6	–47381.3	6643.4	137811.7
34129.9	7166.7	39180.8	13193.1	105404.3
–3641.0	6667.5	1949.1	1844.2	37282.8
9908.7	1951.4	11659.2	2891.6	3816.4
–6561.5	16933.6	3082.2	24387.8	272138.0
411.5	19.1	409.9	16.7	569.1
2757.3	421.2	3055.0	1054.8	7137.1
–5145.5	954.5	–4275.1	–16.6	11038.0
–4224.7	2740.9	–3382.5	526.0	35667.8
177.8	4.0	181.8	9.2	52.7
3269.1	441.8	3464.1	2727.2	8567.4
–48064.3	6277.2	–45299.6	6473.0	131469.6
33456.3	4610.8	37116.4	10581.5	61830.2
181.7	175.8	350.2	12.3	742.6
10376.0	306.9	10288.3	2682.8	11570.7
243.3	981.4	1173.7	320.9	3492.8
–1355.7	4246.6	2325.6	184.5	12177.2
137.9	18.6	156.5	7.9	145.8
–1956.8	2674.3	564.5	126.4	8844.9
85.8	47.5	133.1	1.6	198.5
377.4	1506.2	1471.5	48.6	2988.0
–7251.5	17228.5	2661.5	24390.6	272434.8
423.2	29.1	431.6	17.2	640.2
2869.1	422.2	3167.8	1081.7	7528.7
–5000.0	1006.4	–4078.1	12.8	11575.8
–4359.1	2748.9	–3508.9	526.0	35743.5
177.8	4.0	181.8	9.2	52.7
3246.5	451.6	3572.3	2730.0	8684.2
–49371.5	6575.7	–46340.5	6482.8	132844.1
32781.3	4650.0	36477.0	10311.7	65162.2
147.7	187.4	327.4	12.4	902.2
10367.1	324.0	10292.5	2690.3	11683.6
8657.7	1011.8	9610.8	2491.7	3745.3
–2536.9	5268.4	2163.5	725.7	15645.5
137.9	18.6	156.5	7.9	145.8
–2466.6	3662.4	1041.2	666.7	11709.1
85.8	47.5	133.1	1.6	198.5
–316.5	1578.2	846.7	51.8	3877.8
–1490.0	4428.3	2375.9	707.3	14964.1
1240.5	977.1	2154.6	573.3	3726.0
–1046.9	840.1	–212.4	18.4	681.4
11670.5	154.5	11680.7	3019.3	7443.6
8073.0	92.1	8136.2	2120.6	4334.1
–106.6	22.7	–88.2		380.0

10-6 限额以上住宿和餐饮业

指 标	法人企业数（个）	执行《2006年企业会计准则》企业数（个）	一、年初存货	二、期末资产负债
				流动资产合计
总计	455	253	18533.0	405635.9
一、住宿业	162	79	6288.0	186596.6
旅游饭店	98	47	3857.0	148392.8
旅游饭店	98	47	3857.0	148392.8
一般旅馆	62	31	2423.5	37102.9
经济型连锁酒店	22	7	863.7	9026.4
其他一般旅馆	40	24	1559.8	28076.5
其他住宿业	2	1	7.5	1100.9
其他住宿业	2	1	7.5	1100.9
内资企业	162	79	6288.0	186596.6
国有企业	9	6	714.7	38140.8
集体企业	1			116.8
有限责任公司	26	22	2014.3	63607.7
国有独资公司	4	4	297.2	7815.9
其他有限责任公司	22	18	1717.1	55791.8
私营企业	126	51	3559.0	84731.3
私营独资企业	4	2	140.4	1014.1
私营有限责任公司	122	49	3418.6	83717.2
国有控股	22	19	1300.9	56359.8
集体控股	1			116.8
私人控股	138	59	4677.9	126945.7
其他	1	1	309.2	3174.3
独立门店	126	64	5530.7	172734.6
连锁直营店	3	2	16.7	1625.8
连锁加盟店	30	12	723.5	9513.6
其他	3	1	17.1	2722.6
大型	1	1		27403.0
中型	13	11	2034.6	63665.5
小型	131	62	4180.8	90618.7
微型	17	5	72.6	4909.4
五星	4	4	569.2	40810.5
四星	12	10	1154.5	24156.1
三星	20	11	600.1	15483.6
二星	4	2	22.4	1653.7
其他	122	52	3941.8	104492.7
城镇	160	78	6267.2	186146.3
其中：城区	145	72	5266.1	146544.3
乡村	2	1	20.8	450.3

法人企业财务状况（一）

单位：万元

应收帐款	存货	固定资产原价	累计折旧	本年折旧
57270.9	**26104.7**	**744039.2**	**336950.0**	**40185.5**
27825.4	**7163.1**	**526872.7**	**238876.2**	**29511.5**
19032.5	4845.2	446839.3	208423.4	20733.1
19032.5	4845.2	446839.3	208423.4	20733.1
8801.0	2313.4	79613.0	30291.0	8770.2
1188.5	931.9	39217.0	4725.5	1915.6
7612.5	1381.5	40396.0	25565.5	6854.6
–8.1	4.5	420.4	161.8	8.2
–8.1	4.5	420.4	161.8	8.2
27825.4	7163.1	526872.7	238876.2	29511.5
1165.6	1380.4	213428.6	110716.9	9935.0
		112.8	86.8	3.5
3230.2	2085.4	211742.0	88081.1	12864.7
130.8	295.0	62514.2	19087.0	2480.5
3099.4	1790.4	149227.8	68994.1	10384.2
23429.6	3697.3	101589.3	39991.4	6708.3
184.9	130.2	1981.4	1214.7	9.2
23244.7	3567.1	99607.9	38776.7	6699.1
3344.7	2244.6	334613.6	161811.0	15234.6
		112.8	86.8	3.5
24046.7	4695.2	148012.3	57860.2	9053.3
434.0	223.3	44134.0	19118.2	5220.1
25561.5	6539.1	509206.8	227317.3	27989.6
552.0	18.1	1185.0	748.4	115.5
1610.0	590.9	10130.4	6345.5	1011.6
101.9	15.0	6350.5	4465.0	394.8
184.8	697.0	62755.7	44720.2	1814.9
2932.3	2066.2	339241.2	120839.0	14957.9
24640.9	4322.8	123196.3	72013.7	12711.8
67.4	77.1	1679.5	1303.3	26.9
864.0	1260.4	181345.4	89346.1	9197.7
11624.9	1194.5	56181.3	34646.1	2041.5
2114.8	573.3	87737.2	32800.6	4992.3
153.6	18.1	4550.6	2656.1	1952.0
13068.1	4116.8	197058.2	79427.3	11328.0
27822.1	7144.9	526430.6	238729.7	29480.1
27011.5	5881.4	480088.2	230589.1	27338.0
3.3	18.2	442.1	146.5	31.4

10-6　续表 1-1

指　标	法人企业数（个）	执行《2006 年企业会计准则》企业数（个）	一、年初存货	二、期末资产负债 流动资产合计
二、餐饮业	**293**	**174**	**12245.0**	**219039.3**
正餐服务	**278**	**163**	**10981.4**	**192298.1**
正餐服务	278	163	10981.4	192298.1
快餐服务	4	4	1153.5	18961.1
快餐服务	4	4	1153.5	18961.1
饮料及冷饮服务	5	4	29.4	1512.7
咖啡馆服务	1			391.6
其他饮料及冷饮服务	4	4	29.4	1121.1
餐饮配送及外卖送餐服务	1		0.2	302.1
餐饮配送服务	1		0.2	302.1
其他餐饮业	5	3	80.5	5965.3
小吃服务	2		56.6	664.6
其他未列明餐饮业	3	3	23.9	5300.7
内资企业	289	170	11180.2	213372.1
国有企业	3	2	164.0	760.5
股份合作企业	1		12.1	112.9
有限责任公司	42	32	1848.4	35561.2
国有独资公司	2	2	331.7	3710.5
其他有限责任公司	40	30	1516.7	31850.7
私营企业	243	136	9155.7	176937.5
私营独资企业	15	4	252.9	1428.4
私营合伙企业	1			35.9
私营有限责任公司	225	130	8833.8	174058.4
私营股份有限公司	2	2	69.0	1414.8
港、澳、台商投资企业	1	1	391.5	2935.4
港澳台商独资企业	1	1	391.5	2935.4
外商投资企业	3	3	673.3	2731.8
中外合资经营企业	1	1		153.9
外资企业	2	2	673.3	2577.9
国有控股	10	9	1118.8	9846.8
私人控股	280	162	10061.4	203679.2
港澳台商控股	1	1	391.5	2935.4
外商控股	2	2	673.3	2577.9
独立门店	255	150	9390.8	180506.2
连锁总店（总部）	6	5	1945.7	14318.5
连锁直营店	6	5	14.6	1272.8
连锁加盟店	3	1	66.9	290.2
其他	23	13	827.0	22651.6
大型	3	3	1368.4	11079.0
中型	32	26	4266.4	92996.2
小型	216	128	5872.3	106381.8
微型	42	17	737.9	8582.3
城镇	292	173	12193.2	214597.8
其中：城区	259	152	11553.6	203178.1
乡村	1	1	51.8	4441.5
港商投资	1	1	391.5	2935.4

应收帐款	存货	固定资产原价	累计折旧	本年折旧
29445.5	18941.6	217166.5	98073.8	10674.0
22598.0	17161.2	188426.7	89334.9	9139.1
22598.0	17161.2	188426.7	89334.9	9139.1
4573.6	1360.5	27961.3	8285.2	1312.7
4573.6	1360.5	27961.3	8285.2	1312.7
11.0	87.3	326.1	161.4	67.1
1.3		2.1	1.2	0.5
9.7	87.3	324.0	160.2	66.6
0.6	0.2	5.6	2.1	2.1
0.6	0.2	5.6	2.1	2.1
2262.3	332.4	446.8	290.2	153.0
14.0	52.9	168.9	113.1	1.3
2248.3	279.5	277.9	177.1	151.7
29316.3	17697.4	189912.6	90334.2	9351.5
25.2	145.7	7582.7	4906.8	90.1
10.7	9.6	204.5	123.4	15.5
7369.8	1857.8	89146.8	29929.0	2791.3
347.5	373.5	9885.7	7781.8	155.4
7022.3	1484.3	79261.1	22147.2	2635.9
21910.6	15684.3	92978.6	55375.0	6454.6
330.4	325.9	1387.6	522.9	218.2
21517.4	15276.9	91229.4	54615.3	6171.1
62.8	81.5	361.6	236.8	65.3
71.7	395.9	13079.8	4638.1	979.3
71.7	395.9	13079.8	4638.1	979.3
57.5	848.3	14174.1	3101.5	343.2
4.1	31.8	89.2	68.9	16.6
53.4	816.5	14084.9	3032.6	326.6
1305.1	976.2	75563.3	21327.4	1987.1
28015.3	16753.0	114438.5	69075.7	7381.0
71.7	395.9	13079.8	4638.1	979.3
53.4	816.5	14084.9	3032.6	326.6
25514.9	15033.0	163077.0	70590.1	8897.5
307.6	2470.9	35954.8	15671.9	1483.9
20.1	84.4	288.3	157.3	69.6
7.0	74.7	137.5	59.5	27.0
3595.9	1278.6	17708.9	11595.0	196.0
193.3	1694.6	33958.3	12948.5	1292.9
12416.1	6134.3	84767.2	30113.0	2795.7
14786.6	10247.2	94489.7	53472.5	6443.7
2049.5	865.5	3951.3	1539.8	141.7
25114.5	18890.0	209978.9	94073.4	10293.0
22573.2	18229.9	207122.6	92658.7	9601.0
4331.0	51.6	7187.6	4000.4	381.0
71.7	395.9	13079.8	4638.1	979.3

10-6　限额以上住宿和餐饮业

指　标	固定资产净额	在建工程	资产总计	流动负债合计
总计	**350871.5**	**29675.2**	**1119985.9**	**899548.1**
一、住宿业	**237813.6**	**19985.5**	**625152.7**	**468063.0**
旅游饭店	189576.3	18256.4	502603.8	376017.3
旅游饭店	189576.3	18256.4	502603.8	376017.3
一般旅馆	48141.3	1729.1	120597.0	89771.4
经济型连锁酒店	33859.5	1306.8	52983.0	37904.9
其他一般旅馆	14281.8	422.3	67614.0	51866.5
其他住宿业	96.0		1951.9	2274.3
其他住宿业	96.0		1951.9	2274.3
内资企业	237813.6	19985.5	625152.7	468063.0
国有企业	54406.0	3394.4	154811.1	85266.8
集体企业	26.0		155.8	412.3
有限责任公司	123451.2	13385.8	229613.4	167469.3
国有独资公司	43427.2	12823.5	64545.8	64884.1
其他有限责任公司	80024.0	562.3	165067.6	102585.2
私营企业	59930.4	3205.3	240572.4	214914.6
私营独资企业	344.7		3201.5	3549.3
私营有限责任公司	59585.7	3205.3	237370.9	211365.3
国有控股	124298.4	16747.1	280868.1	186401.3
集体控股	26.0		155.8	412.3
私人控股	88473.4	3205.3	314683.6	273004.6
其他	25015.8	33.1	29445.2	8244.8
独立门店	232066.7	19727.2	586750.9	434747.6
连锁直营店	436.6	258.3	13407.4	11129.1
连锁加盟店	3529.2		19667.7	16240.5
其他	1781.1		5326.7	5945.8
大型	18035.5	3140.7	55841.5	10066.4
中型	170024.0	14751.2	314475.8	233690.8
小型	49382.8	1999.5	246797.4	214719.8
微型	371.3	94.1	8038.0	9586.0
五星	91999.3	3396.4	146031.7	38555.9
四星	21395.7	169.3	99582.6	85410.3
三星	54819.5	13928.7	92740.9	91113.4
二星	1894.4	81.4	4344.3	1048.7
其他	67704.7	2409.7	282453.2	251934.7
城镇	237518.0	19985.5	624238.0	467346.8
其中：城区	200208.8	18593.2	528797.6	379728.2
乡村	295.6		914.7	716.2

法人企业财务状况（二）

单位：万元

应付账款	负债合计	所有者权益	实收资本	个人资本
148548.5	1044472.8	75315.7	318058.3	48209.2
76945.2	571324.5	53828.2	189580.0	26597.7
51548.6	462744.6	39859.2	156508.0	11330.5
51548.6	462744.6	39859.2	156508.0	11330.5
25340.8	106305.6	14291.4	32462.0	15217.2
11110.5	48510.1	4472.9	8042.8	5431.5
14230.3	57795.5	9818.5	24419.2	9785.7
55.8	2274.3	−322.4	610.0	50.0
55.8	2274.3	−322.4	610.0	50.0
76945.2	571324.5	53828.2	189580.0	26597.7
28698.4	130014.9	24796.2	53071.6	
	412.3	−256.5	53.3	
10974.9	201551.1	28062.3	89800.2	11.3
2134.7	73391.6	−8845.8	7343.2	
8840.2	128159.5	36908.1	82457.0	11.3
37271.9	239346.2	1226.2	46654.9	26586.4
1933.7	3629.3	−427.8	2200.0	2000.0
35338.2	235716.9	1654.0	44454.9	24586.4
34166.3	262520.7	18347.4	61644.8	
	412.3	−256.5	53.3	
40951.2	299801.7	14881.9	90532.9	26597.7
1827.7	8589.8	20855.4	37349.0	
73632.3	530326.4	56424.5	177133.7	22997.0
264.1	17891.9	−4484.5	310.0	
2771.3	17148.9	2518.8	6844.9	3600.7
277.5	5957.3	−630.6	5291.4	
	36363.7	19477.8	2985.0	
42937.7	283713.3	30762.5	115544.4	2292.9
33502.8	240551.1	6246.3	69311.5	23130.7
504.7	10696.4	−2658.4	1739.1	1174.1
4463.0	65934.9	80096.8	87334.0	
8566.4	99115.3	467.3	20710.9	5549.0
4939.3	103385.3	−10644.4	20188.3	86.8
148.8	1048.7	3295.6	1101.0	530.0
58827.7	301840.3	−19387.1	60245.8	20431.9
76633.0	570608.3	53629.7	189169.0	26286.7
63932.3	472422.1	56375.5	174058.2	21060.9
312.2	716.2	198.5	411.0	311.0

10-6　续表 2-1

指　标	固定资产净额	在建工程	资产总计	流动负债合计
二、餐饮业	**113057.9**	**9689.7**	**494833.2**	**431485.1**
正餐服务	93184.0	4973.8	383582.2	377330.6
正餐服务	93184.0	4973.8	383582.2	377330.6
快餐服务	19575.5	4685.8	100355.8	46464.9
快餐服务	19575.5	4685.8	100355.8	46464.9
饮料及冷饮服务	163.7	30.1	2545.1	2512.8
咖啡馆服务			494.4	2153.6
其他饮料及冷饮服务	163.7	30.1	2050.7	359.2
餐饮配送及外卖送餐服务	3.5		305.6	209.0
餐饮配送服务	3.5		305.6	209.0
其他餐饮业	131.2		8044.5	4967.8
小吃服务	52.2		789.2	11.0
其他未列明餐饮业	79.0		7255.3	4956.8
内资企业	93644.3	6935.9	409382.3	390843.0
国有企业	2675.9		3939.9	607.6
股份合作企业	81.0		259.6	22.9
有限责任公司	57712.4	3264.3	131810.7	133419.4
国有独资公司	2103.8	229.8	6842.7	1765.1
其他有限责任公司	55608.6	3034.5	124968.0	131654.3
私营企业	33175.0	3671.6	273372.1	256793.1
私营独资企业	377.8		2735.1	2631.3
私营合伙企业			35.9	35.9
私营有限责任公司	32672.5	3671.6	268837.1	253895.0
私营股份有限公司	124.7		1764.0	230.9
港、澳、台商投资企业	8341.1	1033.4	32888.6	19122.3
港澳台商独资企业	8341.1	1033.4	32888.6	19122.3
外商投资企业	11072.5	1720.4	52562.3	21519.8
中外合资经营企业	20.2		591.7	275.0
外资企业	11052.3	1720.4	51970.6	21244.8
国有控股	54235.7	229.8	80879.1	88618.7
私人控股	39428.8	6706.1	329094.9	302499.3
港澳台商控股	8341.1	1033.4	32888.6	19122.3
外商控股	11052.3	1720.4	51970.6	21244.8
独立门店	86580.0	6850.9	362741.0	354689.2
连锁总店（总部）	20182.2	2753.8	97721.5	56852.2
连锁直营店	130.0		2329.8	2728.8
连锁加盟店	78.0	85.0	528.1	1126.5
其他	6087.7		31512.8	16088.4
大型	20909.2	2753.8	91870.0	43304.0
中型	54274.8	2236.0	203854.9	228353.2
小型	37470.1	4699.9	188140.1	153065.9
微型	403.8		10968.2	6762.0
城镇	109870.8	9689.7	486204.5	426175.2
其中：城区	109436.6	9689.7	471116.1	415232.1
乡村	3187.1		8628.7	5309.9
港商投资	8341.1	1033.4	32888.6	19122.3

应付账款	负债合计	所有者权益	实收资本	个人资本
71603.3	473148.3	21487.5	128478.3	21611.5
65630.0	386883.1	−3498.3	114298.6	20071.5
65630.0	386883.1	−3498.3	114298.6	20071.5
3687.7	77952.1	22403.7	12038.5	240.0
3687.7	77952.1	22403.7	12038.5	240.0
630.2	2700.3	−155.2	262.0	
566.9	2153.6	−1659.2		
63.3	546.7	1504.0	262.0	
0.5	209.0	96.6		
0.5	209.0	96.6		
1654.9	5403.8	2640.7	1879.2	1300.0
7.0	447.0	342.2	124.2	100.0
1647.9	4956.8	2298.5	1755.0	1200.0
68655.9	401299.2	7885.7	121539.8	21611.5
267.3	2709.6	1230.3	554.2	
5.0	22.9	236.7	100.0	100.0
11874.3	136619.6	−4808.8	53401.7	2131.6
861.5	1765.1	5077.6	5100.0	
11012.8	134854.5	−9886.4	48301.7	2131.6
56509.3	261947.1	11227.5	67483.9	19379.9
1246.7	2661.3	73.8	1027.9	−154.3
	35.9			
55149.1	259019.0	9620.6	65456.0	19534.2
113.5	230.9	1533.1	1000.0	
1037.5	25752.3	7136.3	5000.0	
1037.5	25752.3	7136.3	5000.0	
1909.9	46096.8	6465.5	1938.5	
22.8	275.0	316.7	100.0	
1887.1	45821.8	6148.8	1838.5	
2211.0	90720.7	−9841.6	11622.8	1131.6
66467.7	310853.5	18044.0	110017.0	20479.9
1037.5	25752.3	7136.3	5000.0	
1887.1	45821.8	6148.8	1838.5	
59053.1	361640.1	903.5	110900.6	18349.5
6018.5	88061.2	9660.3	9689.5	600.0
702.5	2728.9	−399.1	252.0	
320.7	1126.5	−598.4	205.0	
5508.5	19591.6	11921.2	7431.2	2662.0
2924.6	76281.8	15588.2	9090.6	
32301.1	227999.3	−24144.4	33348.0	3308.5
33141.3	161732.7	26407.5	83817.6	17400.6
3236.3	7134.5	3636.2	2222.1	902.4
66428.6	467838.4	18168.7	125478.3	18611.5
61488.1	455624.3	15294.4	123534.1	18238.5
5174.7	5309.9	3318.8	3000.0	3000.0
1037.5	25752.3	7136.3	5000.0	

10-6　限额以上住宿和餐饮业

指　标	三、损益及分配		
	营业收入	主营业务收入	营业成本
总计	**622798.9**	**614631.4**	**289262.0**
一、住宿业	**193239.2**	**187854.8**	**65070.5**
旅游饭店	143256.3	138590.8	50606.0
旅游饭店	143256.3	138590.8	50606.0
一般旅馆	48713.9	47995.0	14363.7
经济型连锁酒店	18310.9	18270.5	6954.1
其他一般旅馆	30403.0	29724.5	7409.6
其他住宿业	1269.0	1269.0	100.8
其他住宿业	1269.0	1269.0	100.8
内资企业	193239.2	187854.8	65070.5
国有企业	51815.8	48959.6	13307.9
集体企业	213.2	207.8	182.5
有限责任公司	56990.6	55740.2	22486.8
国有独资公司	11890.6	11796.5	3627.7
其他有限责任公司	45100.0	43943.7	18859.1
私营企业	84219.6	82947.2	29093.3
私营独资企业	2196.6	2196.6	983.6
私营有限责任公司	82023.0	80750.6	28109.7
国有控股	88553.9	85241.4	29543.8
集体控股	213.2	207.8	182.5
私人控股	98965.1	96981.1	34015.2
其他	5507.0	5424.5	1329.0
独立门店	169266.5	164353.4	56476.4
连锁直营店	4359.6	4359.6	3619.8
连锁加盟店	16555.3	16425.5	4111.2
其他	3057.8	2716.3	863.1
大型	24884.0	22118.1	6047.0
中型	70090.1	69575.5	23314.9
小型	92938.6	90834.7	33407.6
微型	5326.5	5326.5	2301.0
五星	41042.3	38193.9	9917.9
四星	19311.7	19162.2	10689.3
三星	23809.2	23685.1	6270.7
二星	2032.1	2028.8	596.8
其他	107043.9	104784.8	37595.8
城镇	191223.3	185842.8	63769.9
其中：城区	172502.7	167512.0	56870.7
乡村	2015.9	2012.0	1300.6

法人企业财务状况（三）

单位：万元

税金及附加	其他业务利润	销售费用	管理费用
5099.9	10089.5	231000.8	121651.0
3361.0	6890.8	75186.3	73446.9
2925.5	6625.1	52196.4	59302.7
2925.5	6625.1	52196.4	59302.7
433.2	265.7	21834.9	14078.9
283.3	0.3	6692.4	5518.1
149.9	265.4	15142.5	8560.8
2.3		1155.0	65.3
2.3		1155.0	65.3
3361.0	6890.8	75186.3	73446.9
1382.9	6545.3	14282.7	31988.9
3.0			77.8
1397.4	−9.4	28669.1	13661.7
509.8		8415.6	2561.5
887.6	−9.4	20253.5	11100.2
577.7	354.9	32234.5	27718.5
5.7	−3.0	1374.0	224.3
572.0	357.9	30860.5	27494.2
2621.6	6558.7	31392.3	37763.5
3.0			77.8
698.2	332.1	40176.4	32692.4
38.2		3617.6	2913.2
3251.0	6890.3	68023.5	63527.5
1.9		907.1	1084.1
25.8	0.5	5127.2	7268.3
82.3		1128.5	1567.0
891.8	1284.3	629.5	16320.3
1765.1	5233.5	37264.6	23958.5
696.5	372.4	35556.9	31756.0
7.6	0.6	1735.3	1412.1
1426.6	1284.3	10364.8	21574.7
326.9	33.3	5257.4	5102.6
757.9		14588.1	6510.8
12.6	1.0	774.6	790.6
837.0	5572.2	44201.4	39468.2
3348.2	6886.9	74816.8	72982.6
3037.6	6909.7	68216.2	67437.7
12.8	3.9	369.5	464.3

10-6　续表 3-1

指　标	三、损益及分配		
	营业收入	主营业务收入	营业成本
二、餐饮业	429559.7	426776.6	224191.5
正餐服务	299248.6	296477.2	153384.1
正餐服务	299248.6	296477.2	153384.1
快餐服务	110387.2	110387.2	56437.2
快餐服务	110387.2	110387.2	56437.2
饮料及冷饮服务	7992.5	7992.4	4261.2
咖啡馆服务	2792.9	2792.9	2532.1
其他饮料及冷饮服务	5199.6	5199.5	1729.1
餐饮配送及外卖送餐服务	1345.1	1345.1	1269.1
餐饮配送服务	1345.1	1345.1	1269.1
其他餐饮业	10586.3	10574.7	8839.9
小吃服务	1030.7	1019.1	543.9
其他未列明餐饮业	9555.6	9555.6	8296.0
内资企业	326346.9	323563.8	172569.5
国有企业	1403.5	1391.9	469.3
股份合作企业	392.0	392.0	141.0
有限责任公司	67204.0	66319.6	30082.2
国有独资公司	3802.4	3802.4	1412.4
其他有限责任公司	63401.6	62517.2	28669.8
私营企业	257347.4	255460.3	141877.0
私营独资企业	5138.1	5138.1	2657.5
私营合伙企业	475.1	472.3	215.7
私营有限责任公司	250258.0	248373.7	138032.4
私营股份有限公司	1476.2	1476.2	971.4
港、澳、台商投资企业	28888.7	28888.7	9408.4
港澳台商独资企业	28888.7	28888.7	9408.4
外商投资企业	74324.1	74324.1	42213.6
中外合资经营企业	1132.8	1132.8	341.5
外资企业	73191.3	73191.3	41872.1
国有控股	17011.6	16722.3	8047.8
私人控股	310468.1	307974.3	164863.2
港澳台商控股	28888.7	28888.7	9408.4
外商控股	73191.3	73191.3	41872.1
独立门店	262520.4	260185.4	134361.1
连锁总店（总部）	112339.9	112339.9	56102.3
连锁直营店	7710.2	7710.2	4026.5
连锁加盟店	1541.4	1541.4	708.7
其他	45447.8	44999.7	28992.9
大型	111702.8	111702.8	54790.2
中型	126222.5	125857.3	64014.3
小型	178992.2	177052.5	96896.8
微型	12642.2	12164.0	8490.2
城镇	429083.0	426299.9	224128.3
其中：城区	400256.9	397525.3	207611.0
乡村	476.7	476.7	63.2
港商投资	28888.7	28888.7	9408.4

税金及附加	其他业务利润	销售费用	管理费用
1738.9	**3198.7**	**155814.5**	**48204.1**
1646.1	**3198.7**	**112979.9**	**39651.7**
1646.1	3198.7	112979.9	39651.7
81.5		39386.3	7218.9
81.5		39386.3	7218.9
3.9		2822.4	397.5
0.8		0.5	173.6
3.1		2821.9	223.9
0.1		1.6	195.7
0.1		1.6	195.7
7.3		624.3	740.3
0.1		296.5	154.4
7.2		327.8	585.9
1670.3	3198.7	118354.3	41035.2
14.2		747.5	1020.9
6.0		169.8	42.1
844.2	19.1	30899.5	8972.6
76.4		883.9	1393.7
767.8	19.1	30015.6	7578.9
805.9	3179.6	86537.5	30999.6
12.2		2325.3	698.6
0.2		110.3	108.4
773.3	3179.6	83794.5	30056.7
20.2		307.4	135.9
22.6		16532.0	1256.0
22.6		16532.0	1256.0
46.0		20928.2	5912.9
1.3		766.5	
44.7		20161.7	5912.9
607.7		7288.2	5370.8
1063.9	3198.7	111832.6	35664.4
22.6		16532.0	1256.0
44.7		20161.7	5912.9
1247.9	3228.5	99557.9	34949.7
255.8	–29.8	41847.4	7372.9
3.8		2985.9	274.2
2.2		1009.2	131.6
229.2		10414.1	5475.7
250.4		41333.4	8364.3
908.8	574.9	52819.5	11453.4
559.7	2623.8	59600.7	25682.5
20.0		2060.9	2703.9
1735.6	3198.7	155534.7	47992.1
1679.7	3196.5	146205.7	45344.4
3.3		279.8	212.0
22.6		16532.0	1256.0

10-6 限额以上住宿和餐饮业

指 标	财务费用	利息收入	利息费用	投资收益
总计	**12257.0**	**383.5**	**7973.0**	**141.4**
一、住宿业	**3211.8**	**233.2**	**1965.5**	**-9.9**
旅游饭店	1739.9	193.6	673.0	-31.7
旅游饭店	1739.9	193.6	673.0	-31.7
一般旅馆	1437.3	39.6	1258.7	21.8
经济型连锁酒店	899.3	34.8	916.9	5.2
其他一般旅馆	538.0	4.8	341.8	16.6
其他住宿业	34.6		33.8	
其他住宿业	34.6		33.8	
内资企业	3211.8	233.2	1965.5	-9.9
国有企业	82.9	21.3	13.0	-35.1
集体企业	-0.3	0.3		
有限责任公司	1234.9	27.4	378.3	16.6
国有独资公司	214.3	25.3	192.2	
其他有限责任公司	1020.6	2.1	186.1	16.6
私营企业	1894.3	184.2	1574.2	8.6
私营独资企业	3.7			
私营有限责任公司	1890.6	184.2	1574.2	8.6
国有控股	885.5	35.6	391.2	-18.5
集体控股	-0.3	0.3		
私人控股	2331.0	185.2	1574.3	8.6
其他	-4.4	12.1		
独立门店	3148.0	199.4	1949.2	-18.5
连锁直营店	91.8	0.2		
连锁加盟店	-4.9	33.5	9.8	8.6
其他	-23.1	0.1	6.5	
大型	48.3			
中型	1640.9	43.5	972.4	-35.1
小型	1498.9	189.4	987.5	25.2
微型	23.7	0.3	5.6	
五星	195.0	11.3	74.4	
四星	136.7	2.5	102.6	
三星	800.9	168.6	473.9	
二星	-31.5	33.7		
其他	2110.7	17.1	1314.6	-9.9
城镇	3210.8	231.7	1963.0	-9.9
其中：城区	1837.9	230.8	995.5	-15.1
乡村	1.0	1.5	2.5	

法人企业财务状况（四）

单位：万元

				四、人工成本及增值税	
营业利润	营业外收入	利润总额	所得税费用	应付职工薪酬（本年贷方累计发生额）	应交增值税
-35046.8	**9193.3**	**-28848.3**	**1736.1**	**145625.8**	**12500.9**
-25891.7	**5721.8**	**-22497.2**	**-387.2**	**58180.4**	**5524.9**
-21954.5	5237.3	-18832.6	-421.6	44906.6	4946.5
-21954.5	5237.3	-18832.6	-421.6	44906.6	4946.5
-3848.2	475.3	-3584.3	34.4	13175.2	559.9
-2110.3	132.6	-2070.4	15.2	3143.1	104.4
-1737.9	342.7	-1513.9	19.2	10032.1	455.5
-89.0	9.2	-80.3		98.6	18.5
-89.0	9.2	-80.3		98.6	18.5
-25891.7	5721.8	-22497.2	-387.2	58180.4	5524.9
-8555.8	3342.4	-6756.8	1.9	22934.7	2934.6
-49.9	10.1	-39.8		150.4	2.6
-7918.0	1593.7	-6453.7	-437.0	19422.5	1363.4
-3422.2	1334.4	-2128.6	1.6	7189.6	166.1
-4495.8	259.3	-4325.1	-438.6	12232.9	1197.3
-9368.0	775.6	-9246.9	47.9	15672.8	1224.3
-602.7	14.1	-588.6	0.4	554.0	19.9
-8765.3	761.5	-8658.3	47.5	15118.8	1204.4
-12500.6	4676.4	-9484.4	-518.0	33585.7	3825.0
-49.9	10.1	-39.8		150.4	2.6
-11575.3	952.8	-11286.6	130.8	20543.8	1683.5
-1765.9	82.5	-1686.4		3900.5	13.8
-23662.5	5501.4	-20438.5	111.7	53851.6	5240.4
-1345.1	69.8	-1278.7	-508.9	1137.3	15.1
-379.7	138.1	-287.4	10.0	1885.2	229.9
-504.4	12.5	-492.6		1306.3	39.5
947.0	319.4	-188.6		9453.4	2386.2
-16473.2	4411.3	-12338.3	4.8	26974.9	1245.2
-10120.4	981.1	-9265.3	-394.0	21441.3	1817.6
-245.1	10.0	-705.0	2.0	310.8	75.9
-748.5	420.0	-1789.1	26.3	14361.8	2556.2
-2646.3	141.8	-2537.4	-20.4	4599.8	658.0
-5055.0	1396.0	-3707.3	13.5	10321.3	474.4
-110.3	25.5	-85.8	0.8	478.2	85.8
-17331.6	3738.5	-14377.6	-407.4	28419.3	1750.5
-25759.3	5698.8	-22384.2	-387.2	57717.8	5502.4
-23704.0	5481.1	-20460.8	-393.3	53405.8	5225.9
-132.4	23.0	-113.0		462.6	22.5

10-6 续表 4-1

指 标	财务费用	利息收入	利息费用	投资收益
二、餐饮业	**9045.2**	**150.3**	**6007.5**	**151.3**
正餐服务	6874.3	147.8	5950.0	151.3
正餐服务	6874.3	147.8	5950.0	151.3
快餐服务	2146.7	2.4	57.7	
快餐服务	2146.7	2.4	57.7	
饮料及冷饮服务	5.7			
咖啡馆服务	0.1			
其他饮料及冷饮服务	5.6			
餐饮配送及外卖送餐服务	0.1			
餐饮配送服务	0.1			
其他餐饮业	18.4	0.1	–0.2	
小吃服务	0.8	0.1		
其他未列明餐饮业	17.6		–0.2	
内资企业	6959.2	150.3	6007.5	151.3
国有企业	12.3	0.1	8.3	
股份合作企业	0.5			
有限责任公司	4509.2	109.1	4278.3	
国有独资公司	–1.5	10.2		
其他有限责任公司	4510.7	98.9	4278.3	
私营企业	2437.2	41.1	1720.9	151.3
私营独资企业	46.2	0.2		53.9
私营合伙企业	0.7			
私营有限责任公司	2389.5	40.9	1720.9	97.4
私营股份有限公司	0.8			
港、澳、台商投资企业	623.8			
港澳台商独资企业	623.8			
外商投资企业	1462.2			
中外合资经营企业	0.1			
外资企业	1462.1			
国有控股	4081.2	11.1	4063.0	
私人控股	2878.1	139.2	1944.5	151.3
港澳台商控股	623.8			
外商控股	1462.1			
独立门店	6511.9	145.1	5596.0	151.3
连锁总店（总部）	2320.7	0.4	235.1	
连锁直营店	2.5			
连锁加盟店	12.0		0.1	
其他	198.1	4.8	176.3	
大型	2248.9		166.2	
中型	5355.4	51.1	5075.3	60.0
小型	1426.4	98.6	765.5	91.3
微型	14.5	0.6	0.5	
城镇	9043.0	150.3	6005.3	151.3
其中：城区	8966.4	149.2	6003.3	120.0
乡村	2.2		2.2	
港商投资	623.8			

				四、人工成本及增值税	
营业利润	营业外收入	利润总额	所得税费用	应付职工薪酬（本年贷方累计发生额）	应交增值税
−9155.1	3471.5	−6351.1	2123.3	87445.4	6976.0
−14690.2	3327.8	−11546.4	917.9	56622.1	6771.5
−14690.2	3327.8	−11546.4	917.9	56622.1	6771.5
4707.2	73.0	4324.3	1056.7	28499.5	8.3
4707.2	73.0	4324.3	1056.7	28499.5	8.3
605.3	1.8	579.5	122.9	1715.3	92.7
87.7	1.0	88.7		601.2	79.2
517.6	0.8	490.8	122.9	1114.1	13.5
−121.4	5.3	−116.1	1.5	120.2	
−121.4	5.3	−116.1	1.5	120.2	
344.0	63.6	407.6	24.3	488.3	103.5
23.4	13.1	36.5	0.9	167.2	2.5
320.6	50.5	371.1	23.4	321.1	101.0
−13542.0	3391.7	−10366.5	1173.3	60785.6	6968.5
−873.5	637.6	−236.7		728.2	24.2
32.6	6.8	39.3	1.0	145.7	6.0
−7885.4	492.8	−7513.9	505.1	15437.0	703.4
65.6	6.8	62.3		789.8	
−7951.0	486.0	−7576.2	505.1	14647.2	703.4
−4815.7	2254.5	−2655.2	667.2	44474.7	6234.9
−578.9	50.4	−531.5	7.1	1328.1	30.5
37.0	2.8	39.7			
−4314.2	2151.5	−2250.6	658.4	43078.8	6182.2
40.4	49.8	87.2	1.7	67.8	22.2
991.8	7.2	710.0	138.6	12307.5	
991.8	7.2	710.0	138.6	12307.5	
3395.1	72.6	3305.4	811.4	14352.3	7.5
64.4	0.8	65.2	4.2	279.2	7.1
3330.7	71.8	3240.2	807.2	14073.1	0.4
−8354.1	670.9	−7707.1	−0.9	5309.5	112.6
−5123.5	2721.6	−2594.2	1178.4	55755.3	6863.0
991.8	7.2	710.0	138.6	12307.5	
3330.7	71.8	3240.2	807.2	14073.1	0.4
−13325.5	3057.7	−10449.3	918.4	52542.7	5857.5
3949.7	221.8	3719.2	967.6	28289.9	253.4
539.9	3.6	543.5	91.5	1501.2	97.9
−322.1	13.2	−309.0		289.8	49.1
2.9	175.2	144.5	145.8	4821.8	718.1
4254.6	82.1	3885.0	951.0	26382.6	234.8
−7384.1	1098.2	−6350.0	746.2	27242.9	3496.8
−5354.7	1628.3	−3877.3	317.9	32799.8	3154.9
−670.9	662.9	−8.8	108.2	1020.1	89.5
−9071.3	3471.5	−6267.3	2123.3	87245.9	6945.8
−9414.6	3217.7	−6856.2	1837.6	81625.3	6120.7
−83.8		−83.8		199.5	30.2
991.8	7.2	710.0	138.6	12307.5	

10-7　对外贸易进出口情况（海关数）

单位：亿元

指　标	2021 年	2020 年	比 2020 年增长 %
地区进出口总额	**1852.35**	**1211.47**	**52.9**
出口总额	1153.14	724.71	59.1
进口总额	699.21	486.76	43.6

10-8　三资企业情况

指　标	单位	2021 年	2020 年	比 2020 年增长 %
年内新批三资企业	个	64	39	64.1
总投资额	万美元	119994	81597	47.1
合同外资额	万美元	50317	50880	0.0
实际利用外商投资额	万美元	17260	10199	69.2

10-9　旅游情况

指　标	单位	2021 年
一、重点监测景区接待游客情况		
接待人数	万人次	532.87
门票收入	万元	10368.44
旅游经营收入	万元	12439.19
二、星级饭店数	个	**37**

注：原指标旅游人数和旅游总收入已取消。重点监测景区为晋祠博物馆、蒙山大佛景区、太原市动物园、中国煤炭博物馆 " 煤海探秘游 "、采薇庄园、太山景区、太原植物园。

第11篇

财政、金融、税务和物价

资料整理、审核

李红令　董永新　刘文婷

张　媛　郭亚斐　苏　菡

11-1　一般公共预算收入

单位：万元

指　标	2021 年	2020 年
一般公共预算收入	4234439	3784351
一、税收收入	3360677	2852543
增值税	1331439	1094962
企业所得税	380221	318614
个人所得税	114783	97928
资源税	97882	75195
城市维护建设税	300763	222516
房产税	161638	157598
印花税	145830	104429
城镇土地使用税	45641	45336
土地增值税	274218	279444
车船税	88666	79403
耕地占用税	13631	33783
契税	401913	337828
环境保护税	4052	5507
二、非税收入	873762	931808
专项收入	533682	538454
行政事业性收费收入	81267	92526
罚没收入	90622	96271
国有资本经营收入	500	54
国有资源（资产）有偿使用收入	42440	133162
其他收入	125251	71341

注：表中增值税含 2021 年 12 月 31 日太原市地方金库报表中增值税与其他税收收入，其他收入含 2021 年 12 月 31 日太原市地方金库报表中捐赠收入、政府住房基金收入、其他收入。

11-2　一般公共预算支出

单位：万元

指标	2021 年	2020 年
一般公共预算支出	6289857	6473448
一般公共服务支出	680952	638221
公共安全支出	345550	353440
教育支出	980932	915507
科学技术支出	344096	348265
文化旅游体育与传媒支出	113428	102863
社会保障和就业支出	950149	865345
卫生健康支出	427660	418462
节能环保支出	218742	236198
城乡社区支出	976971	1182019
农林水支出	316245	326569
交通运输支出	181413	448431
资源勘探工业信息等支出	247335	216968
商业服务业等支出	51954	39100
金融支出	1027	1840
自然资源海洋气象等支出	67045	49498
住房保障支出	188131	145343
粮油物资储备支出	23533	11141
灾害防治及应急管理支出	62649	52425
其他支出	15447	36493
债务付息支出	96163	84680
债务发行费用支出	435	640

11-3　一般公共预算收入分级情况

单位：万元

指　标	全市	地级	县区
本年收入合计	4234439	2032637	2201802
一、税收收入	3360677	1436809	1923868
增值税	1331439	495972	835467
企业所得税	380221	211176	169045
个人所得税	114783	57881	56902
资源税	97882	17574	80308
城市维护建设税	300763	121061	179702
房产税	161638	71958	89680
印花税	145830	54053	91777
城镇土地使用税	45641	15842	29799
土地增值税	274218	143629	130589
车船税	88666	38342	50324
耕地占用税	13631	3574	10057
契税	401913	204920	196993
环境保护税	4052	827	3225
二、非税收入	873762	595828	277934
专项收入	533682	344947	188735
行政事业性收费收入	81267	51904	29363
罚没收入	90622	53725	36897
国有资本经营收入	500	0	500
国有资源（资产）有偿使用收入	42440	21767	20673
其他收入	125251	123485	1766

11-4　一般公共预算支出分级情况

单位：万元

指标	全市	市级	县级	乡镇级
本年支出合计	6289857	2418485	3771666	99706
一般公共服务支出	680952	173175	474528	33249
公共安全支出	345550	243043	102501	6
教育支出	980932	366847	612699	1386
科学技术支出	344096	14820	329276	0
文化旅游体育与传媒支出	113428	93733	19625	70
社会保障和就业支出	950149	421521	519096	9532
卫生健康支出	427660	222314	203009	2337
节能环保支出	218742	45015	172528	1199
城乡社区支出	976971	439709	521074	16188
农林水支出	316245	22803	262538	30904
交通运输支出	181413	94262	87113	38
资源勘探工业信息等支出	247335	11967	235368	0
商业服务业等支出	51954	35728	15111	1115
金融支出	1027	1004	23	0
自然资源海洋气象等支出	67045	11223	55566	256
住房保障支出	188131	87926	98627	1578
粮油物资储备支出	23533	21641	1892	0
灾害防治及应急管理支出	62649	29060	32413	1176
其他支出	15447	2680	12095	672
债务付息支出	96163	79677	16486	0
债务发行费用支出	435	337	98	0

11-5　金融机构（含外资）本外币信贷收支

单位：亿元

指　标	2021 年末余额	2020 年末余额
资金来源	**19704.64**	**16987.00**
一、各项存款	15924.02	14587.57
（一）境内存款	15918.88	14583.47
1. 住户存款	6625.57	5959.01
（1）活期存款	1693.46	1613.33
（2）定期及其他存款	4932.10	4345.68
2. 非金融企业存款	5815.89	5805.19
（1）活期存款	2920.07	2726.26
（2）定期及其他存款	2895.82	3078.93
3. 机关团体存款	2496.22	2112.01
4. 财政性存款	691.55	459.12
5. 非银行业金融机构存款	289.66	248.14
（二）境外存款	5.14	4.10
二、金融债券	99.00	92.99
三、卖出回购资产	0.19	9.50
四、借款及非银行业金融机构拆入	54.21	55.17
五、联行往来（净）	2210.20	1318.32
六、应付及暂收款	548.28	532.64
七、各项准备	517.81	388.44
八、所有者权益	850.31	463.53
其中：实收资本	455.82	158.22
九、其他	–499.39	–461.15
资金运用	**19704.64**	**16987.00**
一、各项贷款	16589.00	15079.90
（一）境内贷款	16588.67	15079.63
1. 住户贷款	2660.28	2390.76
（1）短期贷款	304.61	277.08
消费贷款	181.19	168.76
经营贷款	123.42	108.32
（2）中长期贷款	2355.67	2113.68
消费贷款	2214.05	1982.47
经营贷款	141.62	131.21
2. 非金融企业及机关团体贷款	13895.40	12688.87
（1）短期贷款	3038.70	3008.97
（2）中长期贷款	9434.45	8646.77
（3）票据融资	1381.29	973.95
（4）融资租赁	37.43	40.38
（5）各项垫款	3.52	18.80
3. 非银行业金融机构贷款	33.00	0.00
（二）境外贷款	0.33	0.26
二、债券投资	1865.26	999.97
三、股权及其他资产	805.48	542.97
四、买入返售资产	79.95	18.95
五、存放非银行业金融机构款项	51.31	26.49
六、联行往来（净）	0.00	0.00
其中：境内存放二级准备金	63.24	62.37
七、金银占款	0.00	0.00
八、中央银行外汇占款	0.00	0.00
九、应收及预付款	200.77	208.53
十、投资性房地产	0.69	0.45
十一、固定资产	112.18	109.74

注：本表机构包括中国人民银行、银行业存款类金融机构、银行业非存款类金融机构。

11-6 金融机构（含外资）人民币信贷收支

单位：亿元

指 标	2021 年末余额	2020 年末余额
资金来源	19412.66	16727.82
一、各项存款	15512.13	14212.47
（一）境内存款	15507.46	14208.89
1. 住户存款	6566.40	5896.93
（1）活期存款	1663.78	1583.19
（2）定期及其他存款	4902.62	4313.74
2. 非金融企业存款	5474.47	5494.87
（1）活期存款	2814.81	2657.47
（2）定期及其他存款	2659.66	2837.40
3. 机关团体存款	2494.71	2110.38
4. 财政性存款	691.55	459.12
5. 非银行业金融机构存款	280.32	247.59
（二）境外存款	4.68	3.59
二、金融债券	99.00	92.99
三、卖出回购资产	0.19	9.50
四、借款及非银行业金融机构拆入	0.00	12.62
五、联行往来（净）	2426.47	1534.39
六、应付及暂收款	508.88	493.38
七、各项准备	516.42	387.28
八、所有者权益	849.16	463.93
其中：实收资本	455.82	158.22
九、其他	-499.60	-478.75
资金运用	19412.66	16727.82
一、各项贷款	16298.32	14823.04
（一）境内贷款	16298.12	14822.82
1. 住户贷款	2660.16	2390.65
（1）短期贷款	304.48	276.97
消费贷款	181.06	168.65
经营贷款	123.42	108.32
（2）中长期贷款	2355.67	2113.68
消费贷款	2214.05	1982.47
经营贷款	141.62	131.21
2. 非金融企业及机关团体贷款	13604.96	12432.17
（1）短期贷款	2775.22	2770.95
（2）中长期贷款	9407.56	8628.16
（3）票据融资	1381.29	973.95
（4）融资租赁	37.43	40.38
（5）各项垫款	3.46	18.74
3. 非银行业金融机构贷款	33.00	0.00
（二）境外贷款	0.21	0.22
二、债券投资	1865.26	999.97
三、股权及其他资产	805.48	542.97
四、买入返售资产	79.95	18.95
五、存放非银行业金融机构款项	51.30	26.16
六、联行往来（净）	0.00	0.00
其中：境内存放二级准备金	63.24	62.37
七、金银占款	0.00	0.00
八、中央银行外汇占款	0.00	0.00
九、应收及预付款	199.49	206.53
十、投资性房地产	0.69	0.45
十一、固定资产	112.18	109.74

注：本表机构包括中国人民银行、银行业存款类金融机构、银行业非存款类金融机构。

11-7　税务系统税收入库情况

单位：万元

指　标	2021 年	2020 年
合　计	6429598	5659448
一、按税种分（不含海关代征）		
国内增值税	3034853	2780628
国内消费税	335449	235546
企业所得税	1110066	907608
个人所得税	313712	276291
资源税合计	237945	182107
城市维护建设税合计	227775	185894
房产税合计	131380	130151
印花税合计	102777	79654
城镇土地使用税合计	37759	38646
土地增值税合计	249640	265314
车船税合计	77259	70504
车辆购置税	197497	192028
耕地占用税合计	8035	13987
契税合计	358076	289926
环境保护税合计	5738	7832
其他税收合计	1637	3332
二、按经济类型分（含海关代征）		
国有企业	462170	469807
集体企业	26731	22589
股份合作公司	2373	24112
联营企业	14	4
有限责任公司	3118582	2912273
股份有限公司	1637496	1327951
私营企业	724418	567846
港、澳、台商投资企业	39447	32787
外商投资企业	62045	72647
个体经营	30227	362278
其他企业	464429	54046

注：税收入库不含省直二分局和综改区税务局数字。

11-8　居民消费价格指数（以上年同期为 100）

指标	2021 年	2020 年
居民消费价格总指数	101.0	102.6
一、食品烟酒	100.7	107.6
1. 食品	99.9	108.9
(1) 粮食	101.4	100.9
(2) 薯类	96.2	101.0
(3) 豆类	102.2	104.1
(4) 食用油	105.1	101.6
(5) 菜及食用菌	106.1	107.2
(6) 畜肉类	87.6	138.7
(7) 禽肉类	93.1	99.0
(8) 水产品	107.5	101.9
(9) 蛋类	115.5	81.4
(10) 奶类	100.3	102.2
(11) 干鲜瓜果类	102.4	92.4
(12) 糖果糕点类	100.5	100.6
(13) 调味品	101.9	101.2
(14) 其他食品类	102.2	103.6
2. 茶及饮料	101.3	100.6
3. 烟酒	101.9	101.4
(1) 卷烟	102.1	102.2
(2) 酒类	101.4	100.3
4. 在外餐饮	102.7	106.2
二、衣着	100.2	101.1
1. 服装	100.3	101.1
2. 鞋类	99.9	100.8
三、居住	99.4	99.6
1. 租赁房房租	99.4	99.8
2. 住房保养维修及管理	100.9	102.4
3. 水电燃料	102.3	99.9
4. 自有住房	98.2	98.8
四、生活用品及服务	100.4	100.5
1. 家具及室内装饰品	101.0	99.4
2. 家用器具	99.5	97.8
3. 家用纺织品	99.5	98.8
4. 家庭日用杂品	100.3	102.1
5. 个人护理用品	98.2	102.2
6. 家庭服务	108.6	104.6
五、交通通信	104.6	95.8
1. 交通	105.5	93.2
2. 通信	102.4	100.7
六、教育文化娱乐	103.5	102.1
1. 教育	101.5	102.4
2. 文化娱乐	107.1	101.6
七、医疗保健	99.4	107.4
1. 药品及医疗器具	97.9	98.4
2. 医疗服务	100.2	113.1
八、其他用品及服务	97.3	100.5
1. 其他用品	100.3	104.7
2. 其他服务	94.1	97.5

11-9　商品零售价格指数（以上年同期为 100）

指标	2021 年	2020 年
商品零售价格指数	**102.8**	**100.5**
一、食品	**100.6**	**108.2**
1. 粮食	101.4	100.9
2. 薯类	96.2	101.0
3. 豆类	102.2	104.1
4. 食用油	104.7	101.6
5. 菜及食用菌	106.1	107.2
6. 畜肉类	87.7	138.7
7. 禽肉类	93.1	99.0
8. 水产品	107.5	101.9
9. 蛋类	115.5	81.4
10. 奶类	100.3	102.2
11. 干鲜瓜果类	102.4	92.4
12. 糖果糕点类	100.5	100.6
13. 调味品	101.9	101.2
14. 其他食品类	102.2	103.6
15. 餐饮业零售	102.7	106.2
二、饮料、烟酒	**101.8**	**101.2**
1. 茶及饮料	101.3	100.6
2. 卷烟	102.1	102.2
3. 酒类	101.3	100.3
三、服装、鞋帽	**100.2**	**101.0**
1. 服装	100.2	101.1
2. 鞋帽袜	99.9	100.6
3. 其他衣着配件	99.6	101.0
四、纺织品	**100.2**	**99.4**
1. 服装材料	101.9	101.9
2. 床上用品	100.0	98.9
五、家用电器及音像器材	**100.0**	**98.2**
1. 家庭设备	99.5	97.8

11-9 续表

指 标	2021 年	2020 年
2. 文娱用耐用消费品	101.7	98.8
3. 专业音像器材	100.4	102.8
六、文化办公用品	**103.0**	**102.9**
七、日用品	**99.9**	**100.2**
1. 日用百货	99.8	99.2
2. 厨具餐具茶具	97.7	99.4
3. 清洗用品	100.6	102.9
4. 其他日用品	100.2	100.4
八、体育娱乐用品	**100.6**	**101.0**
1. 体育户外用品	100.0	101.4
2. 娱乐用品	100.7	101.0
九、交通、通信用品	**101.3**	**97.8**
1. 交通运输机械	99.9	97.2
2. 通信器材	107.1	101.0
十、家具	**100.7**	**99.4**
十一、化妆品	**98.0**	**102.4**
十二、金银饰品	**100.6**	**107.3**
十三、中西药品及医疗保健用品	**98.1**	**98.4**
1. 医疗卫生器具	90.8	99.8
2. 中药	101.4	100.3
3. 西药	97.9	96.8
4. 保健器具及用品	99.9	100.1
十四、书报杂志及电子出版物	**100.6**	**101.7**
1. 教材及参考书	101.6	103.0
2. 书报杂志及音像制品	99.7	100.3
3. 计算机办公软件	99.9	100.3
十五、燃料	**119.7**	**90.3**
1. 煤炭及制品	143.8	89.6
2. 石油及制品	113.7	90.6
十六、建筑材料及五金电料	**101.2**	**100.6**
1. 建筑装潢材料	101.1	100.4
2. 五金水暖	101.3	101.3

第12篇

科教、文卫、体育和民政

资料整理、审核

张　琳　刘红芳　张　星

付贵凤

12-1 2020年规模以上工业企业R&D人员情况（一）

分 组	企业数（个）	R&D人员合计（人）	#1. 参加项目人员	2. 管理和服务人员	#女性	#研究人员	#1. 全时人员	2. 非全时人员
总 计	**632**	**12679**	**11364**	**1315**	**2499**	**5287**	**9492**	**3187**
一、按企业规模分组								
大型企业	33	8833	7810	1023	1629	3749	6533	2300
中型企业	82	2257	2106	151	585	973	1822	435
小型企业	451	1567	1429	138	275	560	1117	450
微型企业	66	22	19	3	10	5	20	2
二、按登记注册类型分组								
内资企业	610	11790	10523	1267	2392	5101	8776	3014
港、澳、台商投资企业	4	11	9	2	3	4	10	1
外商投资企业	18	878	832	46	104	182	706	172
三、按国民经济行业分组								
采矿业	58	827	781	46	131	428	316	511
制造业	524	11093	9847	1246	2282	4427	8876	2217
电力、燃气及水的生产和供应业	50	759	736	23	86	432	300	459
四、按隶属关系分组								
中央	53	6395	5844	551	1429	3272	4738	1657
地方	579	6284	5520	764	1070	2015	4754	1530

12-1 2020年规模以上工业企业R&D人员情况（二）

分 组	R&D人员折合全时当量合计（人年）	#研究人员	#1. 基础研究人员	2. 应用研究人员	3. 实验发展人员
总 计	**8779**	**3600**	**27**	**301**	**8451**
一、按企业规模分组					
大型企业	6374	2604	2	216	6157
中型企业	1362	608		32	1330
小型企业	1028	386	25	44	959
微型企业	15	3		9	6
二、按登记注册类型分组					
内资企业	8091	3456	27	301	7764
港、澳、台商投资企业	8	3			8
外商投资企业	679	142			679
三、按国民经济行业分组					
采矿业	204	105		76	128
制造业	8148	3252	25	209	7914
电力、燃气及水的生产和供应业	426	243	2	15	406
四、按隶属关系分组					
中央	4673	2420	14	128	4532
地方	4105	1181	13	173	3919

12-2 2020年规模以上工业企业R&D经费支出（一）

单位：万元

分组	R&D经费内部支出	（一）按活动类型分组			（二）按支出用途分组				
		1.基础研究支出	2.应用研究支出	3.试验发展支出	1.经常费支出	#人员劳务费	2.资产性支出	#①土建工程	②仪器设备
总　计	**456081**	**579**	**15520**	**439982**	**430250**	**94200**	**25831**	**663**	**25168**
一、按企业规模分组									
大型企业	363709	18	14149	349542	345048	74020	18661	583	18078
中型企业	50982		558	50425	45557	9817	5426	3	5423
小型企业	40925	561	688	39675	39180	10269	1744	77	1667
微型企业	465		125	340	465	94			
二、按登记注册类型分组									
内资企业	434150	579	15520	418051	409511	85008	24639	663	23976
港、澳、台商投资企业	357			357	357	124			
外商投资企业	21574			21574	20382	9068	1192		1192
三、按国民经济行业分组									
采矿业	21407		8279	13128	18622	9234	2784	148	2636
制造业	428013	561	7109	420343	406307	80512	21707	479	21228
电力、燃气及水的生产和供应业	6661	18	132	6511	5321	4454	1340	36	1304
四、按隶属关系分组									
中央	302208	69	5434	296705	284165	44047	18043	469	17574
地方	153873	510	10086	143277	146085	50153	7788	194	7594

12-2 2020年规模以上工业企业R&D经费支出（二）

单位：万元

分组	（三）按资金来源分组				R&D经费外部支出				
	1.政府资金	2.企业资金	3.境外资金	4.其他资金		对境内研究机构支出	对境内高等学校支出	对境内企业支出	对境外支出
总　计	**29279**	**426433**	**291**	**78**	**22879**	**6105**	**4353**	**12392**	**29**
一、按企业规模分组									
大型企业	23289	340129	291		20153	5110	4172	10871	
中型企业	4393	46589			2073	938	158	949	29
小型企业	1570	39277		78	615	57	18	539	
微型企业	27	438			38		5	33	
二、按登记注册类型分组									
内资企业	29237	404544	291	78	21762	5208	4326	12199	29
港、澳、台商投资企业		357			180			180	
外商投资企业	42	21532			937	897	27	13	
三、按国民经济行业分组									
采矿业		21407			830	390	378	62	
制造业	29279	398365	291	78	13324	2360	2374	8562	29
电力、燃气及水的生产和供应业		6661			8725	3355	1601	3768	
四、按隶属关系分组									
中央	25698	276141	291	78	19111	4757	3555	10796	3
地方	3581	150292			3768	1348	798	1596	26

12-3　各类学校及各级教育基本情况

单位：人

分　类	学校（所）	在校生数	招生数	毕业生数	教职工数	# 专任教师数
高等教育	50	619623	200323	143885	37472	23270
研究生教育	4	45636	17252	10906	0	0
普通高等教育	40	460107	135313	113438	37067	23064
成人高等教育	6	113880	47758	19541	405	206
中等职业教育	46	60946	21547	18460	5423	4347
中等技术教育	30	37360	11252	10873	3357	2346
成人中等专业教育	2	9923	4252	4638	1020	914
职业高中教育	14	13663	6043	2949	1046	1087
技工学校	28	47026	17437	12910	3138	2466
普通中学	222	213975	72679	65538	28535	19950
高中	92	78220	26168	23353	28535	7486
初中	130	135755	46511	42185		12464
小学	417	346882	56490	50035	21570	22135
幼儿园	799	125993	37304	35334	20387	10867
特殊教育	9	1439	305	222	458	255
工读学校	1	589	204	124	80	71

12-4　研究生教育基本情况

单位：人

学校名称	在校生数	招生数	毕业生数
总计	45636	17252	10906
山西大学	9893	3745	2276
太原科技大学	3099	1161	715
中北大学	5563	2004	1331
太原理工大学	10172	3713	2218
山西农业大学	3602	1483	903
山西医科大学	6292	2256	1362
山西财经大学	4496	1864	1537
山西中医药大学	1210	457	293
太原师范学院	1007	454	196
中国辐射防护研究院	62	27	14
北方自动控制技术研究所	67	22	20
中国日用化学工业研究院	37	14	11
山西省中医药研究院	136	52	30

12-5 普通高等教育基本情况

单位：人

学校名称	校数	在校生数	招生数	毕业生数	教职工数	# 专任教师
总 计	40	460107	135313	113438	37067	23064
山西大学	1	24155	6066	5885	3184	2118
太原科技大学	1	24150	6397	5025	1845	1317
中北大学	1	34533	8641	8403	2698	2091
太原理工大学	1	31465	7901	7640	4388	2451
山西农业大学	1	23948	6340	5700	4588	1349
山西医科大学	1	24319	5762	5709	1932	1455
太原师范学院	1	24861	6784	6206	1586	1177
山西财经大学	1	17379	4158	4234	1826	1230
山西中医药大学	1	10977	2800	2387	942	763
太原学院	1	16196	4126	4629	1114	771
山西省财政税务专科学校	1	7436	3320	1631	435	334
山西警察学院	1	6378	1771	1724	488	319
山西艺术职业学院	1	4506	1478	971	1086	372
山西药科职业学院	1	6712	2445	1998	339	268
山西应用科技学院	1	15149	4349	4049	913	355
山西财贸职业技术学院	1	6998	2249	1786	239	219
山西林业职业技术学院	1	5812	2187	1240	323	232
山西职业技术学院	1	15329	5560	4809	724	548
山西金融职业学院	1	8025	2571	1180	258	183
太原城市职业技术学院	1	6595	2425	1697	413	279
山西医科大学晋祠学院	1	2231	3	2742	207	115
山西财经大学华商学院	1	2028		1904	90	
山西工商学院	1	18080	5276	4282	1012	449
山西体育职业学院	1	2581	975	340	187	125
山西警官职业学院	1	2707	802	715	190	115
山西国际商务职业学院	1	4621	1436	714	161	104
太原旅游职业学院	1	5181	1282	1949	383	309
山西旅游职业学院	1	10173	4042	1673	312	236
山西电力职业技术学院	1	3417	1089	620	423	313
太原工业学院	1	17598	4701	4129	1111	730
山西老区职业技术学院	1	3419	798	1004	105	36
山西经贸职业学院	1	7654	2904	2097	448	370
山西铁道职业技术学院	1	6056	2776	1136	194	145
山西青年职业学院	1	5091	1719	1096	232	166
山西工程职业学院	1	17085	6472	4001	781	596
山西传媒学院	1	9344	2645	2336	607	436
太原幼儿师范高等专科学校	1	5892	2106	1394	354	283
山西卫生健康职业学院	1	12670	6484	2195	333	227
山西能源学院	1	7966	2052	1909	472	400
山西省政法管理干部学院	1	1390	421	299	144	78

12-6　成人高等教育基本情况

单位：人

学校名称	学校（所）	在校生数	招生数	毕业生数	教职工数	# 专任教师数
总 计	6	113880	47758	19541	405	206
太原化学工业集团有限公司职工大学	1	346	293	50	38	27
山西机电职工学院	1	444	129	141	4	0
太原钢铁(集团)有限公司职工钢铁学院	1	100	45	55	67	35
山西兵器工业职工大学	1	687	355	261	41	34
山西省职工工艺美术学院	1	256	153	75	40	10
山西省广播电视大学	1	585	132	1178	215	100
山西省政法管理干部学院						
山西大学		18545	8411	2252		
太原科技大学		7709	3726	1207		
中北大学		28326	11905	2752		
太原理工大学		26771	11083	4370		
山西农业大学		1048	538	320		
山西医科大学		2772	529	1723		
太原师范学院		5230	2614	719		
山西财经大学		15591	5213	3256		
山西中医药大学		1090	221	517		
太原学院		393	172	51		
山西省财政税务专科学校		404	197	94		
山西艺术职业学院		171	62	76		
山西应用科技学院		155	88	8		
山西职业技术学院		247	235			
太原城市职业技术学院		23	4	9		
山西旅游职业学院		80	2	47		
山西电力职业技术学院		45				
山西工程职业学院		1655	1286	31		
太原工业学院		1072	365	164		
山西经贸职业学院						
山西卫生健康职业学院		1		96		
山西能源学院		134		89		

12-7 中等技术教育基本情况

单位：人

学校名称	学校（所）	在校生数	招生数	毕业生数	教职工数	# 专任教师数
总 计	30	37360	11252	10873	3357	2346
太原市卫生学校	1	2727	955	875	138	112
太原市财贸学校	1	1923	708	405	109	91
太原市文化艺术学校	1	1078	239	27	125	98
太原市体育运动学校	1	556	182	126	93	48
太原生态工程学校	1	1125	450	130	210	125
太原市财政金融学校	1	1020	333	293	188	169
太原市交通学校	1	1106	664	234	157	130
太原幼儿师范学校	1	395		477	33	33
太原铁路技术中等专业学校	1				360	116
山西省现代经贸学校	1	2945	1039	547	106	64
山西省大众传媒学校	1			360	36	21
山西省四方中等技术学校	1	2339	541	675	83	59
太原学院						
太原旅游职业学院				110		
太原幼儿师范高等专科学校		1235	304	497		33
山西省中医学校	1	1407	204	566	59	33
山西广播电影电视学校	1	282	135	25	44	30
山西省经贸学校	1	1768	602	545	103	63
山西省司法学校	1	2090	601	317	134	73
山西省邮电学校	1				61	27
山西省工贸学校	1	150		55	113	99
山西省财政会计学校	1					
山西省贸易学校	1	1562	551	372	132	101
山西省物流技术学校				15		
太原铁路机械学校	1	3665	1452	1308	290	226
山西省工业管理学校	1	1559	472	542	136	105
山西省城乡建设学校	1	1222	519	314	101	64
山西省特殊教育中等专业学校	1	260	81	108	108	51
山西税务学校	1				48	35
山西省商务学校						
山西省建筑工程技术学校	1	1517	372	546	135	77
山西省好艺中等专业学校	1	164		193	55	32
山西省应用技术学校	1	182		75	85	45
山西省人民武装学校	1					
山西省畜牧兽医学校	1	2925	533	618	115	99
山西艺术职业学院		1461	228	332		62
山西药科职业学院						
山西交通职业技术学院				12		
山西应用科技学院						
山西戏剧职业学院						
山西职业技术学院						
山西工商学院						
山西体育职业学院		680	87	168		9
山西国际商务职业学院						
山西老区职业技术学院		17		6		16
山西兵器工业职工大学						
山西省政法管理干部学院						

12-8 成人中等专业教育基本情况

单位：人

学校名称	学校（所）	在校生数	招生数	毕业生数	教职工数	专任教师数
总计	2	9923	4252	4638	1020	914
太原广播电视中等专业学校	1	417	220	110	58	49
山西省农业广播电视学校	1	9318	4032	4373	962	834
山西煤炭职工联合大学		188		155		31

12-9 职业高中教育基本情况

单位：人

学校名称	学校（所）	在校生数	招生数	毕业生数	教职工数	# 专任教师数
	14	13663	6043	2949	1046	1087
太原市第五职业中学校	1	1342	479	165	129	80
太原市综合高级中学校	1	1103	441	233	153	138
太原市第七职业中学校	1	562	257	46	91	81
清徐县职业教育中心	1	1830	792	426	121	116
太原市杏花岭区中等职业技术学校	1	105	26	77	26	26
太原市第四职业中学校	1	223	106	37	80	71
太原市晋源区高级职业中学	1	387	157	11	25	11
太原市小店区第一职业中学校	1	1159	556	230	55	51
阳曲县高级职业中学校	1	751	300	199	72	60
山西大昌汽车专业学校	1	1221	662	339	63	51
太原市尖草坪区职业中学校	1	888	554	133	78	77
古交市职业中学校	1	850	282	131	54	50
太原市立达职业中学校	1	475	242	126	52	33
娄烦县职业中学校	1	390	142	97	47	33
太原市财政金融学校						
太原广播电视中等专业学校						
太原市第九中学校						
太原市行知宏实验中学校						
太原市第十六中学校		474	160	149		33
太原市第五十六中学校				66		
太原孤残儿童特殊教育学校		58	27	23		18
太原市聋人学校		203	67	48		42
太原市盲童学校		25	10	13		10
太原市长安综合中学校		1617	783	400		106

12-10 中学基本情况（一）

单位：人

分 类	学校（所）	班数（个）			在校生数			招生数		
		合计	高中	初中	合计	高中	初中	合计	高中	初中
总 计	**222**	**4972**	**1735**	**3237**	**213975**	**78220**	**135755**	**72679**	**26168**	**46511**
1. 教育部门办	174	3772	1372	2400	168160	64578	103582	59027	21796	37231
地方企业办										
民办	46	1183	363	820	45249	13642	31607	13472	4372	9100
其他部门办	2	17		17	566		566	180		180
2. 城区	156	3822	1427	2395	167919	65249	102670	57731	21792	35939
镇区	37	845	234	611	34885	10072	24813	11272	3354	7918
乡村	29	305	74	231	11171	2899	8272	3676	1022	2654
3. 小店区	43	1079	358	721	47096	15671	31425	15926	4967	10959
迎泽区	19	726	279	447	33742	13063	20679	11952	4391	7561
杏花岭区	36	786	295	491	32454	12650	19804	10917	4307	6610
尖草坪区	22	340	134	206	14135	6329	7806	4810	2111	2699
万柏林区	27	664	236	428	29646	10973	18673	10424	3751	6673
晋源区	15	317	93	224	13625	4323	9302	4642	1411	3231
清徐县	23	403	146	257	17493	6473	11020	5669	2184	3485
阳曲县	13	280	75	205	10016	2977	7039	2956	1032	1924
娄烦县	5	94	31	63	4299	1424	2875	1534	516	1018
古交市	19	283	88	195	11469	4337	7132	3849	1498	2351

12-10 中学基本情况（二）

单位：人

分 类	毕业生数			教职工数	专任教师		
	合计	高中	初中		合计	高中	初中
总 计	**65538**	23353	42185	28535	19950	7486	12464
1. 教育部门办	48552	18791	29761	18835	15628	5974	9654
地方企业办							
民办	16732	4562	12170	9611	4277	1512	2765
其他部门办	254		254	89	45	0	45
2. 城区	49796	19274	30522	21733	15366	6150	9216
镇区	12075	3241	8834	4928	3360	1057	2303
乡村	3667	838	2829	1874	1224	279	945
3. 小店区	14711	4978	9733	7431	4144	1510	2634
迎泽区	9075	3693	5382	3159	2581	1108	1473
杏花岭区	9569	3782	5787	4300	3215	1370	1845
尖草坪区	4311	1643	2668	2089	1526	570	956
万柏林区	8607	3272	5335	3465	2819	1042	1777
晋源区	4192	1316	2876	1989	1385	435	950
清徐县	6089	2024	4065	2113	1728	633	1095
阳曲县	3632	930	2702	1909	1030	319	711
娄烦县	2926	447	2479	611	395	124	271
古交市	2426	1268	1158	1469	1127	375	752

注：按教育局资料分类整理。

12-11　小学基本情况

单位：人

分　类	学校（所）	班数（个）	在校生数	招生数	毕业生数	教职工数	专任教师
总　计	**417**	**9167**	**346882**	**56490**	**50035**	**21570**	**22135**
1. 教育部门办	382	7829	301210	49055	43941	18335	18172
地方企业办							
民办	28	1226	41145	6551	5499	2975	3680
其他部门办	7	112	4527	884	595	260	283
2. 城区	278	6910	283209	46599	39792	16634	17145
镇区	54	1216	44393	7314	6526	2814	2880
乡村	85	1041	19280	2577	3717	2122	2110
3. 小店区	75	2345	97330	16494	12236	3457	4342
迎泽区	38	903	36882	6265	5435	2381	2305
杏花岭区	58	1277	53145	8452	7867	3165	3236
尖草坪区	43	771	26090	4201	3917	1934	1953
万柏林区	66	1464	59910	9810	8308	4789	4219
晋源区	42	624	22031	3623	3080	1758	1887
清徐县	46	748	22021	3377	3539	1655	1705
阳曲县	13	334	9466	1556	1718	511	752
娄烦县	10	221	5875	834	1129	599	614
古交市	26	480	14132	1878	2806	1321	1122

注：按教育局资料分类整理。

12-12　幼儿园基本情况

单位：人

分　类	幼儿园（所）	班数（个）	在园幼儿	教职工数		
					# 专任教师	保育员
总　计	**799**	**5242**	**125993**	**20387**	**10867**	**3857**
1. 教育部门办	74	772	19407	2345	1656	271
集体办	287	1046	23018	2984	1772	445
地方办	63	524	15329	2359	1247	460
事业单位办	17	155	5100	835	407	138
部队办	3	18	491	112	48	17
民办	347	2634	59390	11324	5530	2457
其他部门办	8	93	3258	428	207	69
2. 城区	535	3957	98558	16883	8674	3263
镇区	113	714	17744	2467	1407	450
乡村	151	571	9691	1037	786	144
3. 小店区	159	1125	27661	4474	2284	906
迎泽区	91	616	14937	2709	1446	469
杏花岭区	114	776	18903	3424	1699	655
尖草坪区	73	548	13065	2065	1076	403
万柏林区	86	694	17985	3113	1626	610
晋源区	90	396	8300	1447	808	254
清徐县	94	532	12677	1452	954	236
阳曲县	43	149	3259	551	277	116
娄烦县	14	107	2368	304	193	57
古交市	35	299	6838	848	504	151

注：按教育局资料分类整理。

12-13　文化事业情况

单位：人

指　标	单 位	2021年
影剧院数	个	53
影厅数	座	382
专业、民营艺术表演团体	个	25
#演职人员	人	1914
博物馆	个	21
图书馆	个	12
图书馆藏书量	万册	679.36
文化宫	个	4
文化馆(包括群众艺术馆)	个	11
少年宫	个	3

12-14　专业表演团体情况

名　称	演职人数(人)	演出场次(场)	演出收入(万元)	观众人数(万人次)	总支出(万元)	全部职工工资(万元)
总　计	1215	2396	6008.4	161.16	18074.7	7982.4
山西省京剧院	156	180	758.2	3.63	2306.7	831.8
山西省晋剧院	243	337	964.0	27.02	4006.3	2161.9
山西省歌舞剧院	243	224	1402.0	19.17	2856.1	1126.7
山西省话剧院	161	171	820.0	6.42	1876.3	562.3
山西省曲艺团	48	259	527.0	30.00	718.7	303.1
山西华晋舞剧团	51	192	323.2	14.70	1117.7	587.7
山西华夏之根艺术团	31	124	430.4	3.52	661.5	302.3
太原市实验晋剧艺术团有限责任公司	14	85	77.2	17.59	43.1	24.0
太原市实验晋剧艺术院有限责任公司	27	121	241.8	18.15	586.3	173.6
太原市歌舞杂技团	136	533	172.1	10.66	1579.5	1129.1
太原市话剧团	45	50	147	1.30	1093.4	339.3
太原舞蹈团	60	120	145.5	9.00	1229.1	440.6

注：专业艺术团体共25个，市5个、省7个，民营13个。演职人员1914人，其中专业1215人，市282人、省933人，民营699人。

12-15 影剧院及票房收入情况

名 称	影厅数（个）	座位数（座）	票房收入（元）
总 计	382	46692	298195217
太原影都	10	1172	2746074
太原市宽影幕影院	6	831	913675
山西剧院	11	1717	17099296
太原市长风剧场	6	855	4997758
太原星美影城	4	530	2078064
太原横店电影城	9	900	8828671
太原中影新影都影城（和信店）	7	1048	8173286
太原市奥斯卡国际影城	10	1507	11316907
太原同至人横店影视电影城	8	1535	6027319
太原贵都横店电影城	5	524	3219291
太原市金逸影城（北美店）	7	831	7071066
太原市金刚里影城	9	742	5323410
太原华邦影城(潮流汇店）	7	875	4880186
清徐县宏凯影院	3	278	562922
太原博纳国际影城	10	1621	19252621
太原市万达影城（龙湖店）	14	2658	24027840
太原市大地影院（八方商贸城店）	6	859	3938346
太原市恒大嘉凯影城（绿洲店）	7	1183	7780048
阳曲县红全源数字影院	3	207	
古交市中影世纪国际影城	3	210	508160
太原市铜锣湾国际影城	14	1231	15313703
太原市玉影影院西华苑店	7	318	1950383
太原市太原 ume 影城	12	1252	9159415
太原市九达国际影城	7	922	3491876
太原市等艺术影院	7	855	7058713
太原市全美影院	8	777	11986511
太原市阳曲县嘟唛国际影城	3	163	402284
太原市恒大嘉凯影城（恒大城店）	6	1126	3391358
保利影城	6	895	7800028
欢乐大都会影城	5	450	1658331
金逸影城（万国店）	6	1196	4798423
万象影城 IMAX 店	8	1653	20758249
微影时光星空影院	2	76	264928
古交柒聚影城	4	499	2410571
九达影城（朝阳街店）	10	618	1722305
星际影城	16	1183	7606325
博纳国际影城（晋阳街店）	7	934	7564277
清徐宏达数字影院	3	202	602619
太原聚影汇影城	9	1324	5667071
中影盛隆国际影城	6	436	2483007
太原市电兴影城顶好店	6	787	71249
太原市华映影城	6	505	1444078
太原市中影星辉国际影城	7	610	6405138
太原市斐波时代影院	10	1123	4113623
太原市横店电影城康达店	6	487	2828570
太原市奥斯卡影城尖草坪店	6	559	1860189
太原市 CGV 影院（印象城）	10	909	6770995
太原市恒大嘉凯影城未来城店	6	857	2786884
太原市恒大嘉凯御景湾影城	6	1130	3925152
太原市中影天悦影城	6	758	1907174
太原市时代影城 IMAX 华景天地店	9	1264	1485292
太原市美时光影城	5	438	548000
太原市 CGV 影院（公元店）	8	1072	9213556

12-16 图书出版情况

分类	合计	图书种数（种）		总印数（万册）	总印张（千印张）	定价总金额（万元）
		新出	重印			
使用《中国标准书号》分类图书合计	3187	1767	1420	11905	1137589	186062
A 马克思主义、列宁主义、毛泽东思想	2	1	1	1	95	27
B 哲学	26	15	11	11	1616	654
C 社会科学总论	8	7	1	1	254	131
D 政治、法律	64	59	5	217	14728	2953
E 军事	3	1	2	1	113	34
F 经济	108	86	22	30	5047	2710
G 文化、科学、教育、体育	1929	869	1060	11240	1055668	153019
H 语言、文字	29	20	9	17	4343	1257
I 文学	435	320	115	180	21782	8022
J 艺术	93	79	14	49	8603	5630
K 历史、地理	189	154	35	66	11342	6055
N 自然科学总论	7	2	5	5	640	200
O 数理科学、化学	11	4	7	3	321	100
P 天文学、地球科学	10	4	6	5	491	144
Q 生物科学	12	3	9	5	463	144
R 医药、卫生	121	32	89	42	7256	2367
S 农业科学	11	6	5	5	448	164
T 工业技术	26	21	5	8	849	458
U 交通运输	1		1	1	50	12
V 航空、航天	3		3	1	105	28
X 环境科学	12	6	6	4	363	158
Z 综合性图书	87	78	9	13	3012	1795

12-17　报纸出版情况

名　称	刊期	实际出版期数（期）	平均期印数（份）	总印数（万份）	总印张（千印张）
总计（42种）		6454	28942689	204314	1653088
太原日报	周七刊	365	118578	4328	86562
太原晚报	周七刊	365	35692	1303	39083
山西工人报	周七刊	333	80000	2664	26640
山西妇女报	周二刊	104	19600	204	4077
山西政协报	周二刊	100	21200	212	2120
山西法制报	周五刊	237	68000	1612	32232
山西经济日报	周七刊	336	51500	1730	34608
山西科技报	周四刊	191	19000	363	7258
山西广播电视报	周一刊	52	6200	32	645
健康生活报	周五刊	250	24000	600	6000
科学导报	周二刊	92	18000	166	3312
市场信息报	周四刊	176	18000	317	6336
人民摄影	周一刊	52	30000	156	6240
生活晨报	周五刊	240	21729	522	10430
三晋都市报	周六刊				
人民代表报	周三刊	156	98000	1529	30576
老友导报	周二刊	90	60500	545	5445
太原广播电视报	周一刊	52	25000	130	2600
消费时报	周二刊				
山西联通报	周一刊	49	30000	147	735
山西电力报	周一刊				
铁路工程报	周一刊	49	10000	49	490
太钢日报	周六刊	300	10100	303	1515
瓜果蔬菜报	周一刊				
集邮报	周一刊				
山西商报	周二刊	101	25000	253	2525
德育报	周二刊	100	50000	500	5000
发展导报	周二刊				
山西市场导报	周二刊	94	40000	376	7520
山西青年报	周五刊	230	30000	690	13800
作文周刊	周六刊	288	14000	403	8064
学英语报	周一刊	52	7735442	40224	201121
语文报	周七刊	365	175649	6411	64112
英语周报	周一刊	52	12323047	64080	320399
学习方法报	周一刊	52	6438055	33478	167389
数理报	周五刊	260	147000	3822	19110
学习报	周六刊	312	717785	22395	111974
山西日报	周七刊	365	355538	12977	389314
山西农民报	周二刊	93	39117	364	7276
生活文摘报	周二刊	104	39000	406	8112
山西晚报	周七刊	293	27757	813	16266
良友周报	周二刊	104	20200	210	4202

12-18 杂志出版情况

期刊名称	刊期	实际出版期数（期）	平均期印数（册）	总印数（万册）	总印张数（千印张）
总计（173种）		2544	906634	1841	122598
山西青年	半月刊	24	4000	10	576
小学生	旬刊	36	2552	9	276
党史文汇	月刊	12	25000	30	1200
山西老年	月刊	12	220520	265	14766
山西财税	月刊	12	6300	8	375
山西教育	周刊	48	16000	77	3840
小学语文教学	旬刊	36	21000	76	3946
语文教学通讯	周刊	52	25523	133	8905
晋图学刊	双月刊	6	1500	1	57
教学与管理	旬刊	36	5000	18	990
青少年日记	半月刊				
教育理论与实践	旬刊	36	6000	22	1089
科学之友	月刊	12	3300	4	249
人人健康	半月刊	24	5000	12	893
名作欣赏	旬刊	36	2991	11	1221
山西文学	月刊	12	2200	3	238
火花	月刊	12	1300	2	97
黄河之声	半月刊	24	600	1	184
山西画报	旬刊	36	8500	31	2277
技术经济与管理研究	月刊	12	1800	2	214
晋阳学刊	双月刊	6	1500	1	102
经济问题	月刊	12	1500	2	186
语文研究	季刊	4	2500	1	50
会计之友	半月刊	25	6500	16	2015
山西农经	半月刊	24	2000	5	726
编辑之友	月刊	12	3000	4	312
经济师	月刊	12	3200	4	710
新闻采编	双月刊	6	1550	1	46
山西大学学报（哲学社会科学版）	双月刊	6	800	1	60
黄河	双月刊	6	1800	1	135
理论探索	双月刊	6	2500	2	120
五台山研究	季刊	4	10000	4	202
童话大王	月刊	12	10000	12	595
烹调知识	月刊				
山西煤炭	季刊	4	550		23
山西林业科技	季刊	4	1300	1	29
大众标准化	半月刊	24	3000	7	1044
山西水土保持科技	季刊	4	1000	1	15
山西大学学报（自然科学版）	双月刊	6	600		57
山西地震	季刊	4	75		1
山西医药杂志	半月刊	24	688	2	144

12-18 续表 1

期刊名称	刊期	实际出版期数（期）	平均期印数（册）	总印数（万册）	总印张数（千印张）
山西化工	双月刊	6	4500	3	536
山西中医	月刊	12	1100	1	67
山西农业科学	月刊	12	500	1	45
辐射防护通讯	双月刊	6	600		11
新型炭材料	双月刊	6	600		27
山西水利	月刊	12	1000	1	53
机械管理开发	月刊	12	5000	6	1451
电子工艺技术	双月刊	6	3000	2	91
火力与指挥控制	月刊	13	2000	3	339
燃料化学学报	月刊	12	340		40
煤化工	双月刊	6	4500	3	119
辐射防护	双月刊	6	800		37
生产力研究	月刊	12	800	1	119
记者观察	旬刊	36	7670	28	2568
种子科技	半月刊	24	1500	4	397
山西档案	双月刊	6	2150	1	188
煤炭转化	双月刊	6	500		23
山西冶金	双月刊	6	4500	3	582
山西科技	双月刊				
政府法制	旬刊	36	18750	68	3348
中国保健营养	旬刊	36	1200	4	301
前进	月刊	12	32833	39	1954
都市	月刊	12	3000	4	270
生活潮	月刊	12	12800	15	857
山西水利科技	季刊	4	2000	1	45
电力学报	双月刊	6	700		21
量子光学学报	季刊	4	350		8
法制博览	旬刊	36	12000	43	2592
山西林业	双月刊	6	1600	1	36
山西交通科技	双月刊	6	6000	4	249
民间传奇故事	旬刊	36	5000	18	1080
日用化学品科学	月刊	12	3000	4	295
健康向导	双月刊	6	1877	1	52
山西电子技术	双月刊	6	3000	2	136
山西医科大学学报	月刊	12	800	1	74
中华风湿病学杂志	月刊	12	1662	2	104
太原理工大学学报	双月刊	6	1500	1	120
山西财经大学学报	月刊	12	2000	2	234
实用骨科杂志	月刊	12	1416	2	126
山西财政税务专科学校学报	双月刊	6	1200	1	45
山西广播电视大学学报	季刊	4	3000	1	104
中共山西省委党校学报	双月刊	6	1500	1	91
中共太原市委党校学报	双月刊	6	700		26
山西社会主义学院学报	季刊	4	1000		23

12-18　续表 2

期刊名称	刊期	实际出版期数（期）	平均期印数（册）	总印数（万册）	总印张数（千印张）
小学教学设计	旬刊	36	19000	68	3570
山西经济管理干部学院学报	季刊	4	500		15
山西省政法管理干部学院学报	季刊	4	1000		35
山西高等学校社会科学学报	月刊	12	1100	1	83
文物世界	双月刊				
太原理工大学学报（社会科学版）	双月刊	6	500		21
护理研究	半月刊	24	1500	4	525
新作文	旬刊	36	70386	253	12771
中外童话故事	旬刊	36	8333	30	1116
中国中西医结合肾病杂志	月刊	12	2500	3	227
山西建筑	半月刊	24	800	2	299
实用医学影像杂志	双月刊	6	678		35
新美域	季刊	4	5000	2	150
文史月刊	月刊	12	12359	15	742
母婴世界	旬刊	36	4000	14	1071
银行家	月刊	12	16000	19	1776
建材技术与应用	双月刊	6	1000	1	29
山西电力	双月刊	6	4000	2	139
实用医技杂志	月刊	12	373		36
临床医药实践	月刊	12	700	1	52
测试技术学报	双月刊	6	1000	1	45
太原师范学院学报（社会科学版）	季刊	4	1000		32
太原师范学院学报（自然科学版）	季刊	4	1000		31
中学课程辅导	旬刊	36	2000	7	714
NBA 特刊	半月刊	24	20000	48	4234
农产品加工	半月刊	24	2500	6	558
山西焦煤科技	月刊	12	1000	1	49
中西医结合心脑血管病杂志	半月刊	24	768	2	274
太原市人民政府公报	月刊	12	1650	2	98
机械工程与自动化	双月刊	6	4000	2	427
日用化学工业	月刊	12	4000	5	484
太原城市职业技术学院学报	月刊	12	300		59
新课程	周刊	52	4020	21	3951
当代金融家	月刊	12	4615	6	554
校园心理	双月刊	6	5337	3	186
中北大学学报（社会科学版）	双月刊	6	1000	1	45
太原科技大学学报	双月刊	6	800		30
教育	周刊	52	2400	12	869
中北大学学报（自然科学版）	双月刊	6	1000	1	45
系统科学学报	季刊	4	800		34
映像	月刊	12	1200	1	125
食品工程	季刊	4	1100		22
当代农机	月刊	12	2000	2	149

12-18　续表 3

期刊名称	刊期	实际出版期数（期）	平均期印数（册）	总印数（万册）	总印张数（千印张）
农业技术与装备	月刊	12	1000	1	120
文化产业	旬刊	36	1150	4	435
全科护理	旬刊	36	1100	4	449
新晋商	月刊	12	2500	3	240
铸造设备与工艺	双月刊	6	4000	2	189
科学技术哲学研究	双月刊	6	2180	1	132
村委主任	月刊	12	4500	5	238
测试科学与仪器（英文版）	季刊	4	1000		33
科技创新与生产力	月刊	12	3400	4	408
能源与节能	月刊	12	1000	1	168
现代工业经济和信息化	月刊	12	5000	6	995
基础医学教育	月刊	12	800	1	74
经济与社会发展研究	旬刊	36	330	1	220
炎黄地理	月刊	12	2000	2	168
科技与创新	半月刊	24	1000	2	313
神州印象	月刊				
山西青年职业学院学报	季刊	4	1000		28
经纬天地	双月刊	6	625		29
名家名作	月刊	12	2900	3	452
天工	月刊	12	2200	3	266
名师在线	旬刊	36	1200	4	321
循证护理	半月刊	18	1000	2	201
史志学刊	双月刊	6	1350	1	40
指挥与控制学报	季刊	4	1200		45
戏友	双月刊	6	2000	1	63
现代职业教育	周刊	52	6450	34	6339
中国日用化学品	季刊	4	1000		26
图书情报导刊	月刊	12	100		8
品牌研究	旬刊	36	500	2	188
太原学院学报（社会科学版）	双月刊	6	800		42
太原学院学报（自然科学版）	季刊	4	1000		28
武术研究	月刊	12	3200	4	479
山西省人民政府公报	月刊	12	3000	4	126
对联	月刊	12	14500	17	696
智库时代	周刊	52	310	2	255
山西警察学院学报	季刊	4	600		19
今日农业	半月刊	24	5300	13	509
区域治理	周刊	53	290	2	214
护理前沿（英文）	季刊	4	700		17
销售与管理	旬刊	9	500		45
支部建设	旬刊	36	33333	120	5208
统计学报	双月刊	6	1000	1	44
华北自然资源	双月刊	6	1200	1	76
果树资源学报	双月刊	6	900	1	32
三晋基层治理	双月刊	6	1200	1	64

12-19　广播、电视主要指标

指　标	单位	省级	市
电视台	座		1
广播电视台	座	1	4
教育电视台	座		1
中短波转播发射台	座	12	1
	千瓦	406	20
电视转播发射台	座	7	3
	千瓦	248	9
有线广播电视传输网络干线总长	公里	8109	8341
有线广播电视实际用户	户	188090	386367
数字电视实际用户	户	188090	386367
广播人口覆盖率	%	98.84	100
电视人口覆盖率	%	99.22	100

注：数据来源于省广电局；太原地区数据包含省级（省广播电视局）以及市（太原市级加县级）。

12-20　电视节目主要情况

指　标	单位	省级	市
节目套数	套	6	8
全年播出节目时间	时、分	51781：54	38456：00
新闻资讯类节目	时、分	4955：53	6399：15
专题服务类节目	时、分	7978：12	6869：00
综艺益智类节目	时、分	4073：47	14：00
影视剧类节目	时、分	20106：36	13695：45
广告类节目	时、分	10987：39	6227：15
其他类节目	时、分	3679：47	5250：45

12-21　广播节目主要情况

指　标	单位	省级	市
节目套数	套	7	8
全年播出节目时间	时、分	57694：00	34689：30
新闻资讯类节目	时、分	3413：30	10066：30
专题服务类节目	时、分	25350：30	7925：24
综艺益智类节目	时、分	10676：00	1424：56
广播剧类节目	时、分	3567：30	3649：30
广告类节目	时、分	7856：30	3763：40
其他类节目	时、分	6830：00	7859：00

12-22　卫生机构、床位和人员情况（一）

分　类	机构数（个）	床位数（张）	卫生人员（人）					
			合计	卫生技术人员（人）				
				小计	执业医师	执业助理医师	注册护士	药师（士）
总　计	**4089**	**45589**	**81631**	**69847**	**24422**	**1906**	**34250**	**2674**
一、医院	165	43777	59005	49899	16259	325	25871	2258
综合医院	72	25536	35738	30636	10059	132	16009	1252
中医医院	19	3644	4693	4041	1369	57	1770	424
中西医结合医院	4	1659	2010	1789	647	21	867	78
民族医院								
专科医院	67	12738	16446	13348	4162	115	7170	499
护理院	3	200	118	85	22		55	5
二、基层医疗卫生机构	3876	1234	18406	16804	7135	1541	7284	360
社区卫生服务中心（站）	338	273	4760	4317	1652	189	2123	148
社区卫生服务中心	58	210	2001	1730	562	72	828	108
社区卫生服务站	280	63	2759	2587	1090	117	1295	40
卫生院	53	672	851	771	302	132	190	44
街道卫生院								
乡镇卫生院	53	672	851	771	302	132	190	44
中心卫生院	18	234	287	263	110	56	58	13
乡卫生院	35	438	564	508	192	76	132	31
村卫生室	871		1355	717	183	513	20	1
门诊部	366	281	4190	3892	1598	265	1850	47
综合门诊部	32	148	792	703	321	12	294	13
中医门诊部	33	24	331	279	153	13	87	16
中西医结合门诊部	6	6	81	81	35	7	38	1
专科门诊部	295	103	2986	2829	1089	233	1431	17
诊所．卫生所．医务室	2248	8	7250	7107	3400	442	3101	120
诊所	2109	8	6615	6497	3110	427	2819	105
卫生所、医务室	139		635	610	290	15	282	15
三、专业公共卫生机构	39	578	3208	2552	888	31	890	55
疾病预防控制中心	14		886	675	377	19	27	6
专科疾病防治院（所、站）	2	30	168	70	23		39	2
健康教育所（站、中心）								
妇幼保健院（所、站）	10	548	1500	1275	386	8	695	45
妇幼保健院	6	548	1381	1184	331	4	676	44
妇幼保健所	3		85	73	46	3	14	1
妇幼保健站	1		34	18	9	1	5	
急救中心（站）	1		146	111	57	2	31	
采供血机构	1		266	201	45	2	98	2
卫生监督所（中心）	11		242	220				
计划生育技术服务机构								
四、其他卫生机构	9		1012	592	140	9	205	1
疗养院								
卫生监督检验（监测、检测）所（站）	1		72	72	1	4		
医学科学研究机构								
医学在职培训机构								
临床检验中心（所、站）	4		563	197	34	1	31	
统计信息中心								
其他	4		377	323	105	4	174	1

12-22 卫生机构、床位和人员情况（二）

分类	技师（士）		其他		其他技术人员	管理人员	工勤技能人员
		检验师		见习医师			
总计	**4321**	**2507**	**2055**	**356**	**3278**	**4991**	**4883**
一、医院	3455	1801	1731	316	2679	4213	3877
综合医院	1996	1169	1188	264	1336	2447	2238
中医医院	218	135	203	22	229	195	264
中西医结合医院	124	73	52	10	48	65	116
民族医院							
专科医院	1115	423	287	20	1039	1488	1257
护理院	2	1	1		27	18	2
二、基层医疗卫生机构	274	160	210	30	260	428	496
社区卫生服务中心（站）	118	81	87	7	152	175	215
社区卫生服务中心	99	66	61	7	90	82	152
社区卫生服务站	19	15	26		62	93	63
卫生院	30	15	73	9	19	29	42
街道卫生院							
乡镇卫生院	30	15	73	9	19	29	42
中心卫生院	7	4	19		5	9	14
乡卫生院	23	11	54	9	14	20	28
村卫生室							
门诊部	107	60	25	4	63	189	143
综合门诊部	54	31	9		21	50	45
中医门诊部	6	1	4	2	11	29	27
中西医结合门诊部						1	
专科门诊部	47	28	12	2	31	109	71
诊所．卫生所．医务室	19	4	25	10	26	35	96
诊所	12	1	24	10	25	33	74
卫生所、医务室	7	3	1	0	1	2	22
三、专业公共卫生机构	373	348	96	10	300	267	160
疾病预防控制中心	206	200	40	5	91	98	39
专科疾病防治院（所、站）	6	4			65	23	13
健康教育所（站、中心）							
妇幼保健院（所、站）	113	100	28	5	93	78	58
妇幼保健院	101	88	28	5	90	65	46
妇幼保健所	9	9			3	8	1
妇幼保健站	3	3			0	5	11
急救中心（站）	3	0	18		0	9	26
采供血机构	45	44	9		45	4	16
卫生监督所（中心）			1		6	55	8
计划生育技术服务机构							
四、其他卫生机构	219	198	18		39	83	350
疗养院							
卫生监督检验（监测、检测）所（站）	67	67					
医学科学研究机构							
医学在职培训机构							
临床检验中心（所、站）	113	111	18		38	68	312
统计信息中心							
其他	39	20			1	15	38

12-23 律师工作情况

指 标	单 位	2021年	2020年
律师事务所	个	312	297
注册律师人员	人	3702	3425
专职律师	人	3323	3110
兼职律师	人	200	187
法律援助律师	人	8	10
公职律师	人	171	124
聘请常年法律顾问的单位	个	3294	2979
民事、经济诉讼代理	件	30552	22496
刑事辩护及代理	件	5258	4741
非诉讼法律事务	件	4091	3751

12-24 公证和调解工作情况

指 标	单 位	2021年	2020年
公证工作			
公证处	个	8	7
公证员（含公证员助理）	人	181	142
办理国内民事公证	件	199920	115707
办理国内经济公证	件	13616	12450
办理涉外公证	件	13702	11960
涉港澳台公证	件	141	116
调解工作			
司法所工作人员	人	419	482
人民调解委员会	个	1585	1736
调解人员	人	8347	7662
调解各类纠纷	件	22282	23853

12-25 体育后备人才及教练员项目分布情况

单位：人

项 目	运动员	教练员
合 计	**2260**	**82**
田径	160	13
自行车	100	3
击剑	103	2
举重	74	9
柔道	132	4
国际摔跤	164	8
跆拳道	80	2
拳击	57	1
武术套路	77	2
武术散打	59	1
射击	109	6
射箭	64	2
游泳	310	8
跳水	33	2
乒乓球	170	5
篮球	78	6
网球	59	1
体操	60	4
蹦床	49	1
赛艇	11	
皮划艇	46	1
足球	212	1
排球	53	

12-26 等级裁判员项目分布情况

单位：人

项 目	一级以上裁判员合计	# 女性	1. 国际级裁判员	2. 国家级裁判员	3. 一级裁判员	二级裁判员
合 计	1256	1394	28	141	1087	3610
田径	109	169	1	12	96	495
游泳	70	47		10	60	77
跳水	11	3	1	1	9	
自行车	54	49	1	16	37	8
举重	16	11	3	2	11	
射击	80	38	1	4	75	6
射箭	50	22		3	47	
国际摔跤	21	2	1	2	18	3
柔道	15	6	1	7	7	4
跆拳道	36	10	1	3	32	18
拳击	32	4			32	
体操	43	20	6		37	2
蹦床	22	12	5		17	
武术套路	70	31	2	10	58	176
武术散打	15	1	1	1	13	
击剑	12	23		1	11	34
足球	46	21		3	43	144
篮球	98	158		8	90	786
排球	29	107	1	6	22	330
沙滩排球	6	2	1	5		
乒乓球	66	326		10	56	771
网球	72	106	1	13	58	221
羽毛球	74	138		5	69	322
门球	24	13		2	22	
台球	3	1			3	
中国象棋	18	11		1	17	32
国际象棋	20	8		1	19	16
围棋	16	6		3	13	8
健美操	30	24		2	28	3

12-26　续表　　　　　　　　　　　　　　　　　　　　　　　　　　　　单位：人

项　目	一级以上裁判员合计	#女性	1. 国际级裁判员	2. 国家级裁判员	3. 一级裁判员	二级裁判员
体育舞蹈	13	5		2	11	
健美	10	7	1	1	8	4
健身气功	8	4		1	7	
跳伞	1	1			1	
拔河	2	1		1	1	
毽球	12	4			12	
健身秧歌	2	2		1	1	
电子竞技	6			1	5	
信鸽	30				30	
航模	9			2	7	
定向	5	1		1	4	

注：本表口径只包括市属管辖数据，不包含省属管辖数据。

12-27　等级运动员项目分布情况

单位：人

项　目	等级运动员合计	#女性	1. 一级运动员	2. 二级运动员
合　计	**3368**	**1344**	**742**	**2626**
田径	554	168	18	536
游泳	232	88	30	202
跳水	1		1	
自行车	43	22	20	23
举重	27	12	5	22
射击	85	38	37	48
射箭	44	14	8	36
国际摔跤	95	49	18	77
柔道	56	24	24	32
跆拳道	88	44	43	45
拳击	57	20	19	38
体操	18	12	5	13
蹦床	15	7	7	8
武术套路	108	47	5	103

12-27　续表　　　　单位：人

项　目	等级运动员合计	# 女性	1. 一级运动员	2. 二级运动员
武术散打	95	38	7	88
击剑	18	13	5	13
足球	212	51	43	169
篮球	548	221	103	445
排球	533	243	202	331
沙滩排球				
乒乓球	177	84	61	116
网球	125	65	4	121
羽毛球	36	16		36
手球	17	4		17
门球				
台球				
中国象棋	16	5	3	13
国际象棋	21	5	6	15
围棋	22	6	3	19
健美操	15	9	4	11
体育舞蹈				
健美				
健身气功				
跳伞				
拔河				
毽球				
健身秧歌				
电子竞技				
信鸽				
航模	3		2	1
定向				
橄榄球	23	3	5	18
技巧	7	2		7
中国式摔跤	29	8	17	12
皮划艇	29	13	28	1
赛艇	9	8	9	
高尔夫	2	1		2
滑板	1	1		1
艺术体操	1	1		1
空手道	6	2		6

12-28　太原市体育彩票发行情况

年　份	全市体育彩票发行额（万元）	全省体育彩票发行额（万元）	全市体育彩票网点数（个）	全市体育彩票发行额在全省占比（%）
2006	12269	55930	376	21.9
2007	12984	50780	392	25.6
2008	27276	92377	409	29.5
2009	22230	80709	470	27.5
2010	26391	82260	475	32.1
2011	35297	96358	520	36.0
2012	34073	101566	520	33.5
2013	50649	156171	530	32.4
2014	60256	189702	580	31.8
2015	66937	208464	594	32.1
2016	72968	232870	634	31.3
2017	107624	349064	678	30.8
2018	103286	430358	483	24.0
2019	80900	310800	366	26.0
2020	71729	244068	410	29.4
2021	114550	365207	465	31.3

12-29　婚姻登记情况

地　区	结婚登记数（对）	离婚登记数（对）
总　计	**24628**	**6168**
市本级	21	2
小店区	4619	1068
迎泽区	3372	1016
杏花岭区	3819	1136
尖草坪区	1898	486
万柏林区	4101	1064
晋源区	1290	301
清徐县	2299	361
阳曲县	1068	235
娄烦县	807	235
古交市	1334	264

12-30　社会救济、收养对象情况

地　区	城市居民最低生活保障人数（人）	农村居民最低生活保障人数（人）	城市发放最低保障资金（万元）	农村发放最低保障资金（万元）	农村集中五保供养人数（人）	农村分散五保供养人数（人）	收养类单位数（个）	收养类单位床位数(张)	收养救助人数（人）
总　计	**19011**	**34852**	**17986.8**	**23997.3**	**2131**	**1550**	**20**	**3594**	**15943**
市本级							3	563	13812
小店区	528	389	687.4	403.4	39	113	1	200	39
迎泽区	1172	286	1362.4	248.2	4	14			4
杏花岭区	2890	931	2901.4	795.6	19	25			19
尖草坪区	3881	3378	3716	2739.3	60	230	1	231	60
万柏林区	1888	1702	2167.3	1619.1	15	23	1	50	15
晋源区	792	7993	703.2	5058.3	47	102	1	100	47
清徐县	651	3440	572.2	2779.9	326	151	4	400	326
阳曲县	2935	4068	2541.9	3129.8	429	724	5	590	429
娄烦县	2134	9766	1494.3	5257.7	894		3	960	894
古交市	2140	2899	1840.7	1966	298	168	1	500	298

12-31　优抚对象优待抚恤情况

单位：人

地　区	抚恤、补助优抚对象人数	定期定量补助人数	伤残人数
总　计	**12798**	**9630**	**3168**
小店区	2261	1539	722
迎泽区	1080	344	736
杏花岭区	1056	466	590
尖草坪区	995	802	193
万柏林区	977	523	454
晋源区	1186	1068	118
清徐县	2701	2569	132
阳曲县	1152	1086	66
娄烦县	716	653	63
古交市	674	580	94

第13篇

县（市、区）经济概况

资料整理、审核

张妙莲

13–1 小店区国民经济主要指标

指 标	计量单位	2021 年
一、基本情况		
行政区域面积	平方公里	290
乡	个	2
镇	个	1
街道办事处	个	8
二、人口与就业		
户籍户数	户	224,557
户籍人口	人	747,941
三、综合经济		
（一）地区生产总值	万元	14251524
第一产业增加值	万元	51966
第二产业增加值	万元	7452140
第三产业增加值	万元	6747418
其中：农、林、牧、渔专业及辅助性活动增加值	万元	3169
（二）财政、金融		
地方一般公共预算收入	万元	271,933
地方一般公共预算支出	万元	502,793
其中：教育支出	万元	116,731
科学技术支出	万元	5,214
文化旅游体育与传媒支出	万元	3,111
社会保障和就业支出	万元	76,191
卫生健康支出	万元	33,338
农林水支出	万元	53,588
四、农业		
（一）生产条件		
耕地面积	公顷	8967.7
（二）农作物播种面积	公顷	5813.7
粮食作物播种面积	公顷	2448.6
其中：小麦	公顷	47.7
玉米	公顷	1949.5
大豆	公顷	14.9

13–1　续表 1

指　标	计量单位	2021 年
油料播种面积	公顷	3.0
蔬菜播种面积	公顷	2027.9
（三）农产品产量		
粮食总产量	吨	10088.6
其中：小麦	吨	254.3
玉米	吨	8070.0
大豆	吨	42.6
油料产量	吨	4.8
园林水果产量	吨	1864.1
肉类总产量	吨	3329.5
其中：猪肉	吨	2080.0
牛肉	吨	155.0
羊肉	吨	146.0
禽肉	吨	948.6
禽蛋产量	吨	5846.7
奶类产量	吨	35873.4
蔬菜产量	吨	97713.0
水产品产量	吨	26.0
（四）农产品质量		
“两品一标”农产品	个	15.0
“两品一标”农产品基地面积	公顷	95.1
五、工业		
规模以上工业企业	个	68.0
规模以上工业总产值	万元	1037181.8
其中：农产品加工业产值	万元	54846.0
六、交通、通讯		
公路里程	公里	652.3
七、贸易、外经		
社会消费品零售总额	万元	5438993.2
其中：限额以上消费品零售额	万元	3653874.6
亿元及以上商品交易市场	个	2.0
出口总额	万元	146939.0
八、固定资产投资		
固定资产投资	万元	2169502.0

13-1 续表 2

指 标	计量单位	2021 年
房地产开发投资	万元	1529494.0
九、教育、科技、文化、卫生		
普通中学	所	43.0
小学校	所	75.0
普通中学专任教师	人	4144.0
小学专任教师	人	4342.0
普通中学在校学生	人	47096.0
小学在校学生	人	97330.0
公共图书馆图书藏量	千册	200.0
医疗卫生机构床位	张	7930.0
卫生技术人员	人	13563.0
其中：执业（助理）医师	人	5461.0
十、居民生活		
居民人均可支配收入	元	40072.0
城镇居民人均可支配收入	元	43496
农村居民人均可支配收入	元	24724
十一、社会保障		
提供住宿的民政服务机构	个	3.0
提供住宿的民政服务机构床位数	张	781.0
城镇职工基本养老保险参保人数	人	202126.0
城乡居民基本养老保险参保人数	人	108186.0
基本医疗保险参保人数	人	530323.0
其中：城乡居民基本医疗保险参保人数	人	407223.0
失业保险参保人数	人	123484.0
城市居民最低生活保障人数	人	528.0
农村居民最低生活保障人数	人	389.0

13-2　迎泽区国民经济主要指标

指　标	计量单位	2021 年
一、基本情况		
行政区域面积	平方公里	105
街道办事处	个	6
二、人口与就业		
户籍户数	户	165,510
户籍人口	人	553,916
三、综合经济		
（一）地区生产总值	万元	10525190
第一产业增加值	万元	4973
第二产业增加值	万元	1365864
第三产业增加值	万元	9154353
其中：农、林、牧、渔专业及辅助性活动增加值	万元	317
（二）财政、金融		
地方一般公共预算收入	万元	190,491
地方一般公共预算支出	万元	283,162
其中：教育支出	万元	61,378
科学技术支出	万元	1,688
文化旅游体育与传媒支出	万元	1,413
社会保障和就业支出	万元	53,857
卫生健康支出	万元	21,974
农林水支出	万元	2,973
四、农业		
（一）生产条件		
耕地面积	公顷	479.4
（二）农作物播种面积	公顷	113.8
粮食作物播种面积	公顷	102.3
其中：玉米	公顷	52.7
大豆	公顷	2.9

13–2 续表 1

指 标	计量单位	2021 年
园林水果产量	吨	84.6
肉类总产量	吨	117.5
其中：猪肉	吨	23.0
牛肉	吨	21.2
羊肉	吨	25.9
禽肉	吨	47.4
禽蛋产量	吨	441.6
蔬菜产量	吨	274.0
水产品产量	吨	55.0
（四）农产品质量		
“两品一标”农产品	个	1.0
“两品一标”农产品基地面积	公顷	13.3
五、工业		
规模以上工业企业	个	18.0
规模以上工业总产值	万元	901854.2
其中：农产品加工业产值	万元	509036.2
六、交通、通讯		
公路里程	公里	161.7
七、贸易、外经		
社会消费品零售总额	万元	4051368.6
其中：限额以上消费品零售额	万元	1967948.0
亿元及以上商品交易市场	个	4.0
出口总额	万元	340831.0
当年实际使用外资额	万美元	7.7
八、固定资产投资		
固定资产投资	万元	1204624.0
房地产开发投资	万元	721872.0
九、教育、科技、文化、卫生		

13–2　续表 2

指　标	计量单位	2021 年
普通中学	所	19.0
小学校	所	38.0
普通中学专任教师	人	2581.0
小学专任教师	人	2305.0
普通中学在校学生	人	33742.0
小学在校学生	人	36882.0
公共图书馆图书藏量	千册	125.0
医疗卫生机构床位	张	10336.0
卫生技术人员	人	16204.0
其中：执业（助理）医师	人	5722.0
十、居民生活		
居民人均可支配收入	元	40152.0
城镇居民人均可支配收入	元	43096
农村居民人均可支配收入	元	24724
十一、社会保障		
提供住宿的民政服务机构	个	
提供住宿的民政服务机构床位数	张	
城镇职工基本养老保险参保人数	人	101424.0
城乡居民基本养老保险参保人数	人	29164.0
城乡居民基本医疗保险参保人数	人	182926.0
失业保险参保人数	人	59285.0
城市居民最低生活保障人数	人	1172.0
农村居民最低生活保障人数	人	286.0

13-3 杏花岭区国民经济主要指标

指标名称	计量单位	2021 年
一、基本情况		
行政区域面积	平方公里	146
镇	个	1
街道办事处	个	11
二、人口与就业		
户籍户数	户	197,873
户籍人口	人	631,496
三、综合经济		
（一）地区生产总值	万元	8754295
第一产业增加值	万元	10694
第二产业增加值	万元	1719649
第三产业增加值	万元	7023952
其中：农、林、牧、渔专业及辅助性活动增加值	万元	599
（二）财政、金融		
地方一般公共预算收入	万元	158,090
地方一般公共预算支出	万元	343,477
其中：教育支出	万元	92,045
科学技术支出	万元	2,782
文化旅游体育与传媒支出	万元	1,109
社会保障和就业支出	万元	68,734
卫生健康支出	万元	32,275
农林水支出	万元	6,656
四、农业		
（一）生产条件		
耕地面积	公顷	768.6
（二）农作物播种面积	公顷	546.8

13-3 续表 1

指标名称	计量单位	2021 年
粮食作物播种面积	公顷	492.7
其中：玉米	公顷	139.8
大豆	公顷	92.4
油料播种面积	公顷	2.6
蔬菜播种面积	公顷	51.6
（三）农产品产量		
粮食总产量	吨	1015.0
其中：玉米	吨	465.8
大豆	吨	115.6
油料产量	吨	2.6
园林水果产量	吨	1206.6
肉类总产量	吨	762.0
其中：猪肉	吨	338.0
牛肉	吨	4.9
羊肉	吨	36.4
禽肉	吨	380.9
禽蛋产量	吨	1637.8
蔬菜产量	吨	1921.2
水产品产量	吨	
五、工业		
规模以上工业企业	个	44.0
规模以上工业总产值	万元	622543.3
其中：农产品加工业产值	万元	64133.1
六、交通、通讯		
公路里程	公里	256.9
七、贸易、外经		
社会消费品零售总额	万元	2308469.2
其中：限额以上消费品零售额	万元	1328929.1
出口总额	万元	239570.0
八、固定资产投资		

13-3　续表 2

指标名称	计量单位	2021 年
固定资产投资	万元	996361.0
房地产开发投资	万元	515375.0
九、教育、科技、文化、卫生		
普通中学	所	36.0
小学校	所	58.0
普通中学专任教师	人	3215.0
小学专任教师	人	3236.0
普通中学在校学生	人	32454.0
小学在校学生	人	53145.0
医疗卫生机构床位	张	13489.0
卫生技术人员	人	18355.0
其中：执业（助理）医师	人	6508.0
十、居民生活		
居民人均可支配收入	元	39870.0
城镇居民人均可支配收入	元	42795
农村居民人均可支配收入	元	24724
十一、社会保障		
提供住宿的民政服务机构	个	
提供住宿的民政服务机构床位数	张	
城镇职工基本养老保险参保人数	人	105666.0
城乡居民基本养老保险参保人数	人	39771.0
城乡居民基本医疗保险参保人数	人	189565.0
失业保险参保人数	人	57391.0
城市居民最低生活保障人数	人	2890.0
农村居民最低生活保障人数	人	931.0

13-4 尖草坪区国民经济主要指标

指标名称	计量单位	2021 年
一、基本情况		
行政区域面积	平方公里	296
乡	个	2
镇	个	2
街道办事处	个	9
二、人口与就业		
户籍户数	户	117,399
户籍人口	人	339,571
三、综合经济		
（一）地区生产总值	万元	5132684
第一产业增加值	万元	27938
第二产业增加值	万元	3780447
第三产业增加值	万元	1324299
其中：农、林、牧、渔专业及辅助性活动增加值	万元	1950
（二）财政、金融		
地方一般公共预算收入	万元	132,434
地方一般公共预算支出	万元	270,919
其中：教育支出	万元	42,936
科学技术支出	万元	1,640
文化旅游体育与传媒支出	万元	1,214
社会保障和就业支出	万元	60,387
卫生健康支出	万元	18,212
农林水支出	万元	21,805
四、农业		
（一）生产条件		
耕地面积	公顷	4355.1
（二）农作物播种面积	公顷	4233.5
粮食作物播种面积	公顷	3363.3
其中：稻谷	公顷	18.0
小麦	公顷	6.7
玉米	公顷	2152.5
大豆	公顷	352.4

13–4 续表 1

指标名称	计量单位	2021 年
油料播种面积	公顷	51.0
蔬菜播种面积	公顷	670.3
（三）农产品产量		
粮食总产量	吨	12815.7
其中：稻谷	吨	108.8
小麦	吨	26.5
玉米	吨	10361.7
大豆	吨	600.7
油料产量	吨	55.9
园林水果产量	吨	19842.3
肉类总产量	吨	832.3
其中：猪肉	吨	490.1
牛肉	吨	47.7
羊肉	吨	142.5
禽肉	吨	150.0
禽蛋产量	吨	867.1
奶类产量	吨	13825.8
蔬菜产量	吨	34606.3
水产品产量	吨	158.0
五、工业		
规模以上工业企业	个	121.0
规模以上工业总产值	万元	13714576.4
其中：农产品加工业产值	万元	20131.9
六、交通、通讯		
公路里程	公里	397.9
七、贸易、外经		
社会消费品零售总额	万元	1144797.1
其中：限额以上消费品零售额	万元	132879.5
出口总额	万元	584695.0
八、固定资产投资		
固定资产投资	万元	1760073.0
房地产开发投资	万元	786281.0
九、教育、科技、文化、卫生		

13–4　续表 2

指标名称	计量单位	2021 年
普通中学	所	22.0
小学校	所	43.0
普通中学专任教师	人	1526.0
小学专任教师	人	1953.0
普通中学在校学生	人	14135.0
小学在校学生	人	26090.0
公共图书馆图书藏量	千册	179.0
医疗卫生机构床位	张	2804.0
卫生技术人员	人	4309.0
其中：执业（助理）医师	人	1657.0
十、居民生活		
居民人均可支配收入	元	39228.0
城镇居民人均可支配收入	元	40604
农村居民人均可支配收入	元	24724
十一、社会保障		
提供住宿的民政服务机构	个	1.0
提供住宿的民政服务机构床位数	张	231.0
城镇职工基本养老保险参保人数	人	65703.0
城乡居民基本养老保险参保人数	人	81020.0
城乡居民基本医疗保险参保人数	人	207256.0
失业保险参保人数	人	27625.0
城市居民最低生活保障人数	人	3881.0
农村居民最低生活保障人数	人	3378.0

13-5　万柏林区国民经济主要指标

指　标	计量单位	2021 年
一、基本情况		
行政区域面积	平方公里	289
街道办事处	个	14
二、人口与就业		
户籍户数	户	190,522
户籍人口	人	620,063
三、综合经济		
（一）地区生产总值	万元	5774223
第一产业增加值	万元	4692
第二产业增加值	万元	2854876
第三产业增加值	万元	2914655
其中：农、林、牧、渔专业及辅助性活动增加值	万元	293
（二）财政、金融		
地方一般公共预算收入	万元	209,050
地方一般公共预算支出	万元	416,910
其中：教育支出	万元	107,943
科学技术支出	万元	4,489
文化旅游体育与传媒支出	万元	1,239
社会保障和就业支出	万元	42,800
卫生健康支出	万元	16,344
农林水支出	万元	6,055
四、农业		
（一）生产条件		
耕地面积	公顷	879.5
（二）农作物播种面积	公顷	295.6
粮食作物播种面积	公顷	273.7
其中：小麦	公顷	7.7
玉米	公顷	112.4

13-5 续表 1

指　标	计量单位	2021 年
大豆	公顷	10.3
蔬菜播种面积	公顷	21.6
（三）农产品产量		
粮食总产量	吨	678.7
其中：小麦	吨	23.7
玉米	吨	284.3
大豆	吨	21.1
园林水果产量	吨	83.2
肉类总产量	吨	36.4
其中：猪肉	吨	4.7
牛肉	吨	9.5
羊肉	吨	8.1
禽肉	吨	14.1
禽蛋产量	吨	140.6
奶类产量	吨	129.4
蔬菜产量	吨	314.0
五、工业		
规模以上工业企业	个	39.0
规模以上工业总产值	万元	3363035.6
其中：农产品加工业产值	万元	2638.1
六、交通、通讯		
公路里程	公里	445.4
七、贸易、外经		
社会消费品零售总额	万元	2001638.0
其中 : 限额以上消费品零售额	万元	913664.6
亿元及以上商品交易市场	个	3.0
出口总额	万元	37820.0
当年实际使用外资额	万美元	1.6
八、固定资产投资		

13-5 续表 2

指 标	计量单位	2021 年
固定资产投资	万元	1576337.0
房地产开发投资	万元	1428674.0
九、教育、科技、文化、卫生		
普通中学	所	27.0
小学校	所	66.0
普通中学专任教师	人	2819.0
小学专任教师	人	4219.0
普通中学在校学生	人	29646.0
小学在校学生	人	59910.0
公共图书馆图书藏量	千册	36.8
医疗卫生机构床位	张	5990.0
卫生技术人员	人	10912.0
其中：执业（助理）医师	人	4111.0
十、居民生活		
居民人均可支配收入	元	39783.0
城镇居民人均可支配收入	元	41170
农村居民人均可支配收入	元	24724
十一、社会保障		
提供住宿的民政服务机构	个	3.0
提供住宿的民政服务机构床位数	张	408.0
城镇职工基本养老保险参保人数	人	101886.0
城乡居民基本养老保险参保人数	人	65876.0
城乡居民基本医疗保险参保人数	人	291203.0
失业保险参保人数	人	57194.0
城市居民最低生活保障人数	人	1888.0
农村居民最低生活保障人数	人	1702.0

13-6　晋源区国民经济主要指标

指　标	计量单位	2021 年
一、基本情况		
行政区域面积	平方公里	290
镇	个	3
街道办事处	个	3
二、人口与就业		
户籍户数	户	71,031
户籍人口	人	225,057
三、综合经济		
（一）地区生产总值	万元	977671
第一产业增加值	万元	37668
第二产业增加值	万元	339679
第三产业增加值	万元	600324
其中：农、林、牧、渔专业及辅助性活动增加值	万元	2283
（二）财政、金融		
地方一般公共预算收入	万元	69,575
地方一般公共预算支出	万元	198,215
其中：教育支出	万元	41,488
科学技术支出	万元	392
文化旅游体育与传媒支出	万元	2,192
社会保障和就业支出	万元	38,713
卫生健康支出	万元	16,415
农林水支出	万元	19,329
四、农业		
（一）生产条件		
耕地面积	公顷	2908.4
（二）农作物播种面积	公顷	2081.5
粮食作物播种面积	公顷	1037.6
其中：稻谷	公顷	221.5
玉米	公顷	645.9
大豆	公顷	34.0
油料播种面积	公顷	19.1

13-6　续表 1

指　标	计量单位	2021 年
蔬菜播种面积	公顷	997.5
（三）农产品产量		
粮食总产量	吨	4800.0
其中：稻谷	吨	1341.8
玉米	吨	2739.2
大豆	吨	85.2
油料产量	吨	27.9
园林水果产量	吨	2097.9
肉类总产量	吨	1300.2
其中：猪肉	吨	645.1
牛肉	吨	40.1
羊肉	吨	95.9
禽肉	吨	519.1
禽蛋产量	吨	3086.6
奶类产量	吨	6088.0
蔬菜产量	吨	59679.9
水产品产量	吨	388.3
（四）农产品质量		
“两品一标”农产品	个	1.0
“两品一标”农产品基地面积	公顷	2000.0
五、工业		
规模以上工业企业	个	25.0
规模以上工业总产值	万元	220023.2
其中：农产品加工业产值	万元	9794.2
六、交通、通讯		
公路里程	公里	555.5
七、贸易、外经		
社会消费品零售总额	万元	511250.4
其中：限额以上消费品零售额	万元	335904.3
出口总额	万元	2879.0

13–6　续表 2

指　标	计量单位	2021 年
八、固定资产投资		
固定资产投资	万元	1354129.0
房地产开发投资	万元	831646.0
九、教育、科技、文化、卫生		
普通中学	所	15.0
小学校	所	42.0
普通中学专任教师	人	1385.0
小学专任教师	人	1887.0
普通中学在校学生	人	13625.0
小学在校学生	人	22031.0
公共图书馆图书藏量	千册	61.8
医疗卫生机构床位	张	771.0
卫生技术人员	人	1920.0
其中：执业（助理）医师	人	800.0
十、居民生活		
居民人均可支配收入	元	39313.0
城镇居民人均可支配收入	元	41469
农村居民人均可支配收入	元	24724
十一、社会保障		
提供住宿的民政服务机构	个	1.0
提供住宿的民政服务机构床位数	张	108.0
城镇职工基本养老保险参保人数	人	36757.0
城乡居民基本养老保险参保人数	人	92123.0
其中：城乡居民基本医疗保险参保人数	人	155886.0
失业保险参保人数	人	22320.0
城市居民最低生活保障人数	人	792.0
农村居民最低生活保障人数	人	7993.0

13-7　清徐县国民经济主要指标

指　标	计量单位	2021年
一、基本情况		
行政区域面积	平方公里	608
乡	个	5
镇	个	4
二、人口与就业		
户籍户数	户	125,347
户籍人口	人	342,525
三、综合经济		
（一）地区生产总值	万元	2960757
第一产业增加值	万元	146153
第二产业增加值	万元	1976822
第三产业增加值	万元	837782
其中：农、林、牧、渔专业及辅助性活动增加值	万元	8481
（二）财政、金融		
地方一般公共预算收入	万元	155,998
地方一般公共预算支出	万元	354,131
其中：教育支出	万元	53,583
科学技术支出	万元	1,124
文化旅游体育与传媒支出	万元	2,839
社会保障和就业支出	万元	50,057
卫生健康支出	万元	22,021
农林水支出	万元	57,290
年末金融机构各项存款余额	万元	3439699
其中：住户存款余额	万元	2495542
年末金融机构各项贷款余额	万元	2455423
四、农业		
（一）生产条件		
耕地面积	公顷	24686.5
（二）农作物播种面积	公顷	23955.9
粮食作物播种面积	公顷	17110.5
小麦	公顷	59.3
玉米	公顷	12742.3
大豆	公顷	51.5

13-7 续表 1

指 标	计量单位	2021 年
油料播种面积	公顷	61.9
蔬菜播种面积	公顷	6594.4
（三）农产品产量		
粮食总产量	吨	80945.5
小麦	吨	345.0
玉米	吨	60560.3
大豆	吨	150.4
油料产量	吨	143.1
园林水果产量	吨	60277.2
肉类总产量	吨	14366.0
其中：猪肉	吨	9443.1
牛肉	吨	839.0
羊肉	吨	1190.5
禽肉	吨	2878.4
禽蛋产量	吨	5549.9
奶类产量	吨	8464.4
蔬菜产量	吨	376709.0
水产品产量	吨	1662.0
（四）农产品质量		
“两品一标”农产品	个	32.0
“两品一标”农产品基地面积	公顷	4003.0
五、工业		
规模以上工业企业	个	104.0
规模以上工业总产值	万元	5888484.4
其中：农产品加工业产值	万元	180770.3
六、交通、通讯		
公路里程	公里	1275.7
固定电话用户	户	21551.0
移动电话用户	户	430000.0
互联网宽带接入用户	户	134400.0
七、贸易、外经		
社会消费品零售总额	万元	548358.0
其中：限额以上消费品零售额	万元	74000.3
出口总额	万元	13745.0
八、固定资产投资		

13–7　续表 2

指　标	计量单位	2021 年
固定资产投资	万元	1799917.0
房地产开发投资	万元	314215.0
九、教育、科技、文化、卫生		
普通中学	所	23.0
小学校	所	46.0
普通中学专任教师	人	1728.0
小学专任教师	人	1705.0
普通中学在校学生	人	17493.0
小学在校学生	人	22021.0
全年专利授权	件	229.0
公共图书馆图书藏量	千册	120.0
医疗卫生机构床位	张	881.0
卫生技术人员	人	1247.0
其中：执业（助理）医师	人	709.0
十、居民生活		
居民人均可支配收入	元	27731.0
城镇居民人均可支配收入	元	39915
农村居民人均可支配收入	元	24143
十一、社会保障		
提供住宿的民政服务机构	个	4.0
提供住宿的民政服务机构床位数	张	490.0
城镇职工基本养老保险参保人数	人	48082.0
城乡居民基本养老保险参保人数	人	174881.0
基本医疗保险参保人数	人	297232.0
其中：城乡居民基本医疗保险参保人数	人	262549.0
失业保险参保人数	人	23128.0
城市居民最低生活保障人数	人	651.0
农村居民最低生活保障人数	人	3440.0

13-8 阳曲县国民经济主要指标

指　标	计量单位	2021 年
一、基本情况		
行政区域面积	平方公里	2084
乡	个	5
镇	个	4
二、人口与就业		
户籍户数	户	63,718
户籍人口	人	153,738
三、综合经济		
（一）地区生产总值	万元	805186
第一产业增加值	万元	85247
第二产业增加值	万元	538875
第三产业增加值	万元	181064
其中：农、林、牧、渔专业及辅助性活动增加值	万元	4950
（二）财政、金融		
地方一般公共预算收入	万元	61,495
地方一般公共预算支出	万元	199,983
其中：教育支出	万元	22,645
科学技术支出	万元	746
文化旅游体育与传媒支出	万元	1,662
社会保障和就业支出	万元	31,940
卫生健康支出	万元	12,050
农林水支出	万元	44,845
年末金融机构各项存款余额	万元	1108217
其中：住户存款余额	万元	823525
年末金融机构各项贷款余额	万元	728372
四、农业		
（一）生产条件		
耕地面积	公顷	30756.8
（二）农作物播种面积	公顷	24140.0
粮食作物播种面积	公顷	22191.3
其中：玉米	公顷	13025.7
大豆	公顷	839.6
油料播种面积	公顷	16.7

13-8 续表 1

指 标	计量单位	2021 年
蔬菜播种面积	公顷	1871.5
（三）农产品产量		
粮食总产量	吨	102310.1
其中：玉米	吨	73519.8
大豆	吨	2490.6
油料产量	吨	11.6
园林水果产量	吨	5977.3
肉类总产量	吨	5808.3
其中：猪肉	吨	4052.0
牛肉	吨	424.5
羊肉	吨	798.9
禽肉	吨	518.3
禽蛋产量	吨	9838.3
奶类产量	吨	6464.4
蔬菜产量	吨	80977.0
水产品产量	吨	46.0
（四）农产品质量		
“两品一标”农产品	个	7.0
“两品一标”农产品基地面积	公顷	5380.0
五、工业		
规模以上工业企业	个	66.0
规模以上工业总产值	万元	691726.3
其中：农产品加工业产值	万元	286969.3
六、交通、通讯		
公路里程	公里	1287.1
固定电话用户	户	9360.0
移动电话用户	户	162623.0
互联网宽带接入用户	户	34136.0
七、贸易、外经		
社会消费品零售总额	万元	158236.5
其中：限额以上消费品零售额	万元	58126.3
出口总额	万元	14341.0
当年实际使用外资额	万美元	1606.4
八、固定资产投资		

13-8　续表 2

指　标	计量单位	2021 年
固定资产投资	万元	432043.0
房地产开发投资	万元	46541.0
九、教育、科技、文化、卫生		
普通中学	所	13.0
小学校	所	13.0
普通中学专任教师	人	1030.0
小学专任教师	人	752.0
普通中学在校学生	人	10016.0
小学在校学生	人	9466.0
公共图书馆图书藏量	千册	68.0
医疗卫生机构床位	张	1575.0
卫生技术人员	人	962.0
其中：执业（助理）医师	人	340.0
十、居民生活		
居民人均可支配收入	元	19048.0
城镇居民人均可支配收入	元	30081
农村居民人均可支配收入	元	13030
十一、社会保障		
提供住宿的民政服务机构	个	5.0
提供住宿的民政服务机构床位数	张	628.0
城镇职工基本养老保险参保人数	人	21894.0
城乡居民基本养老保险参保人数	人	81977.0
基本医疗保险参保人数	人	131368.0
其中：城乡居民基本医疗保险参保人数	人	116587.0
失业保险参保人数	人	9796.0
城市居民最低生活保障人数	人	2935.0
农村居民最低生活保障人数	人	4068.0

13-9　娄烦县国民经济主要指标

指　标	计量单位	2021年
一、基本情况		
行政区域面积	平方公里	1289
乡	个	4
镇	个	3
户籍户数	户	52,677
户籍人口	人	125,489
三、综合经济		
（一）地区生产总值	万元	416846
第一产业增加值	万元	41514
第二产业增加值	万元	229791
第三产业增加值	万元	145541
其中：农、林、牧、渔专业及辅助性活动增加值	万元	2215
（二）财政、金融		
地方一般公共预算收入	万元	52,516
地方一般公共预算支出	万元	223,853
其中：教育支出	万元	25,751
科学技术支出	万元	95
文化旅游体育与传媒支出	万元	2,801
社会保障和就业支出	万元	33,961
卫生健康支出	万元	12,226
农林水支出	万元	56,769
年末金融机构各项存款余额	万元	673217
其中：住户存款余额	万元	474449
年末金融机构各项贷款余额	万元	451371
四、农业		
（一）生产条件		
耕地面积	公顷	17336.0
（二）农作物播种面积	公顷	10272.7
粮食作物播种面积	公顷	9726.5
其中：玉米	公顷	1241.7
大豆	公顷	687.1
油料播种面积	公顷	55.0

13-9　续表 1

指　标	计量单位	2021 年
蔬菜播种面积	公顷	255.4
（三）农产品产量		
粮食总产量	吨	23044.0
其中：玉米	吨	2507.2
大豆	吨	1647.6
油料产量	吨	91.6
园林水果产量	吨	1287.8
肉类总产量	吨	2269.4
其中：猪肉	吨	1508.8
牛肉	吨	285.1
羊肉	吨	310.9
禽肉	吨	153.2
禽蛋产量	吨	1537.6
蔬菜产量	吨	12771.4
水产品产量	吨	581.0
（四）农产品质量		
“两品一标”农产品	个	2.0
“两品一标”农产品基地面积	公顷	6680.0
五、工业		
规模以上工业企业	个	19.0
规模以上工业总产值	万元	484398.5
六、交通、通讯		
公路里程	公里	809.8
固定电话用户	户	6861.0
移动电话用户	户	110972.0
互联网宽带接入用户	户	38500.0
七、贸易、外经		
社会消费品零售总额	万元	52020.6
其中：限额以上消费品零售额	万元	9928.3
出口总额	万元	72.0
八、固定资产投资		
固定资产投资	万元	208251.0

13-9 续表2

指 标	计量单位	2021年
九、教育、科技、文化、卫生		
普通中学	所	5.0
小学校	所	10.0
普通中学专任教师	人	395.0
小学专任教师	人	614.0
普通中学在校学生	人	4299.0
小学在校学生	人	5875.0
公共图书馆图书藏量	千册	59.9
医疗卫生机构床位	张	395.0
卫生技术人员	人	467.0
其中：执业（助理）医师	人	250.0
十、居民生活		
居民人均可支配收入	元	17125.0
城镇居民人均可支配收入	元	25981
农村居民人均可支配收入	元	10401
十一、社会保障		
提供住宿的民政服务机构	个	3.0
提供住宿的民政服务机构床位数	张	1047.0
城镇职工基本养老保险参保人数	人	15108.0
城乡居民基本养老保险参保人数	人	65660.0
基本医疗保险参保人数	人	111675.0
其中：城乡居民基本医疗保险参保人数	人	100542.0
失业保险参保人数	人	7495.0
城市居民最低生活保障人数	人	2134.0
农村居民最低生活保障人数	人	9766.0

13-10　古交市国民经济主要指标

指　标	计量单位	2021 年
一、基本情况		
行政区域面积	平方公里	1512
乡	个	6
镇	个	3
街道办事处	个	4
二、人口与就业		
户籍户数	户	77,110
户籍人口	人	211,309
三、综合经济		
（一）地区生产总值	万元	830753
第一产业增加值	万元	36063
第二产业增加值	万元	553808
第三产业增加值	万元	240882
其中：农、林、牧、渔专业及辅助性活动增加值	万元	1760
（二）财政、金融		
地方一般公共预算收入	万元	187,291
地方一般公共预算支出	万元	248,334
其中：教育支出	万元	48,050
科学技术支出	万元	205
文化旅游体育与传媒支出	万元	1,800
社会保障和就业支出	万元	47,054
卫生健康支出	万元	17,336
农林水支出	万元	17,938
年末金融机构各项存款余额	万元	2352466
其中：住户存款余额	万元	1943030
年末金融机构各项贷款余额	万元	1133427
四、农业		
（一）生产条件		
耕地面积	公顷	16057.6
（二）农作物播种面积	公顷	7748.5
粮食作物播种面积	公顷	7048.9
其中：玉米	公顷	1205.6

13-10 续表 1

指 标	计量单位	2021 年
大豆	公顷	1205.1
油料播种面积	公顷	118.0
蔬菜播种面积	公顷	579.6
（三）农产品产量		
粮食总产量	吨	14740.5
其中：玉米	吨	2495.3
大豆	吨	965.1
油料产量	吨	266.2
园林水果产量	吨	1478.6
肉类总产量	吨	3873.7
其中：猪肉	吨	2266.2
牛肉	吨	439.5
羊肉	吨	514.9
禽肉	吨	650.9
禽蛋产量	吨	1805.7
奶类产量	吨	240.9
蔬菜产量	吨	35561.7
水产品产量	吨	198.0
（四）农产品质量		
“两品一标”农产品	个	6.0
“两品一标”农产品基地面积	公顷	66.7
五、工业		
规模以上工业企业	个	56.0
规模以上工业总产值	万元	1868971.8
六、交通、通讯		
公路里程	公里	1023.5
固定电话用户	户	8730.0
移动电话用户	户	202536.0
互联网宽带接入用户	户	56388.0
七、贸易、外经		
社会消费品零售总额	万元	417001.7
其中：限额以上消费品零售额	万元	25753.4
出口总额	万元	24.0

13-10　续表 2

指　标	计量单位	2021 年
八、固定资产投资		
固定资产投资	万元	334944.0
房地产开发投资	万元	4147.0
九、教育、科技、文化、卫生		
普通中学	所	19.0
小学校	所	26.0
普通中学专任教师	人	1127.0
小学专任教师	人	1122.0
普通中学在校学生	人	11469.0
小学在校学生	人	14132.0
公共图书馆图书藏量	千册	67.8
医疗卫生机构床位	张	1418.0
卫生技术人员	人	1908.0
其中：执业（助理）医师	人	770.0
十、居民生活		
居民人均可支配收入	元	33387.0
城镇居民人均可支配收入	元	38048
农村居民人均可支配收入	元	20020
十一、社会保障		
提供住宿的民政服务机构	个	1.0
提供住宿的民政服务机构床位数	张	504.0
城镇职工基本养老保险参保人数	人	36522.0
城乡居民基本养老保险参保人数	人	57304.0
基本医疗保险参保人数	人	151001.0
其中：城乡居民基本医疗保险参保人数	人	123734.0
失业保险参保人数	人	32005.0
城市居民最低生活保障人数	人	2140.0
农村居民最低生活保障人数	人	2899.0